KB196739

사주명리로 삶의 지도 그리기

다르게 살고 싶다

사주명리로 삶의 지도 그리기

다르게 살고 싶다

박장금 지음

개정판을 내며

'다르게 살고 싶다'는 결심

"내가 찾던 책. 너무 재밌게 읽었습니다. 특히 명리를 길흉의 관점이 아니라 '자기 삶의 연구자 되기'라는 말에 완전 끌렸습니다. 근본 원리를 쉬우면서도 방향을 바르게 잡을 수 있게 써주셔서 감사합니다. 생생한 학습자들의 예도 가깝게 다가왔습니다."

"사주 명리학을 소재로 이토록 맛나게 글을 쓰다니. 이런 저자들 덕분에 사주 명리학이 학문의 '아싸'에서 '인싸'가 되어가고 있는 게 아닐까. 사주 명리에 대한 어느 정도 기초 지식만 있어도 푹 빠져 읽을 수 있을 정도의 난이도. 글도 참 쉽게 잘 쓰는 저자의 다음 책도 기대한다."

개정판 작업을 하면서 독자들의 서평을 살펴보며 오래전 나를 떠올렸다. 불안과 고립 속에서도 흉한 것은 피하고 길한 것은 취할 수 있다며 자만하고 살았던 나를. 그랬던 내가 삶의 연구자가 되었다. 독자들이 남긴 글을 보니 명리학이 미신이란 오명을 벗어나 진정 자기 탐구의 길이 되었구나 싶다. 나를 자유롭게 한 공부가 누군가의 길이 되어가고 있다는 것은 무엇보다 가슴뛰는 일이다. 독자들이야말로 함께 운명을 탐구할 친구들 아닌가. 앞으로도 지금처럼 나를 해방하는 공부를 하면서 공감하는 친구들과 만날 생각을 하니 살아갈 힘이 솟구친다. 감사하다.
책이 나온 지 어느덧 7년이 되었다. 전국 곳곳의 도서관에서, 학교에서, 문화센터에서 10대부터 70대까지 다양한 사람을 만났다. 그곳에서 나는 질문 없이 달렸던 과거의 삶과 운명 탐구를 통해 변화된 삶을 진솔하게 나누었다. 그 효과는 놀라웠다. 기초 이론만으로도 생기 도는 얼굴로 변하는 이들을 보면 마법이 따로 없어 보인다. 명리학의 힘이 이렇게 강력한가 싶기도 하지만, 사실 자기 안에 있는 생명력이 일깨워졌을 뿐이다. 이때 나는 내 운명을 진정으로 사랑하게 된다. 나를 일깨우고, 사람들을 일깨우는 앎의 전령사가 된 내 운명을! 나 또한 자연이 부여한 소명 의식을 발견했기 때문이다.

30대 중반, 커리어 우먼으로 한창 정점을 달릴 때, 길을 잃었다. 달릴수록 더 달려야 하는 마법에 걸린 듯 멈추지 못하고, 더 나아가자니 죽을 것 같고. 모든 것을 사회적 기준에 맞추며 내 중심 없이 남들 눈치를 보며 달렸다. 하지만 달리면 달릴수록 속은 공허하고 우울했으며, 허무한 감정을 피하려고 쇼핑에 열중하고 맛집을 돌아다니며 감각적 쾌락의 강도를 높여 갔다. 그렇게 살다가 결국 병을 얻게 되었다. 마음 깊은 곳에서 '다르게 살고 싶다!'라는 외침이 올라왔다.
회사를 그만두고 더는 무엇을 목표로 달리지 않았다. 오직 다르게 살고 싶다는 마음을 냈을 뿐이다. 돌이켜 보니, 다른 삶은 결심의 태도에 있었다. 결심은 목표를 향해 가는 것과는 달리 방향을 정한 후 기다림을 필요로 한다. 다르게 살고 싶다고 결심한 순간부터 자연의 흐름이 개입되면서 내 삶은 예측할 수 없는 곳으로 흘러갔고, 공부 공동체로 가닿았다. 계산 없이 한 선택이 나를 새로운 길로 들어서게 했다.
당시 접속했던 연구실(수유+너머)에서는 다양한 공부의 향연이 펼쳐지고 있었다. 나는 먼저 몸을 회복하기 위해 동의보감 세미나에 참여했다. 그 인연이 지금의 나를 중국의 자연 철학적 관점, 나와 세계를 자연과 생명의 시선으로 보게 해주었다.
보이는 세상이 전부가 아니었다. 세상에는 무한한 시선이 있으며 나 스스로 삶의 렌즈 선택이 가능하다는 것을 알게 되었다. 자각의 시간은 혼란의 시간이기도 했다. 나를 규정했던 직업, 나이, 성별, 스펙 이런 것들이 모두 흔들리기 시작했다. 세상에서 통한다고 생각한 기준이 모두 무너졌다. 삶을 새롭게 구성할 가능성 앞에서 다르게 살아내려면 근원적인 질문을 던져야만 했다. 나는 누구지? 어떻게 살아야 하지?
『다르게 살고 싶다』는 내가 던진 질문에 대한 답이다.

나는 20~30대 청년들을 꽤 많이 만난다. 요즘 쉬는 청년들이 얼마나 많은지. 그들은 문명의 혜택을 누리지만 무한 경쟁 속에서 쾌락에 탐닉, 크고 작은 중독에 노출되어 있다. 문제를 인식하고 중독에서 벗어나려 해도 자신과 세상을 보는 전제가 바뀌지 않으면 어림도 없다. 운명 탐구는 나와 세상을 자연과 생명으로 보는 시선이다. 이 렌즈를 장착하면 경쟁 구도에서 벗어나 자기만의 길과 시간표가 보이고, 말하지 않아도 스스로 중독 탈출구를 찾게 된다. 자기 존재가 충만한 생명력 그 자체라는 걸 알게 되는 순간 자기 삶을 발견하기 때문이다.
중년과 노년 세대도 청년과 별반 다르지 않다. 노화의 과정을 외면한 채 청춘을 모방하라는 상품의 유혹에 빠져있다. 사계절이 있듯이 인생 또한 봄, 여름뿐 아니라 가을, 겨울이 있다. 자연의 시선으로 보면 노화는 병이 아니다. 병조차 삶의 과정이다. 노화를 긍정하고 병과 동행할 때 죽음에 대한 태도 또한 달라진다. 모든 계절이 머물지 않고 변하듯, 전 세대가 변화하는 과정 자체가 고귀하다. 자연과 생명의 원리가 운명이라는 것. 그 앎을 나누고 그 앎으로 삶을 재구성하는 과정이 참으로 즐겁고 충만하다.

그동안 나는 또 다른 삶을 살게 되었다. 오래 몸담았던 인문의역학연구소 감이당에서 독립해 내가 리더쉽을 발휘해야 하는 연구소를 꾸리게 된 것이다. 꽤 오래 몸담았던 공부공동체의 삶을 마무리하고, 사뭇 다른 삶으로 전환하는 중이다. 처음 공부의 길로 들어선 '수유+너머'에서 '감이당'에 이르기까지 무려 19년의 세월이 지났다. 그동안 여러 스승과 도반에게 많은 배움을 얻었으니 이제 온전히 주는 역할, 책임지고 나누는 활동을 통한 또 다른 배움의 시기다. 봄 여름 가을 그리고 겨울이 머물지 않고 순환하듯, 나도 이제 새로운 사계절을 시작해야 할 때가 온 것이다.

출간 후 이 책은 국내외로 새로운 사람들을 연결했다. 운명 탐구로 인생 역전을 했다는 분, 삶의 행로를 알게 됐다는 분, 연인을 이해하게 됐다는 분, 가족 관계가 달라졌다는 분, 번 아웃 된 삶에서 탈출하게 되었다는 분… 그분들에게서 삶을 배우고 있다. 나는 운명 탐구를 통해 지금 시대를 냉철하게 분석하고, '나와 너'를 함께 존중하는 앎을 배우고 익히며, 생로병사를 잘 통과하는 삶의 길을 걸어갈 것이다. 오늘도 나는 다르게 살 결심을 하고 올 친구들을 마음 설레며 기다린다.

2024년 12월 25일 (갑진년 병자월 계해일), 남산 하심당에서

박 장 금

들어가며(초판 서문)

어떻게 살아야 할지 고민하는 당신에게

사회생활하면서 괴로웠다. 불안했다. 관계는 계속 꼬였고 감정은 조절되지 않았다. 듣기 좋은 말만 해주는 사람, 더 맛나고 자극적인 음식만 찾아다녔다.

좋은 사람이 되고 싶고, 좋은 삶을 살고 싶었는데 갈수록 이것저것 엉키었다. 열정적인 워킹 우먼이라고 착각하며 살던 때 언젠가부터 내 몸이 격하게 말을 걸어왔다. 주기적으로 체하고 토하고 쓰러지는 3종 세트로. 그러다 잇몸이 무너져 내렸다. 모두 내려놓고 멈출 수밖에 없었다.

명리의 세계에 들어온 지 10년이 되어간다. 운 좋게 인문학과 고전을 만나 명리와 동의보감을 연구하는 인문 의역학에 빠져들었다. 내가 만난 공부는 기존의 모든 상식에 질문을 던지게 했다. 그제야 삶이 엉킨 이유를 알게 되었다. 이유는 간단했다. 남과 비교하고 경쟁하는 삶을 살았기 때문이다. 나도 모르게 타인의 욕망을 따르고 있었다.

고전을 읽으면서 자기 삶을 주도한 수천 년 전 멘토들을 만났다. 남들과 비교하지 않고 오롯이 자신만의 길을 간 그들은 자기를 잘 알고, 사람과 사람을 연결하며, 무엇과도 접속하는 '관계의 달인'이었다.

연결하고 접속하는 능력이라니!

그들이 보여준 삶의 기술은 스마트폰과도 묘하게 겹쳐진다. 우리가 스마트폰에 열광하는 건 접속 능력 때문이 아닌가. 시공을 뛰어넘어 온갖 정보가 연결되는 디지털 시대에 스마트폰과 삶과 몸이 작동하는 원리는 비슷하다. 이렇게 새 시대가 열렸는데, 과거에 얽매여 남의 욕망을 뒤좇는 데 급급하다면 새로운 삶을 창조하지 못할뿐더러 비교하고 경쟁하는 구도에서 영영 벗어나지 못한다. 내 안에 이미 내 삶을 창조할 힘이 있는데 그걸 모르니 결핍감에 찌들어 생명의 정기를 소모하고 있는 게 아닌가.

나는 연구실 안팎에서 여러 삶을 만난다. 제도권 안팎의 청소년부터 방황하는 2030세대, 인생의 가을이 혼란스러운 40대, 어린 시절에 머무는 50대… 많은 사람이 출구를 찾지 못해 답답해하지만 출구가 자신에게 있음을 알지 못한다. 나도 그랬다. 남들이 원하는 삶을 살면서도 잘 산다고 믿었으니까.

동의보감과 사주명리를 공부하면서 나를 전혀 다른 시선으로 만날 수 있었다. 사주명리는 친절하게 알려준다. 내가 누구인지, 무엇을 원하는지, 어떻게 살아야 하는지를. 나를 안다는 건 몸을 아는 것이고 몸이 있는 시공간을 아는 것이며 몸이 맺는 관계를 아는 것이다. 모든 정보가 내가 태어난 생년월일시에 들어있다.

시중에 나도는 사주명리는 경쟁과 비교라는 척도에 맞춰 길흉화복을 따지니 모두를 결핍된 존재로 만들어버린다. 사주를 보러 가는 사람이나 봐주는 사람이나 사회가 만든 욕망을 정답으로 여기는 한, 속임수에서 벗어나기 어렵다. 기존 척도를 지우고 인문적 시선을 담은 사주명리는 자기 자신을 있는 그대로 만나게 한다. 잘나고 못난 사람 없이 각자 타고난 성향이 다를 뿐이니 비교와 경쟁이 무의미하다. 자연과 우주라는 렌즈를 통과해 존재 자체로 완전하다는 걸 알게 되면, 그다음은 자신을 탐구해서 자기답게 살기에 주력하면 된다. 많은 이들이 사주명리로 자기 삶의 지도를 찾길 바란다. 내가 내 운명을 탐구해서 나답게 사는 길을 걸어온 것처럼. 그런 마음으로 이 책을 썼다.

사람들은 나에게 감이당의 주술사라고 부른다. 사주명리라는 도구로 만난 사람들에게서 종종 예전의 내 모습을 보았다. 얼마나 답답할까, 조금이라도 막힌 숨통을 뚫어주고자 얘기를 나누다보니 어느덧 그런 별명이 붙어있었다. 과거에 주술사는 천지자연과 사람을 연결하는 자였다. 한마디로 천지자연의 매니저. 나 또한 자연과 사람, 사람과 사람, 책과 사람을 잇는 이 시대의 주술사(매니저)로 살고 싶다.

이 책은 나 자신의 누드 글쓰기를 통해 운명의 지도를 그리는 과정을 담고 있다. 내년이면 쉰 살이 된다. 50년 인생을 촘촘히 정리한 셈이라고 할까. 이제 나의 가을을 가을답게 살면서 다가올 겨울을 맞는 공부를 본격적으로 시작할 것이다. 잘 늙는다는 것, 지혜로운 어른이 된다는 것, 죽음을 두려워하지 않고 받아들이는 것. 누구나 원하지만 절로 되지 않는다. 계절이 그러하듯 삶은 시절에 따라 변신하는 일이다. 그렇게 살아야 창조적인 삶을 살 수 있다.

앞길이 막막하다면 사주명리를 통해 자신부터 탐구하기를 권한다. 그 순간부터 삶의 지도가 펼쳐질 것이다. 남이 만든 욕망을 좇느라 가랑이 찢어지지 말고, 자기 삶을 창조하는 데 타고난 에너지를 사용하자.

나의 행복은 전적으로 나에게 달려있다.

2017년 11월 13일(정유년 신해월 갑진일), 남산 감이당에서

박 장 금

차 례

자기 삶을 살기

1장 다른 삶 다른 운명

2장 자기 욕망을 탐색하는 누드 글쓰기

일러두기

- 이 책은 저자의 '명리의 기초' 강의 내용을 바탕으로 엮었습니다.
- 책에 나오는 인용문은 북드라망 출판사의 '낭송Q시리즈'에서 발췌한 글입니다.
  그 외 인용문은 따로 표기했습니다.
- 본문의 사주명리 용어는 명리 고전의 표기를 따랐으나
  일부는 독자의 이해를 돕기 위해 저자가 새로 만든 말입니다.
- 현장감을 살리기 위해 맞춤법을 따르지 않은 표현이 있습니다.

우리 모두는
자기 삶의 최고 기술자가 되어야 한다네

최고의 삶의 기술은 언제나
나쁜 것에서 좋은 것을 만들어내는 것
복잡한 일을 단순하게 만들어내는 것

삶은 다른 그 무엇도 아니라네
삶의 목적은 오직 삶 그 자체라네
지금 바로 행복하기 위해서가 아니라면
우리가 이토록 고통받을 이유가 없다네

우리 모두는
자기 삶의 최고 연구자가 되어야 한다네

박노해의 시 「자기 삶의 연구자」 중에서

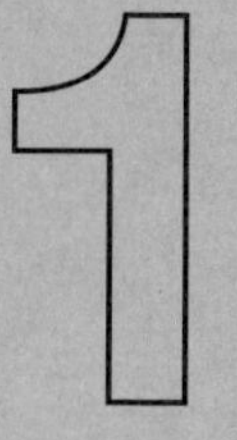

자기 삶의 연구자 되기

1

미신인가 인문학인가

다르게 살고 싶다!

중국 자연 철학 세미나, 화요 낭송 스쿨 담임, 양생의 기초 세미나, 동의보감 읽기 세미나, 주역 세미나, 명리학 강의, 글쓰기 튜터. 월요일부터 일요일까지 내 일주일 시간표다.

연구실에 오기 전엔 단 한 번도 상상해보지 않았던 생활이다. 혹 꿈에서 이런 장면을 본 적이 있나, 기억을 더듬어 보지만 아무리 생각해도 없다. 공부는 학교에서 끝났으니 내 인생에서 더는 공부할 일이 없다고 생각했다.

의상디자인을 전공한 나는 회사에서 디자이너로 일했다. 뭔가 허전할 땐 순수미술 쪽을 기웃거리며 허한 마음을 달랬을 뿐, 공부와는 거리가 먼 인간이었다. 그랬던 내가 한 주에 300~600쪽짜리 책을 두세 권 읽고 토론하며 글을 쓰고 있다. 이런 게 기적이 아닐까? 변해도 이렇게 변할 수 있나 싶겠지만, 공부란 이렇게 존재를 바꾸는 일이다. 공부하면서 알게 된 사실은 운명은 계속 변한다는 점이다. 때를 놓치지 않는 한 누구에게나 인생 역전의 기회는 열려있다. 내 인생의 변곡점은 2009년, 10년마다 바뀌는 대운 시기에 접어든 해였다.

지난날 나는 여느 직장인들처럼 직장 생활에 스트레스를 받고 미래에 대한 막연한 불안감을 안고 살았다. 스트레스를 풀기 위해 쇼핑도 하고 친구들과 수다를 떨거나, 자유로운 영혼이 되기 위해 예술 작업을 했다. 좀 더 고상해지고 싶어서 음악회에 다니고 인디 영화를 골라 보며 미술관을 순례했다. 10년여 동안 이 굴레에서 한 발짝도 벗어나지 못했다. 사실을 말하자면, 말이 자유로운 영혼이지 그렇게 보이는 이미지만을 소비하고 있었다.

남들과 다른 사람이 되고 싶어서 발버둥쳤지만 어디에도 나는 없었다. 어디서 본 듯한 광고나 영화 이미지들이 내 머릿속에 뒤섞여 괴물 같은 존재를 만들어냈다. 내가 그리는 나는 고급 아파트에 살며 비싼 차를 굴리는 성공한 전문직 여성이었고 유능한 데다 나만 사랑해주는 남편도 있어야 했다. 게다가 자유롭고 숭고한 영혼에 예술적 자질까지 갖추어야 했다.

부끄럽게도 나는 그런 꿈을 꿨다. 세상에 좋다는 건 다 하고 싶었다. 탐욕의 극치! 한참을 망상 속에 살고 있었지만 자각하지 못했다. 별문제 없을 때는 잘 살고 있다고 생각했다. 가끔은 삐걱거렸지만 잘 닦인 도로를 달리는 행운도 열렸다. 사회 저편에서 혼란과 폭력 그리고 이해하기 힘든 일들이 종종 일어났지만 나와는 무관한 일로 여기고 외면했다. 세상 사람들이 좋다 하면 안도하고 그렇지 않으면 불안했다.

직장 생활 7년 차쯤 되었을 때다. 이런저런 문제를 겪으며 타성에 빠졌다. 그동안 열중했던 승진이나 자기 계발도 지겨웠고 회사 생활에 진저리가 나기 시작했다. 회사가 평생을 보장하지 않는다는 불안감도 스멀스멀 올라왔고, 틀에 박힌 채 평생을 살아야 하다니 숨이 막혔다.

막연히 지금과는 다른 삶을 살고 싶었지만 어떻게 살아야 다르게 사는 건지 도무지 알 수 없었다. 머리를 굴리고 굴려 짜낸 생각은 디자인을 공부했으니 순수예술을 해보자는 정도였다. 기업의 이익을 위한 디자인이 아닌 순수예술은 다른 세계로 보였다.

그러던 어느 날 우연히 한 사이트에서 '목요 인문 강좌–삶의 가치 재발견, 직장인을 위한 미학교실'이라는 공지를 보게 됐는데, 제목이 한눈에 확 들어왔다. 삶의 가치, 재발견, 미학. 당시 갈망해 마지않던 단어들이 떡하니 자리 잡고 있는 게 아닌가.

그렇게 어떤 기운에 이끌리듯 강좌를 듣게 되었다. 첫 강의에서 채운 선생(『예술의 달인, 호모 아르텍스』의 저자)이 한 말은 내가 꿈꾸던 예술이 얼마나 삶과 분리된 것인가를 자각하게 했다.

"위대한 예술가는 그들이 남긴 작품 때문이 아니라 그 작품에 이르기까지의 과정 때문에 위대한 거예요. 그들 역시 우리와 똑같이 고민하고 실패하고 절망하지만, 중요한 건 그다음이에요. 그 순간에 그들이 어떻게 삶을 긍정하는지, 어떻게 장애물을 뛰어넘는지를 배워야 해요. 그들이 어떻게 세상과 만나고, 어떻게 세상을 느끼고, 어떻게 세상에게 말을 건네는지를 배워야 하는 거지요."

세상에, 작품이 아니라 과정이라니. 예술가도 우리처럼 살면서 막히고 힘들 때도 있지만 바로 굴복하지 않고 기존과 다른 삶을 생각하는 존재라는 것이다. 예술을 이토록 명쾌하고도 신선하게 풀어낸 그의 말은 겉멋 들린 나를 쪼그라들게 했다.

얼얼한 정신이 제자리를 찾기도 전에 고전평론가 고미숙 선생의 강의가 이어졌다. 그때 들었던 선생의 말이 그의 책 『호모 쿵푸스』에 담겨 있어서 옮겨 본다.

발트해 연안의 거대한 숲, 나무와 나무 사이로 붉은 장막들이 나부낀다. 몰이꾼들이 요란하게 나팔소리를 울리며 한 무리의 늑대를 붉은 장막 쪽으로 몰아붙인다. 빼곡히 늘어선 나무들과 울퉁불퉁한 바위, 급한 여울과 가시덤불 사이를 날렵하게 달리던 늑대들이 장막 앞에서 흠칫, 멈춰 선다. 울타리도 아니고 철조망도 아니고, 그저 펄럭이는 장막일 뿐인데, 대체 왜? 결코 넘을 수 없는 '금지의 선'이라 스스로 간주해버린 것이다. 머뭇거리는 사이, 몰이꾼들이 늑대들의 숨통을 끊어버린다.
우스운가? 혹은 불쌍한가? 하지만 '공부의 정글'을 미친 듯이 헤매고 다닐 그대들의 운명 또한 다르지 않다. 태어나는 순간부터 성적과 경쟁, 성공의 신화만이 판치는 정글에 내몰린 채, 끊임없이 이어지는 '철인 5종 경기'를 방불케 하는 각종 '장애물 넘기'를 강요받지 않는가. 방법은 오직 하나, 정글 밖으로 뛰쳐나가는 것뿐. 하지만 죽어라 달려가다 다들 어떤 표지판 앞에서 멈추어 선다. '학교식 공부'가 짜 놓은 장막에 걸린 탓이다. 허공을 두루 덮는 새빨간 거짓말의 장막에.

태어나서 처음 듣는 존재와 세계에 관한 이야기. 인문학이라고는 대학 졸업 후 처음 접한 셈인데, 망치로 머리를 연이어 얻어맞는 것 같았다. 붉은 장막은 천 조각일 뿐인데 스스로 금지선으로 여겨 넘어설 엄두를 내지 못하는 늑대, 그게 바로 나였다. 장막 안에서 멈칫대다간 사냥꾼이 내 숨통을 끊어버릴 수도 있겠다는 생각에 이르자 나는 무언가에 감전된 듯했다.
이러고 있다간 바보처럼 죽을 수도 있겠구나, 하는 생각이 들면서 내 삶과 주변이 모두 다르게 보였다. 의식과 무의식을 꿰뚫는 통쾌한 언어들이 사정없이 내 몸을 흔들어놓은 것이다.
강좌는 여름에 시작해 초겨울에 끝났다. 강좌가 끝나자마자 무작정 두 분이 몸담은 연구실(당시 연구공간 '수유+너머')로 쫓아갔다. 어떤 곳인지도 모르고 뭐에 홀린 듯이.

연구실에는 마치 나를 기다렸다는 듯 '금요인문강좌'라는 대중강좌가 그해(2006년) 처음으로 개설되었다. 나중에 명리학을 공부하고 알게 됐는데, 그때 내 사주에는 공부 운이 들어와 있었다.

"금요일은 공부하는 날로 만드세요."라는 채운 선생의 말이 지금도 생생하다. 철학이니 문학이니 사회학이니 모두 생소했지만 한 주도 빠지지 않고 3년 동안 꼬박꼬박 금요일 강좌를 들었다. 그러면서 내 앞에 놓인 상황을 앞에 두고 질문을 던지기 시작했다. 그동안 옳다고 여겼던 문제가 과연 그런가? 그에 대한 답을 찾는 듯 하다가 다시 막히기도 하면서, 자꾸 파고드니 내 삶이 꼬인 듯 여겨졌다.

그동안 내 머릿속을 채웠던 스펙·승진·돈·명예… 이런 단어들이 사회가 주입한 욕망임을 깨닫는 순간 아차, 싶었다. 삶에 정답이 있는 게 아니라 얼마든지 다른 삶을 구성할 수 있다고 생각하니, 마치 신세계가 열리는 것 같았다. 늑대가 붉은 장막을 걷어내지 못한 것처럼 사회가 원하는 삶에서 한치도 벗어나지 못하는 것은 바로 나였다. 붉은 장막을 알아차려 넘으면 거기 자유가 있다.

다르게 살고 싶다! 강렬한 바람과 달리 너무 오랫동안 월급에 길들어진 탓에 직장을 그만두기 쉽지 않았다. 직장 생활은 당연히 해야 하지 않느냐는 주변 의견도 강했다. 하지만 그건 핑계였다. 이미 내 안에 자리잡고 있는 욕망덩어리를 떨쳐낼 용기가 없었다. 누군가 주식으로 돈을 벌면 나도 주식을 해야 할 것 같았고 보험을 들면 그래야 할 것 같았다. 사회적 욕망은 끊임없이 타자를 의식하게 했고, 몸에는 허영기가 덕지덕지 붙어있었다.

2007년 겨울, 몸에 문제가 생긴 뒤에야 비로소 다른 길로 들어설 엄두를 냈다. 잇몸이 모두 무너져 내려 임플란트를 아홉 개 하라는 진단이 나왔다. 치아도 문제였지만 자주 체하고 토하는 증상도 심각했다. 정밀 검사를 받은 병원에선 별 이상이 없다고 했지만 내심 불안했다. 여기서 더 달리면 죽을지도 모른다는 생각이 퍼뜩 들었다.
일단 달리기를 멈추고 연구실을 요양원으로 삼기로 했다. 일 년 동안 치아 치료를 하면서 공부하다, 2009년 여름이 시작될 즈음 본격적으로 연구실에 들어왔다.
사람 팔자 정말 모를 일이다. 목마른 영혼처럼 강의를 만났고 그 우연이 지금의 나를 만들었으니 말이다. 내 몸과 마음이 그토록 바라던 '다른 삶'은 공부를 만나 변화의 장으로 흘러가고 있었다.

회사 다닐 때 내 연봉은 적지 않았지만 늘 불안했다. 연구실에 들어와서 내 생활비는 한 달에 100만 원을 넘지 않았다. 매달 연구실 밥값으로 10만 원, 월세 30만 원, 그 외 책값 등으로 30만 원 정도. 가끔 조금 더 들 때도 있지만 일 년에 1500만 원 안에서 해결했다.
이런 나를 보고 가장 안타까워한 사람은 가족이다. 부모님은 공부공동체라는 곳이 혹여 사이비 종교 집단인가 싶어서 연구실로 동생을 파견하기도 했다. 그렇게 구질구질하게 살 필요 있느냔 말도 들었다. 그냥 웃었다.
내 삶은 궁핍하지 않다. 오히려 돈을 많이 벌 때보다 훨씬 풍요롭고 안정된 삶을 살고 있다. 연구실에서 공부하지 않았다면 이런 생활은 불가능했을 것이다. 연구실 생활을 기점으로 돈을 많이 벌어야 좋은 삶이라는 생각이 완전히 달라졌다. 적게 벌고도 충만하게 사는 것이야말로 능력임을 알게 되었기 때문이다.

소박하게 살아보니 미래에 대한 막연한 두려움도 사라졌다. 내가 이렇게도 살 수 있구나, 신기하고 놀라우면서도 한편으론 내가 이런 삶을 원했구나를 확인하는 시간이었다.

처음엔 막연히 변하고 싶던 시기에 우연히 공부를 만났다고 생각했는데, 그게 아니었다. 변하려면 공부는 필수였다. 공부는 지식의 축적이 아니라 '다른 생각'을 함으로써 '다른 삶'을 여는 출발점이었다.

문제를 알아차리다

> 연구실에서 공부하고 강의하다 보면 새 친구들을 많이 만난다. 그들은 다양한 욕망으로 연구실에 들어오고, 각자의 방식으로 상상한다. 연구공동체라는 말이 낯선 탓에 다들 '공동체' 하면 종교 단체를 떠올린다. "형제님" "자매님" 하며 서로 챙겨주고 따듯하게 대하는 이미지로 말이다.

나도 초기엔 연구실에 대한 환상이 있었다. 연구실 사람들은 무척 자유로워 보였다. 그래서 단박에 꽂혔다. 자유로운 존재에 대한 갈망이 그 어느 때보다 뜨거웠으니까. 하고 싶은 공부하고 그것으로 글 쓰고 강의하고 친구도 사귀고 밥도 먹고, 그들의 생각과 행동에는 간극이 없어 보였다. 억지로 좋은 척하는 회사 생활과는 분명 다른 세계인 듯했다.

공동체에 들어오면 나도 절로 그런 존재가 될 줄 알았다. 하지만 환상은 곧바로 깨졌다. 공동체 하면 손에 손잡고 벽을 넘어서는 평화로운 이미지… 절대 아니다. 매일 지지고 볶는 고만고만한 일상이 반복되니 이젠 하루만 조용해도 불안할 정도다. 조용하면 언제 더 큰 일이 터질지 모를 일이니.

나도 사건을 일으키는 대상에서 예외가 아니다. 잘한다고 했는데 어느 순간 사건의 중심에 서 있었고, 그럴 때면 정말 죽을 만큼 창피했다. 몇 차례 거센 파도를 넘고 보니 알게 되었다. 나야말로 나를 잘 모른다는 사실을.

장밋빛 환상을 품고 연구실에 들어와 한 달쯤 지났던가? 보기 싫은 이가 하나둘 생겼는데, 내겐 문제가 없다고 생각했다. 막연한 기대가 충족되지 않으니 남 탓은 늘고, 6개월 만에 연구실을 향한 동경은 적대감으로 바뀌었다. 툭 하면 사람들과 부딪히고 그럴 때마다 체하고 토하기를 반복했다.
갈수록 쌈닭이 돼가는 나에게 고미숙 선생은 무슨 문제가 있느냐고 물었다. "선생님… 제가 수강생으로 온 지는 좀 됐지만 연구실 멤버로는 초년생인데 저에 대한 배려가 너무 없는 것 같아요." 이렇게 말하면 내 말에 공감하면서 뭐가 힘드냐고 위로라도 해줄 줄 알았다. 그런데 전혀 예상치 못한 답변이 돌아왔다. "아니, 연구실에서 하고 싶은 공부하는데 더 무슨 배려가 필요한 거지?"
그 말을 듣는 순간 멍해졌다. 그렇지, 회사와 제도에서 벗어나 하고 싶은 공부를 맘껏 하는데 뭐가 더 필요하단 말인가. 그제야 주어진 현실은 외면하고 굳이 결핍을 찾으려는 나를 보았다. 언제부터 이런 결핍 상태에 빠져 있었던 걸까?
서른일곱 살이 되도록 나는 내 삶에 대해 진지하게 생각해본 적이 없었다. 오직 사회에서 필요한 인간이 되기 위해 안간힘을 썼고, 그 욕망에 맞추는 삶을 의심 없이 받아들였다. 나의 목표는 나이가 들어감에 따라 대입에서 취업으로, 승진에서 차와 아파트로 변했다. 목표를 이루는 과정에서 열심히 일하면 보상받는 게 당연하다고 여겼다.
우리는 욕망을 충족하기 위해 상품을 사고 받는 서비스를 당연히 여기면서 돈을 낸다. 이런 관계에 익숙해지면 모든 걸 교환 관계로 보게 된다. 돈만 있으면 모든 게 해결될 거라는 환상과 물신주의가 우리 몸과 마음을 지배하는 것이다. 그 중심에 내가 있었다.
다른 삶을 살기 위해 내 발로 들어온 공동체는 함께 사는 곳이고, 연구하는 공간이니 당연히 함께 사는 법을 고민했어야 했다. 하지만 난 여전히 경쟁하고 비교하는 습관을 못 버리고 결핍만을 찾고 있었다.
매번 사람 때문에 상처받고 힘들어하면서도 관계를 중심에 두고 깊이 생각해본 적이 없었다. 문제는 타인이 일으키고 나는 당하는 존재라는 피해의식. 여기서조차 나는 피해자가 되어 사건을 구성하고 있었다. 이것이 내 운명을 가로막는 일이라고는 생각하지 못했다. 나는 늘 옳고 상대는 틀리다고 주장하거나 외부 조건 때문에 어쩔 수 없다는 변명만 늘어놓았다.
먼저 수동적인 삶의 고리부터 끊어야 했다. 고리를 끊기 위해서는 사건을 다르게 보는 시선이 필요했다. 결핍된 신체, 교환에 익숙한 관계에서 벗어나 건강한 관계를 맺을 수 있는 시선이 절실했다. 남과 비교하지 않고 중심 잡을 수 있는 시선이.

사주명리로 나답게 살기

> 나는 누구인가, 어떻게 살 것인가. 이런 물음에서 다시 시작해야 했다. 나는 왜 여전히 결핍에서 벗어나지 못할까? 배우는 재미는 쏠쏠했지만 딱 거기까지였다. 앎에만 머물러 있으니 되레 이전보다 더 답답한 상황에 부닥쳤다. 게다가 연구실에서도 내 몸은 직장 생활 때와 다름없었다.

나는 누구인가, 어떻게 살 것인가. 이 질문은 구체적으로 '나는 왜 아픈가'로 넘어와 당시 내 삶의 화두가 되었다. 그것은 단순히 몸을 치료하겠다는 의지를 넘어선, 존재의 밑바탕을 건드리는 문제였다. 내 몸과 마음을 바꾸어줄 진정한 삶의 길잡이는 바깥이 아닌 내 안에 있었다. 관계의 시작점은 바로 나 자신이었다.

다르게 산다는 건 나와 세상을 이전과 다른 방식으로 이해하고 수용하는 태도임을 어렴풋이 깨달았을 즈음, 연구실에서 개설한 동의보감 세미나에 들어가 몸을 탐구하기 시작했다. 그동안 나는 결핍된 쪽에만 몰두하느라 몸이 보내는 신호를 무시했다. 차가운 손, 땀 흘리는 발, 마른 입술, 타들어 가는 입, 내려앉은 잇몸, 뻑뻑한 눈, 더부룩한 위, 뻐근한 어깨… 몸은 쉴 새 없이 말을 걸고 있었다.

정작 내가 관찰했어야 할 부분은 바깥이 아니라 안쪽, 즉 내 몸이었다. 『동의보감』은 나에게 '네 병은 네가 만든 것'이라고 꾸짖는 듯했다. 습관처럼 체하고 토하던 증상은 외부와 소통하는 존재임을 망각할 때 생기는 탐욕의 결과물, 바로 위열胃熱이었다.

수승화강水升火降. 화기는 아래로 내려가고 수기는 위로 올라가는 원리로 동의보감이 말하는 몸의 대원칙이다. 그런데 내 몸은 이와 반대로 화기가 아래로 내려가지 못해 위로 치솟았던 상태였다. 이런 몸의 증상은 삶의 태도와도 연결되어 일상에서도 균형을 잃고 붕 뜬 상태로 살아왔다. 당시 내 잇몸이 무너진 것도 단순히 구강 문제가 아니라 순환하지 못한 열이 잇몸에 쌓이고 쌓여 주체하지 못하자 결국 무너져 내린 것이다(동양의학에서 위는 잇몸과 연결돼 있다고 본다).

내 삶의 태도가 병이 됨을 알게 되면서 내가 번 아웃된 이유가 보이기 시작했다. 몸은 지금까지 여러 증상으로 내게 계속 말을 걸었는데, 나는 그 소리를 외면했다. 몸의 소리를 듣기보다는 사회에서 인정받는 게 더 중요했고, 그것이 내 삶에 도움이 된다고 믿었다. 교육은 내게 몸의 소중함보다는 성공을 향한 가치를 주입했다. 나는 단 한 번도 질문하지 않고 경주마가 되어 무조건 달리고 있었다.

『동의보감』은 병 자체보다 병을 만드는 주체인 사람에 중점을 두고 병을 만드는 이유를 탐색하는데, 놀랍게도 바탕에 '사주명리'가 있었다.

사주명리? 불안할 때마다 나를 위로해주던 역술원이 떠올랐다. 승진은 언제 하나, 돈은 언제 버나, 좋은 남자는 언제 만나나… 그들이 흉하다면 떨고 길하다면 안심하며 내 운명과 삶을 의존했던 흑역사. 그러고 보니 먼 길 마다하지 않고 용하다는 곳을 찾아다녔어도 직접 배워야겠다는 생각은 해본 적이 없었다. 그런데 그걸 배워 운명을 알아본다니 내심 기대가 됐다.

내 사주를 풀어보니 재물이나 남편·자식·문서 운은 있는 둥 없는 둥 했고, '나'에 해당하는 기운이 강했다. 사회적 기준으로 보면 세상을 사는 데 유리한 요소가 별로 없었다. 여기서도 잠시 나는 왜 필요한 운을 타고나지 못했을까, 하는 결핍을 먼저 떠올렸다.

공부가 더 깊어지고서야 운명이란 그 자체로 고유할 뿐 비교 대상이 아니라는 걸 알게 되었다. 돌은 돌이고 나무는 나무인 것처럼. 그러니까 나는 남편·자식·문서 운이 약한 대신 형제 운을 강하게 타고난 사람이라고 해석할 수 있다.

공부에 한 걸음 더 들어가니 운명과 몸의 관계가 풀리기 시작했다. 『동의보감』이 인간을 주목한 까닭은, 사람이 타고난 기질과 삶의 태도가 병을 만든다고 보기 때문이다. 다시 말해 병을 고치려면 자신의 기질을 알아야 하고, 병이 생기지 않는 삶의 양식으로 전환해야 한다는 이야기다. 삶의 주체는 인간이 아닌가. 그러니 병을 치료하는 의학서가 인간을 탐구하는 사주명리와 연계되는 건 지극히 자연스러운 일이다.

사주명리는 자연과 우주의 시선으로 '내'가 누군지, 어떻게 살아야 하는지 알려준다. 하지만 우리는 사회가 주입한 욕망을 자신의 욕망으로 여기며 자연의 원리와 동떨어진 삶을 살고 있다. 흔히 돈만 해도 다다익선을 향해 달려가지 않는가. 자연은 목표를 향해 달리지 않는다. 봄, 여름, 가을, 겨울로 순환할 뿐이다.

이렇듯 모든 계절은 다른 계절과 관계를 맺으며 흘러간다. 예컨대 가을의 열매는 그것만 분리해 얻을 수 없다. 봄, 여름, 겨울의 흐름 안에서 가을의 결실도 있다. '나' 또한 마찬가지다. 모든 존재와 연결됨 속에서 나란 존재도 있는 것이다.
수십억 명의 인간이 지구별에 같이 살아도 어떻게 똑같은 인간이 하나도 없는지, 유전자부터 외모나 성격이 다 다르게 타고난다는 사실이 놀라울 따름이다. 그런데도 우리는 자신의 존재가 고유하고 신비롭다는 사실을 종종 망각한다. 사주팔자는 바로 그걸 일깨우고 자기만의 특징을 보여주는 운명의 코드다.
운명의 코드는 자신이 태어난 순간의 생년월일시로 나타난다. 세상에 나와 처음 폐 호흡할 때 우주를 운행하는 기운장이 몸에 바코드처럼 찍히는 거다. 바코드는 여덟 글자로 드러나는데 무엇을 욕망하는지, 어떻게 감정을 조절하는지, 어떤 방식으로 관계를 맺는지… 자신에 관한 모든 것을 드러낸다.
예전에 역술원에서 사주명리를 접했을 때는 미신이란 느낌이 들었는데 막상 공부해보니 아니었다. 사주명리는 자연철학을 근거로 인간을 탐구한 매우 실용적인 학문이다. 문제라면, 그것을 사리사욕에 활용하는 현대인의 탐욕이랄까. 약초도 때에 따라서는 사람을 죽이는 독이 되듯이 아무리 좋은 지식도 잘못 활용하면 속임수가 된다.
사실 우리는 자신에 대해 잘 모른다. 어릴 때부터 줄곧 뭔가 배우고 익혀왔지만 정작 자신에 대해선 깊이 탐구해본 적이 없기 때문이다. 성인이 되어도 사회에서 주입한 욕망을 기준으로 끊임없이 결핍을 만들어내니 타자의 시선으로 자기 삶을 평가하는 게 아닌가.
남들과 비교해 기준에 못 미치면 열등감을 느끼고 물질적 욕망으로 결핍을 채우는 악순환. 이것은 나무를 보고 돌을 기준 삼아 약하다느니 가볍다느니 하는 것과 다르지 않다. 나무는 나무고 돌은 돌일 뿐 비교 대상이 아니다. 나무나 돌의 속성을 알고 쓰임새에 맞게 잘 사용하는 게 우리가 할 일이다.

지금 우리는 스스로 자기 삶의 주인이 되기에 너무나 힘든 시대를 살고 있다. 디지털 자본주의는 개개인의 미시적인 욕망까지 연구해서 상품을 소비하게 만든다. 박노해 시인은 그의 시 「자기 삶의 연구자」(『그러니 그대 사라지지 말아라』, 느린걸음)에서 지금의 상황을 토로한다.

내가 나 자신을 연구하지 않으면
다른 자들이 나를 연구한다네
시장의 전문가와 지식장사꾼들이
나를 소비자로 시청자로 유권자로
내 꿈과 심리까지 연구해 써먹는다네
우리 모두는
자기 삶의 연구자가 되어야 한다네
내 모든 행위가 CCTV에 찍히고
전자결제와 통신기록으로 체크되듯
내 가슴과 뇌에는 나를 연구하는
저들의 첨단 생체인식 센서가 박혀있어
내가 삶에서 한눈팔고 따라가는 순간
삶은 창백하게 빠져나가고 만다네

어떤가? 자신을 알게 하는 길, 자기를 주체로 살게 하는 앎이 있는데 그걸 외면하고 여전히 사회적 욕망의 주술에 걸려 달려갈 것인가? 선택은 자신에게 달려있다.

2

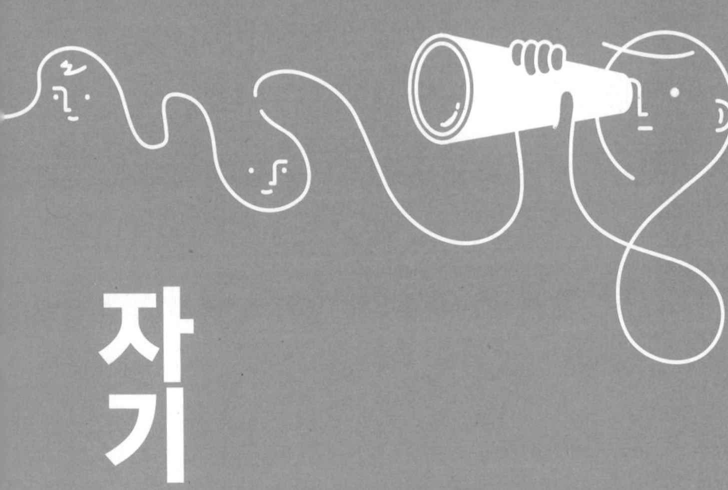

자기 탐구

기,
너 누구니?

결핍에서 몸부림치는 삶, 교환의 법칙이 난무하는 삶에서 탈출하고 싶은 우리에겐 새로운 언어가 필요하다. 자기 삶의 주체가 되어 살기 위해서는 자신을 자연으로 만나야 한다. 봄은 봄대로 충분하고 여름은 또 그대로 충분하다. 여름이 되기 위해 혹은 가을이 되기 위해 달리지 않는다. 온전히 한 계절을 살면 자연스레 다른 계절을 만난다.

경쟁하지 않는 나, 질투하지 않는 나, 이익을 위해 달리지 않는 나. 있는 그대로의 나를 만나기 위한 언어를 배워보자. 바로 그 배움이 자기다운 삶을 살기 위한 출발점이다.

첫 단계에서 배워야 할 단어는 바로 '기'이다. 기가 막히다, 기가 세다, 기가 차다, 활기가 있다, 기가 빨린다, 기분 좋다, 기똥차다, 기를 쓰다. 이처럼 우리가 평소 의식하지 못한 채 사용하는 기와 관련된 말들이 참 많다.

그런데 막상 "기가 무엇일까요?" 묻는 순간 "도를 아십니까?"라는 의미로 치부되어 미신으로 여기는 걸 보면, 기나 도 같은 동양의 언어들이 본뜻과 달리 얼마나 오염됐는지 알 수 있다. 사이비 교주나 도사들이 기를 신비한 무엇으로 만들어 사람들의 욕망을 들끓게 만든다. 미디어에서 이런 모습만 본 우리들은 기란 말만 들어도 비전문적이고 비과학적이라는 이미지를 떠올린다.
기분이 좋다. 기가 차다, 기가 막힌다. 기똥차다. 기운이 돈다. 열기, 온기, 냉기 등 기와 관계된 언어를 흔히 쓰면서도 미신으로 취급해 버리니 기의 처지에서 보면 억울할 법도 하다. 별로 신뢰하지도 않으면서 우리의 일상에서 왜 툭하면 이런 말이 나오는 걸까? 과연 기를 대체할 말이 있기나 할까? 기라는 단어를 없애고 다른 말을 넣어보자. 느낌상으로는 에너지와 비슷해 보이니 일단 그것으로 바꾸어보자.
에너지가 막힌다, 에너지가 차다, 에너지가 있다, 에너지가 세다, 에너지를 쓰다. 어떤가? 영 어색하다. 에너지만으로는 언어의 생생함이 살아나지 않는다. '기 센 언니'라는 말은 어떤가? 무서운 언니, 당당한 언니, 잘나가는 언니… 뭘 갖다 붙여도 기 센 언니만큼은 느껴지지 않는다. 마땅히 대체할만한 언어가 없다는 점에서 기의 존재감이 느껴진다. 도대체 기가 뭐기에 우리 삶 곳곳에 깊이 파고들어 있는 걸까.
『장자』에는 "천하는 통틀어 하나의 기일 따름이다."라는 말이 나오고 『동의보감』에도 "물고기가 물에 살 듯이 모든 천지 만물은 기의 바다에서 산다"는 말이 있다. 고전에 나오는 말처럼 정말 모든 게 기로 이루어진 걸까?
사방을 둘러보자. 텅 빈 곳을 비롯해서 책상, 책, 커피, 핸드폰 심지어 나까지 모두 기라고? 공기가 기라는 건 어느 정도 수긍이 간다. 보이지도 않고 손에 잡히지도 않는다는 점에선 둘 다 성질이 다르지 않아 보이니까. 그런데 우리가 마시는 커피와 핸드폰은 분명하게 자기 형태가 있는데 기라 할 수 있나? 커피와 핸드폰은 무생물이라 그렇다 치자. 나는? 인간은 움직이고 말을 하고 머리부터 발까지 완전한 형태로 존재하는데 기라고? 여전히 알쏭달쏭하다.
모두 잊고 다음 세 가지를 떠올려 보자. 수증기와 물과 얼음, 이 셋을 이어주는 성질은 뭘까? 수증기가 차가워지면 물이 되고, 물이 차가워지면 얼음이 된다. 얼음에 열을 가하면 물이 되고 물에 열을 가하면 수증기가 된다. 보이지 않는 수증기와 물과 얼음은 서로 분리된 것 같지만 모습만 바꾸어 변화한다. 이제 좀 감이 오는가?
그렇다. 기는 이렇듯 시간의 흐름에 따라 물성이 바뀌는 변화이다. 공기는 '수증기 상태' 커피는 '물의 상태' 핸드폰과 인간은 '얼음의 상태'로, 수증기가 물이 되고 얼음이 되듯이 기는 모습을 바꾸어 계속 변한다. 나도 죽으면 썩어서 액체가 되고 모두 분해되어 사라질 것이다. 장자의 말대로라면 우리 몸은 쥐 간이 되고 작은 벌레 다리가 될 수도 있다.

"어떻게 사랑이 변하니?"
영화 <봄날은 간다>에서 상우(유지태 분)가 은수(이영애 분)에게 한 말이다. 어떤 생각이 드는가? 사랑이 변한다는 말에 화가 난다면 사랑은 영원해야 한다고 여기는 사람일 거다. 영화에서 상우도 같은 마음이다. 영원할 것 같던 사랑이 변하고, 그 사실을 받아들이지 못하는 상우는 어찌할 바를 모른다.
자연의 모든 것은 변한다. 인간도 예외는 아니다. 변하지 않는다면 우리는 지구상에 존재할 수 없다. 지구는 자전과 공전을 한다. 즉 여행 한 번 안 해본 사람이라도 해마다 9억 5천만 킬로미터에 달하는 여행을 한 셈이다. 바다와 공기와 땅, 지구에서 살아가는 모든 존재는 단 한순간도 멈추지 않고 서로 맞물려 돌아간다.

그러니 어떻게 사랑이 변하냐는 질문은 생명의 원리를 모르는 철부지 투정일 뿐이다. 그들이 원하는 대로 변하지 않는 세상이라면, 우리는 새로운 삶도 살 수가 없다. 어떤 방식으로든 변해야 한다. 아니 원하지 않아도 변하고 있다. 단지 알아차리지 못할 뿐.
이처럼 기의 세계에서 고정된 것은 없다. 변하고 또 변한다. 무형의 수증기가 유형의 물과 얼음이 되는 예는 세상 곳곳에 차고 넘친다. 우리의 생각은 수증기와 비슷하다. 생각은 고스란히 행동으로 드러난다. 행동은 물과 얼음처럼 유형화된 것이다. 스티브 잡스가 '다르게 생각하라'고 한 것도 생각이 달라져야 새로운 삶을 창조하기 때문이다.
생각은 바꾸지 않고 외양만 창조적인 척해봤자 삶은 절대 변하지 않는다. 왜냐하면 생각과 행동은 수증기와 물과 얼음처럼 끈끈하게 연결되어 있기 때문이다. 이렇게 기는 이질적인 것들을 연결하고 있다. 이런 점에서 기는 '네트워크'이다.

『동의보감』에 이런 말이 있다. 통즉불통通則不痛, 통하면 아프지 않다는 말로 책의 주제이기도 하다. 실제로 관계가 막힐 때 몸은 병이 든다. 아니 몸이 병들면 관계가 막힌다. 몸에 기가 흐르지 않을 때 관계도 막히고 병이 든다. 우리가 '기분이 좋다'라고 말할 때 '분分'은 나눈다는 뜻 아닌가. 온몸에 기가 잘 통한다는 의미다.
요즘 유행하는 성형을 생각해 보자. 기의 세계에서 성형은 흐름을 막는 행위이다. 코를 수술하면 단순히 코만의 문제로 끝나지 않는다. 동양 의학에서 얼굴은 오장육부와 서로 연결하여 생각한다. 이를테면 눈은 간, 코는 폐 등과 연결돼 있으니 맘에 안 든다고 눈을 고치면 간은 눈을 낯설게 여겨 기운이 자연스럽게 흐르지 못한다.

동의보감식으로 해석하자면, 눈이 작은 것은 간의 기운을 눈 크기만큼 사용하라는 뜻인데 인위적으로 눈을 키우면 타고난 기능에 비해 간이 해야 할 일이 많아진다. 타고난 기운보다 에너지 소모가 많아지면 타고난 생명력은 그만큼 줄어든다.

2017년 이탈리아 고등연구 국제대학 연구팀이 미간과 눈가 근육에 보톡스 주사를 맞기로 한 여성을 대상으로 수술 전후 인지 심리테스트를 실시한 결과, 보톡스 주사를 지속해서 맞은 사람은 그렇지 않은 사람에 비해 공감 능력이 떨어진다는 기사를 봤는데, 기의 세계에서는 당연한 결과이다.

미세한 얼굴 표정조차 오장육부와 연결되어 경맥이 흐른다. 기와 혈이 흐르듯이 얼굴도 변해야 하는데 보톡스는 현재 상태를 고정하기 위해 방부제 처리를 한 셈이다. 기가 흐르지 않고 고여 있으니 생리 대사가 원활하게 이루어질 리 없다. 보톡스 주사로 잠시 젊음을 유지하는 것 같지만 얼굴에서 생기生氣는 사라진다.

일상을 사는 데는 미모가 아니라 생기가 필요하다. 흔히 "생기 있다"는 말에서처럼 생기란 제때 흐르는 기운으로, 제 나이에 맞는 기운이 흘러야 소통 능력이 생긴다. 보톡스로 만들어진 미모는 우월감을 자랑하고 싶은 욕망이지 소통의 욕망은 아니다. 생기는 몸에 기가 통하듯이 누구와도 소통할 수 있는 능력이다.

어차피 미모는 이생에서 불가능하다 쳐도 생기는 얼마든지 스스로 만들 수 있으니 이거야말로 기쁜 소식 아닌가. 몸을 생각해 보면 더 선명해진다. 세포나 오장육부도 분리되거나 막히면 바로 죽음이다. 나 또한 남과 연결되어야 산다.

전 세계를 연결하는 인터넷 환경은 기의 세계를 잘 보여준다. 사방팔방으로 펼쳐진 연결망 덕분에 새 세상이 열렸다. 한편 역설적으로 우리는 스마트폰에 코를 박느라 관계 맺는 능력을 상실하고 있으니 생명전선이 매우 위태로운 상황이다. 공부공동체인 연구실에서도 타자와 잘 어울리는 사람이 있는가 하면 섞이지 못하는 독불장군 같은 유형도 있다. 연구실을 나가는 친구들은 대부분 마음을 터놓을 친구가 없는 이들이다.

바로 그거다. 단 한 사람이라도 통하는 친구가 있다면 어떤 문제도 해결할 길이 열린다. 이렇듯 산다는 건 누군가와 통하는 일이다. 우리는 기로 연결돼 있기 때문이다.

자, 이제 생각해 보자. 주변에 당신과 통할 수 있는 친구가 몇 명이나 있는가. 있는 그대로 당신을 내보일 친구가 있는가. 친구가 없다면 생명 전선은 매우 위태롭다. 각자 자신의 기 상태를 점검해 보자.

세상을 읽는 언어1 음양

"언제부턴가 비행기를 탈 수 없어요."

"왜요?"

"병원에 갔더니 공황장애라고 해요."

"무슨 일을 하시는데요?"

"대학에서 아이들을 가르쳐요."

"거기서 스트레스를 많이 받으시나요?"

"글쎄… 딱히 스트레스를 받는 건 없는데…"

"그럼 뭐가 문제인가요?"

"글쎄… 뭔가 나은 삶을 살아야 하는데 그런 것 같지가 않아서요."

"꼭 나은 삶을 살아야 하나요?"

"지금보다 노력해서 더 완성된 삶을 살고 싶어요."

"구체적으로 어떻게 살고 싶은데요?"

"…"

한 대학교수와 나눈 대화이다. 그는 공황장애를 앓고 있었다. 자기 바람대로 교수가 되었는데도 불안증은 계속되었다. 자신도 딱히 이유를 모르던 중 출장차 비행기를 탔다가 너무 답답해서 바로 내렸다고 한다. 병원에서 공황장애 진단을 받고는 곧바로 환자로 전락했다. 약을 먹어도 호전은커녕 멍해지고 불안감은 더 커졌다. 그러던 중 여러 경로를 거쳐 자신을 탐구하기 위해 연구실에 왔다.

이전에는 나도 사회적으로 저 정도 성공하면 행복할 줄 알았다. 그런데 연구실을 찾아오는 여러 부류의 사람들과 상담하면서 '성공=행복'이라는 공식이 얼마나 잘못된 건지 실감한다. 더 나은 삶이라는 그럴듯한 말 속에는 돈이나 명예, 인기를 얻기 위한 경쟁이 들어있다. 일등을 못 하면 자책하고, 일등을 해도 유지하지 못할까 봐 불안한 삶. 사회에서 주입한 가치에 자신을 맞추다 보니 비교하고 경쟁하는 습관만 키운 것이다. 경쟁과 비교 없이 자신을 있는 그대로 만난 적이 없으니 바라던 교수가 돼서도 안절부절못한다.

불안에서 벗어나려면 자본의 척도를 버리고 자연을 기준으로 살아야 한다. 그래야 세상이 다르게 보인다. 앞으로 배울 음양은 자연의 원리이다. 그 기준은 자연인 우리 몸에도 당연히 적용된다.

모든 생명은 호흡한다. 들이쉬고 내쉬고. 음식도 마찬가지이다. 아무리 맛있는 음식도 일정량 이상 먹을 수 없고 먹으면 싸야 한다. 내보내고 나면 또 먹어야 한다. 이것이 음양의 원리이다. 어떤 것도 무한 축적이나 무한 비움은 허용되지 않는다. 필요한 만큼 수렴하고 딱 그만큼 발산하는 게 음양의 원리다.

쉽고 당연해 보이지만 삶에선 좀처럼 응용되지 않는다. 음양의 원리대로라면 한 번 돈을 벌면 한 번 써야 한다. 그런데 주변을 보면 어떤가? 벌고 또 벌어도 멈추지 않는다. 숨을 들이쉬고 내뱉지 않는 것과 같다. 들이쉬고 또 들이쉰다. 음식을 먹고 또 먹는다. 이렇게 하다간? 죽는다!

그래서 탐욕과 집착이 무섭다. 거기에 걸려들면 불나방처럼 죽는지도 모르고 달려든다. 내가 만난 그 교수도 숨만 들이쉬고 내쉬는 법을 잊었다.

어느 정도 오르면 멈춘다는 건 다 뻥이다. 박사가 돼도 교수가 돼도 임원에 올라도 여전히 불안하다. 몸을 다다익선으로 길들였기 때문이다. 하지만 몸은 숨을 쉬듯 음양의 원리를 따른다. 음양을 거스르면 자기 안의 조화가 깨지니 몸과 마음이 아픈 건 당연한 결과다.

음양이란 낱말의 시원은 한자에 잘 드러난다. '그늘 음陰'과 '볕 양陽' 자 둘 다 '언덕부阝' 변을 쓴다. 언덕에서 볕이 드는 곳은 양, 그늘진 곳은 음으로 본 것이다. 볕과 그늘은 서로 분리된 것 같지만 하나의 언덕에서 일어나는 변화이다.

선현들은 뜨거운 양달과 서늘한 응달이 번갈아 오는 언덕을 응시하다 하나의 언덕에서 일어나는 시간의 흐름과 자연의 변화를 읽어냈고, 그 이치를 모든 만물에 적용하며 상생과 조화로움을 삶의 기틀로 삼았다.

태극기의 태극 무늬는 음양이라는 자연의 원리를 기호로 표현한 것이다.

선현들이 머물던 고즈넉한 정자처럼 언덕을 응시할 풍경은 없지만 연구실 공부방에도 낮과 밤은 드나들고, 책상 구석진 자리에도 햇볕과 그늘은 시간 흐름에 따라 교차한다. 지금은 대낮이지만 밤이 되면 어둠이 올 것이다. 양이 오면 음이 물러가고 음이 오면 양이 물러간다. 이런 변화는 언덕뿐 아니라 공부방과 천지 만물에 두루 적용된다.

음양은 기와 긴밀한 관계를 맺는다. 앞에서 기는 '변화한다'고 했다. 변화에는 규칙이 있다. 숨이 차면 내뱉는 것처럼 한번 채우면 반드시 한번은 비운다는 원칙. 이처럼 차고 비움이 반복되는 현상을 음양이라고 하는데, 기가 꽉 차면 '양'이라 하고 텅 비면 '음'이라 한다. 그러니까 기의 변화는 발산과 수렴을 반복하는 '음양 운동'을 통해 일어난다고 보면 된다.

호흡도 내쉬면 '호' 하고 마시면 '흡' 하듯 음양 운동을 한다. 하루도 '낮'과 '밤'이 있다. 남자가 있으면 여자가 있고, 하늘이 있으면 땅이 있다. 낮은 따듯하고 밤은 서늘하다. 해가 비치면 활동을 하고 해가 지면 휴식을 취한다. 낮에는 공기가 올라가고 밤에는 공기가 내려간다. 이렇게 서로 반대되는 두 기운은 따로 놀지 않고 꼭 붙어 다닌다. 이것을 '대대待對'라고 한다. 대대란 서로를 극하지만 상호 보완하면서 '변화'를 만드는 관계이다.

우린 서로 반대되면 '대립'이라고 생각한다. 선은 좋은 것이고 악은 나쁜 것으로. 그래서 무조건 나쁜 것을 없애려고 한다. 동양 사상에서 절대 선과 절대 악은 존재하지 않는다. 선과 악 또한 동전의 양면처럼 대대 관계일 뿐이다.

나 아닌 다른 존재와 대립하면서 조화를 이루고, 또 생성되면서 소멸하는 것이 자연의 흐름이요 생명의 속성인 것을 우리는 종종 잊곤 한다. 지금 선한 것도 시간이 지나면 악이 되고, 지금 악한 것도 언젠간 선이 된다. 그러므로 선악 구도로 악을 배제하지 않고 자연스러운 흐름을 인식하면서 변화 과정을 이해하는 데 힘을 써야 한다.

머리로는 이해해도 다다익선이 미덕인 자본주의 사회에서 음양의 원리대로 산다는 게 어디 쉬운 일인가. 비우는 속성은 자본 축적에 어긋나는 일이다. 그런데 달이 차면 반드시 기운다는 사실을 부정할 사람은 없다. 아이러니 아닌가?

이건 어떤가. 시간이 지나면 사랑은 전쟁이 된다? 말도 안 된다고 할 것이다. 한동안 부부 클리닉 프로그램 <사랑과 전쟁>이 인기리에 방영되었다. 사랑은 전쟁이 될 수 없다는 전제 하에 클리닉이 필요하다고 생각했을 테지만, 음양 원리상 사랑이 전쟁이 되는 건 자연스러운 일이다. 만약 서로 무관심하다면 사랑도 없지만 전쟁도 불가능하다.
그렇다면 모두 이혼해야 하냐고 반문할 것이다. 그게 핵심이 아니다. 사랑이란 감정이 생겼기 때문에 시간이 지나면 변하는 게 당연하다는 거다. 변화를 인정하지 못하고 부정할 때 처음 감정에 집착하게 되고 사랑은 전쟁이 된다. '사랑과 전쟁'도 대립이 아니다. 시간의 흐름이 만든 대대 관계를 인정하고 변화를 인정할 때 해법도 나오는 법이다.
누차 강조하지만, 음양은 좋은 게 있으면 나쁜 것도 당연히 겪어야 한다는 원리이다. 자연법칙에서 좋고 나쁜 것은 없다. 자기가 정했을 뿐이다. 달이 차면 길하고 기울면 흉하다고 하지 않는다. 자연의 변화만이 있을 뿐이다. 그런데 우리는 스스로 선호하는 대상을 정해 놓고 그게 변하면 참지 못한다. 그야말로 바보 같은 짓 아닌가.
우리 인생도 40세 전까지는 발산 운동이 지배하므로 활동적이지만, 40세 이후에는 수렴 운동이 시작되므로 성찰과 휴식으로 삶의 방향을 전환해야 한다. 하지만 동안 열풍에 중독되어 계속 낮을 유지하고 싶어 한다. 이것은 생명 에너지를 방전하는 위험한 짓이다.
인생의 방향성뿐만 아니라 하루 생활도 음양의 원리에 따라야 한다. 낮은 양기가 왕성하므로 활동적으로 움직이고 밤은 음기가 지배하므로 다음 날을 위해 기운을 비축해야 하는데 우리는 잘 쉬지 못한다. 쉬면서도 스마트폰을 보고, 노래방에 가고, 쇼핑을 하며 맛집을 순례하느라 기운을 소모한다.
잘 때 자고 일어날 때 일어나야 한다. 잠은 음이고 활동은 양이다. 정확한 양의 발산과 음의 수렴 운동을 해야 활기차게 살 수 있다. 휴식은 낭비가 아니라 충전하는 시간이다. 그러니 잠자는 시간을 아까워하지 말고 제발 밤에 잠을 자시라.
몸과 정신도 음양 안에 있다. 몸이 편하면 정신이 괴롭다. 반대로 정신이 편하면 몸이 편치 않다. 모르겠다고? 과거 농업 시대에는 농사를 짓느라 몸이 힘들어도 마음은 풍요로웠다. 현대인들은 어떤가? 몸은 편하지만 정신적 스트레스가 엄청나다. 오죽하면 감정 노동이 생겼겠는가. 음양 관계란 이런 것이다. 하나를 얻으면 다른 하나는 잃는다. 낮과 밤을 동시에 가질 수 없다. 이것이 자연의 원리이며 생명의 원리이다.

일상에서 만나는 음양

양	음
시작 (은 마무리를 향해 간다)	마무리 (는 또 다른 시작이다)
낮 (이 가면 밤이 온다)	밤 (이 가면 낮이 온다)
만남 (이 있으면 헤어짐이 있다)	헤어짐 (이 있어야 만남이 있다)
성공 (이 있어야 실패도 있다)	실패 (가 있어야 성공도 있다)
열림 (후에 닫힘이 있다)	닫힘 (이 있어야 열림이 있다)
들숨 (후에 날숨이 있다)	날숨 (후에 들숨이 있다)
채움 (후에 비움이 있다)	비움 (후에 채움이 있다)
팽창 (후에 수축이 있다)	수축 (후에 팽창이 있다)
생성 (후에는 해체해야 한다)	해체 (후에는 생성을 해야 한다)
일 (을 한 후에는 휴식을 해야 한다)	휴식 (을 한 후에는 일을 해야 한다)

세상을 읽는 언어2 오행

앞서 음양은 낮과 밤, 남과 여, 들숨과 날숨처럼 서로 반대되는 성질이라고 말했다. 상대적인 속성이 서로 대립하고 결합하는 과정을 통해 새로운 기운을 생성하고 상호 보완하면서 변화를 끌어낸다. 음양과 오행을 하나로 붙여 음양오행이라 부르는 이유는 음양 안에 오행이 있고, 오행을 감싸고 있는 기운이 음양이기 때문이다.

하루를 기준으로 음양과 오행을 살펴보면 관계가 더 선명하게 드러난다. 하루를 낮과 밤으로 구분하면 음양의 기운으로 본 것이고, 아침/오전/오후/저녁/밤으로 좀 더 세분화하면 오행이다.

오행은 각각 다른 기운으로 아침은 목(시작), 오전은 화(발산), 오후는 토(매개), 저녁은 금(수렴), 밤은 수(응축)의 기운으로 보고 계절로도 연결하여 이야기한다. 목은 봄이고 화는 여름으로 목/화는 발산하는 양의 기운이며, 금은 가을이고 수는 겨울로 금/수는 수렴하는 음의 기운이다. 토는 중간에 매개하는 기운으로 환절기를 생각하면 된다.

목은 계절의 시작이고 하루의 시작이다. 시작은 누구나 낯설고 설렌다. 시간이 지나면서 열이 오르고 열정이 생긴다. 이것이 바로 화의 단

순환하는 오행

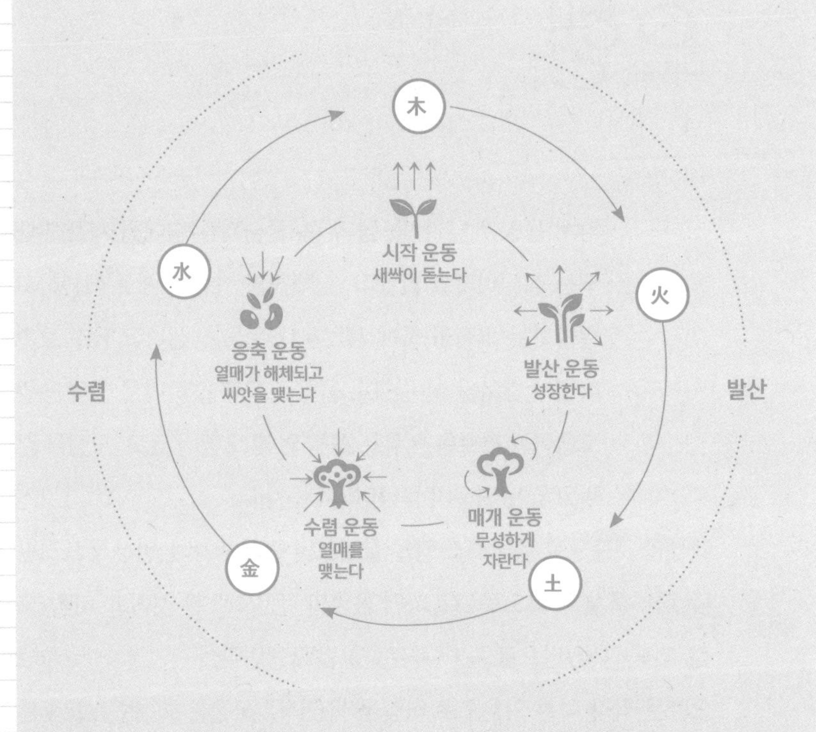

순환하는 삶이란 봄처럼 일을 시작하고(목), 여름처럼 분주히 활동하고(화), 환절기처럼 균형을 잡고(토), 가을처럼 결실을 맺고(금), 겨울처럼 기운을 모으는(수) 것. 오행을 건너뛰지 않고 찬찬히 밟을 때 타고난 생명력이 길러진다. 이것을 양생養生이라고 한다.

계이다. 그런데 아무리 열정이 좋다고 해도 끝도 없이 지속하면 어떨까? 뜨거운 여름도 식기 마련이며 마무리와 결실을 향해 가야 한다. 바로 가을의 단계이며 금의 기운이다. 결실과 마무리 다음엔? 새로운 과정을 준비하기 위한 씨앗을 만들어야 한다. 계절로 치면 겨울이며 새봄을 위해 에너지를 충전하는 밤인데, 이 단계가 수이다.

나는 오행을 배우면서 시간을 새롭게 사유하게 되었다. 누구나 시간을 잘 사용하기 위해 계획표를 짠다. 프랭클린 다이어리가 유행하던 시절이 있었다. 꼭 그 다이어리를 써야 전문직 워킹우먼이 될 것 같아서 나도 주저 없이 샀다. 그러고는 꼼꼼하게 시간대별로 계획을 세웠지만 제대로 지킨 적은 거의 없었다.

어떨 땐 집중이 잘되다 안되면 왜 이렇게 의지력이 약할까 자책하곤 했다. 집중력이 좋은 시간을 기준으로 단순 비교한 셈인데, 그게 시간에 대한 무지였다는 걸 오행을 배우고서야 알았다.

이전에는 시간이 미래로 이어져 있어서 무한대로 확장할 수 있다고 생각했다. '시간은 돈이다'라는 말이 있듯이 시간을 소유할 수 있다고 여겼고, 빈틈없이 계획하고 실천해야 잘 사는 거라고 믿었다. 오행으로 볼 때 시간이란 봄 여름 가을 겨울을 순환하는 개념인데, 나는 마치 돈을 축적하듯 시간도 쌓을 수 있다고 여겼다.

몸에서 다다익선으로 계산되는 시간은 없다. 하루를 시작하는 아침과 낮에는 활기차게 활동해야 하고, 하루를 마무리하는 저녁과 밤에는 휴식을 취해야 한다. 시간의 변화를 모르면 휴식을 게으름으로 보고 계획대로 안 되는 일을 의지박약으로 여기며 자신을 괴롭힌다. 몸은 자연 리듬을 타므로 계획대로 움직일 리가 없다. 그런 몸을 자연의 원리로 이해하지 못하면 시간 따로 나 따로이니 열심히 움직여봤자 분열된 삶을 살 뿐이다.

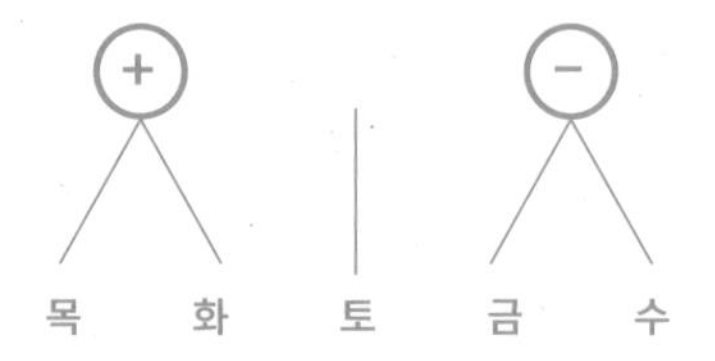

앞서 말한 대로 기는 '보이는 것'과 '보이지 않는 것'을 연결하는 언어이다. 하지만 우리는 전공을 만들고 경계 짓는 공부를 해왔기 때문에 연결하는 사유가 낯설다. 기의 다른 얼굴인 오행을 따라가면 경계를 짓지 않고 연결하는 길이 보인다. 예를 들어 시작하는 것들을 떠올려보라. 봄, 아침, 어린이, 신입생, 입학식 등은 제각각 다른 성질을 지닌 단어이다. 하지만 시작이란 운동성으로 보면 모두 목의 운동으로 연결된다.

사람 사이에도 오행이 있다. 오행을 공부하고 세상을 보면 사람들이 계절로 보인다. 봄 같은 사람, 여름 같은 사람, 환절기 같은 사람, 가을 같은 사람, 겨울 같은 사람. 누군가는 기획력이 좋아 시작을 잘하고(봄), 누군가는 열정적으로 행동하고(여름), 또 누군가는 치우치지 않게 중심을 잡는가 하면(환절기), 누군가는 계획을 세워서 마무리를 잘하고(가을), 누군가는 다음 비전을 세운다(겨울). 이처럼 각자 역할이 있다. 제각각 역할이 다른 다섯 개의 리듬이 원활하게 움직일 때 소통이 되고 삶은 굴러간다.

자기가 봄의 성향이어서 봄만 최고라 여기면 다른 계절을 무시하기 마련이다. 가을은 여름을 무시하고 겨울은 환절기를 무시한다. 차이를 이해하지 않으면 함정에 빠져 판단하고 원망하다 인생을 소모해버릴 수 있으니 자신과 타인의 관계를 탐구해야 한다.

사주명리 공부는 자기 안의 자연을 만나는 일이다. 그 기운은 생년월일시에 고스란히 담겨 있다. 타고난 운명의 코드를 풀고 자기다움의 미덕을 발견하는 게 이 공부의 목표이기도 하다. 그러려면 먼저 오행을 이해해야 한다.

다음에 등장할 천간과 지지가 내 운명을 해석할 기호이긴 하지만 그것 또한 오행의 변주로, 오행을 이해해야 천간과 지지로 수월하게 넘어갈 수 있다. 이제 본격적으로 오행에 대해 배워보자.(68~69쪽 '나의 사주 보기'를 참고하여 자기 사주에 어느 오행이 자리 잡고 있는지 살펴보자.)

일상에서 만나는 오행

구분	목	화	토	금	수
운동성	시작	발산	매개	수렴	응축
자연속성	나무	불	흙	쇠	물
계절	봄	여름	환절기	가을	겨울
오장육부	간·담	심·소장	비·위장	폐·대장	신장·방광
감정	분노	기쁨	생각	슬픔	두려움
방위	동	남	중앙	서	북
숫자	3·8	2·7	5·10	4·9	1·6
색깔	청색	적색	황색	흰색	검정색
얼굴	눈	혀	입술	코	귀

목木
부드럽고 따듯한

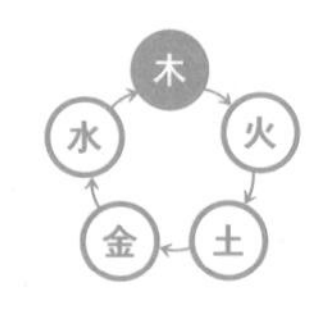

목은 오행에서 '시작'하는 기운이다. 목을 나무로 이해하면 곤란하다. 기의 세계에서 오행은 '나무'라는 명사가 아니라 '변화한다'는 동사로 이해해야 한다. 목을 나무로 비유한 것은 나무가 생명이 분출하는 변화 과정을 가장 잘 보여주기 때문이다.

목은 계절 중 봄 기운에 해당한다. 봄에는 모든 만물이 깨어나 자라고 그 따듯함으로 생명을 살린다. 그런데 봄은 저절로 오지 않는다. 추운 겨울을 뚫고 꽃샘추위에도 싹을 틔우니 목기의 시작은 호락호락하지 않다. 엎어지고 넘어지면서 나아가는 힘이다. 하지만 우리는 삽질하는 과정은 생략하고 결과만 얻으려고 하는데 자연의 이치에 어긋나는 일이다.

봄은 영어로 스프링spring이다. 목의 기운이 바로 스프링처럼 통통 튀는 성향이다. 생애 주기로 보면 목은 어린 시절에 해당한다. 아이들이 가만히 있지 못하고 산만한 이유도 목기가 발동하기 때문이다. 그래서 겁 없이 달려들 때가 많다.

사주에 목이 있는 사람은 아이들이 그러하듯 자신감과 의욕이 넘치고 시련이 와도 멈추지 않고 새로운 길을 개척한다. 봄바람은 매서울 때도 있지만 대체로 부드럽고 마음을 들뜨게 한다. 그래서인지 이들은 한자리에 머물기보다 움직이길 좋아한다. 차가운 땅에서 싹을 틔우듯 사주에 목이 있는 사람은 아이디어와 기획력으로 싹을 틔우기 위해 노력한다.

흔히 꿈을 가지라고 한다. 딴에는 당연한 듯 들리지만, 자연을 관찰하면 이 말은 순 엉터리다. 새싹은 열매를 맺기 위해 나오지 않는다. 봄에 충실하다 보니 여름이 왔고 여름에 충실하다 보니 환절기가 왔으며 환절기에 충실하다 보니 가을이 왔을 뿐이다. 매 순간 주어진 계절의 과정을 충실하게 밟았을 뿐인데. 결실을 강조하게 되면 다른 계절은 모두 수단이 되어버린다. 여린 싹의 시간을 거치고, 꽃으로 피어난 시간을 지나야 열매 맺는 수확의 기쁨도 맛볼 수 있다. 하지만 수확의 기쁨도 종착지는 아니다. 다시 씨앗을 만들기 위한 겨울과 만나야 한다.

맹목적으로 결실을 추구하면 수단과 방법을 가리지 않고 성공을 위해 달릴 우려가 있다. 이런 생각은 위험하다. 아무리 좋은 결실도 계속 유지할 수는 없다. 열매는 해체되어 씨앗이 되어야 다시 시작한다. 그러니 성공은 바로 죽음이자 끝이며 '새로운 시작'을 의미한다. 성공이 마지막인 양 힘껏 달리면 더는 새로운 봄을 시작할 힘이 생기지 않는다.

지금 청년들이 딱 그렇다. 특히 대학생을 보면 꼭 좀비 같다. 대학을 가기 위해 타고난 에너지를 몽땅 털리고, 대학에서도 취업을 위해 남은 기운을 쪽쪽 빨린다. 참고 견디면 영광 있으리란 생각은, 인생에서 오직 단 한 번의 봄을 살라는 반생명적인 명령이다.

목 시기에는 좌충우돌하는 게 당연하다. 태어나 처음 시도하는데 실수가 없다면 더 이상하다. 인생에 정답이 있다고 여겨 안전한 길을 찾는데 골몰하면 실패가 두려우니 시작할 수가 없다. 자연은 성과를 향해 달리지 않는다. 자연에는 정답이 없고 오행의 흐름만이 이어지니 삶에는 실수하고 배우고 다시 시작하는 과정만 있을 뿐이다.

오장육부 중 목기와 연결되는 장부는 간이다. 간은 시작의 장부로 어른이 돼서도 전후좌우 살피지 않고 달려들 때 "간덩이가 부었다."라고 하는데, 간의 기운이 강해서 의욕이 지나치게 넘친다는 뜻이다. 간 기운이 넘치면 이것저것 벌리기는 잘하는데 마무리는 안 되고, 일은 많이 하는데 성과가 없으니 짜증이 나서 신경성 체질이 되기도 한다.
간은 밤새 피를 저장했다 활동할 때 쓰는 에너지원이다. 간이 약하면 의욕이 없고 항상 피곤하다. 광고에서 "간 때문이야"를 외치며 간 기능 회복을 강조하는 것도, 활기찬 생활의 시작인 목 기운과 간이 연결되기 때문이다.
다음은 『동의보감』에 있는 사계절 리듬에 따른 양생법 중 봄에 대한 내용이다. 봄은 살리는 계절이다. 계절에 맞게 여유를 가지고 사람들에게 베푸는 마음을 써야 한다. 이것을 어기면 봄에 병이 오는 게 아니라 반드시 다음 계절인 여름에 병이 온다고 동의보감은 경고하고 있다.

> 봄철 석 달은 싹이 돋는 시기이다. 천지가 모두 생동하고 만물이 자라난다. 밤에 잠자리에 들고 일찍 일어난다. 천천히 뜰을 거닐고 머리를 풀고 몸을 편안하게 하여 마음에 의욕을 일으켜야 한다. 만물이 생겨나는 것을 도와주어야지 죽여서는 안 되고, 남에게 베풀되 빼앗지 말며, 상을 주어야지 벌을 주어서는 안 된다. 이것이 봄에 호응하는 일이니 봄의 양생법이다. 이것을 지키지 않으면 간이 상하고 여름이 되면 찬 기운으로 인한 병이 생기니 자라나는 힘이 적어진다.
> 『낭송 동의보감 내경편』, 「사계절의 리듬에 맞춰라」, 84쪽

화火 뜨겁고 열정적인

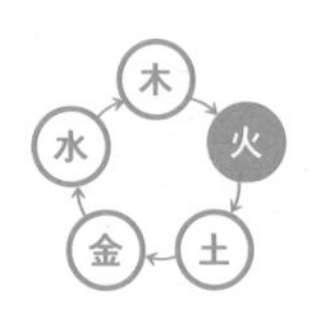

화는 봄 다음에 오는 여름의 기운이다. 목이 수직으로 자라는 기운이라면, 화는 목에서 한 단계 더 나아가 사방팔방으

로 퍼지는 기운이다. 봄의 목적이 싹 틔우기라면, 여름은 가지를 뻗고 꽃을 피워서 자기 영역을 확장한다.

화는 양기를 모두 밖으로 발산한다. 타오르는 불을 떠올려보라. 불이 활활 타오를 수 있는 이유는 속에 아무것도 남기지 않기 때문이다. 화의 이런 화끈한 발산력은 꽃을 피우거나 단단한 쇠를 녹이는 등 만물을 변화시킨다.

화 기운을 타고난 사람은 태양처럼 밝은 기운으로 상황을 정확하게 보며 판단력과 이해력이 뛰어나다. 게다가 외부로 확 발산하는 기운이므로 실천력도 좋고, 어두운 세계를 환하게 밝히듯 솔직하게 자신을 표현한다.

한편 열정적이고 화끈하며 속도가 빠른 반면 지구력은 약하다. 이런 속성은 급한 성질과 다혈질로 나타나며, 절제력이 없다면 활활 타버린다. 그렇게 해서 일도 관계도 한순간에 재로 만들 수 있다. 그러니 화의 기운을 타고난 사람이 성내면 무조건 피하는 게 좋다. 화기의 화는 그때뿐이므로 기운이 증발하고 나면 화낸 것조차 잊고 깔깔거린다.

화 기운을 타고난 사람은 남의 문제점을 잘 발견한다. 하지만 정작 자기 자신은 보지 못하는데, 기운이 밖을 향하기 때문이다. 그래서 남의 문제를 자신에게 반사해 성찰하는 훈련이 필요하다.

화는 인생 주기에서 보면 젊은 시절에 해당한다. 20대에 열정적인 이유는 화기가 지배하기 때문이다. 중년이 되면 현실 감각이 커져서 자신을 온전히 못 던지는데 화기가 식고 금기로 진입하기 때문이다.

화는 오장육부에서 심장에 해당하고, 심장은 피를 온몸 구석구석에 뿌려주는 역할을 한다. 오장육부는 다섯 가지 감정과 연결되는데 그중에서 심장은 기쁨에 속한다. 기쁜 감정을 일으키는 웃음은 심장 기운을 활발하게 만든다.

근래 들어 우리가 생각지도 못한 치료법이 속속 나오는데 웃음 치료도 그중 하나다. 오행으로 보면 화의 기쁜 감정으로 심장 활동을 원활하게 하는 원리다. 심장이 활발하게 작용하면 정체된 기운은 발산하게 된다.

화기를 잘 사용하려면 발산한 만큼 수렴을 해야 한다. 하지만 현대인들은 발산만 하고 있다. 내실 없이 겉만 꾸미면 화기가 극에 달한다. 계속 비우기만 하고 채우지 않으면 화기가 지나쳐 몸에 불이 나는데, 얼굴이 붉어지고 입이 마르며 가슴이 두근거리는 증상을 보인다. 이렇게 되면 몸에 열이 뻗치고 순환 장애로 인해 정신병이나 심혈관 질환에 노출되기 쉽다.

다음은 『동의보감』에 나온 여름 양생법이다. 여름에는 양기가 밖을 향해 팽창하듯이 밖으로 기운을 펼치는 방식으로 활동해야 한다. 덥다고 에어컨을 끼고 있으면 항상성에 문제가 생긴다. 몸은 36.5℃를 유지하기 위해 더우면 땀을 배출하고 추우면 몸을 떨어 체온을 올리는데, 냉난방에 의존하면 항상성이 떨어진다. 즉, 몸을 균형 잡는 능력에 문제가 생긴다. 이것은 몸뿐 아니라 삶에서 발생하는 좌충우돌 상황에서 균형 잡는 능력과 연결된다. 위기 대처 능력을 키우려면 다른 거 없다. 여름에 더위를 제대로 겪어내는 것. 그 힘이 삶의 다양한 상황에서 균형을 잡으며 다음 국면으로 나아가게 한다. 여름을 여름답게 보내지 못하면 가을에 반드시 병이 온다고 동의보감은 경고하고 있다.

여름철 석달은 무성해지는 시기이다. 천지의 기운이 합해져 만물이 꽃피우고 열매 맺는다. 밤에 잠자리에 들고 일찍 일어난다. 햇빛을 싫증

내지 말고, 성내지 말고 꽃봉오리를 피어나게 해야 한다. 아끼는 것이 밖에 있어 자꾸 밖으로 나가려는 것처럼 양기를 밖으로 내보내야 한다. 이것이 여름 기운에 호응하는 것이니 여름의 양생법이다. 이것을 지키지 않으면 심장이 상하고, 가을에 학질에 걸려 거두는 힘이 적어지며, 겨울에 중병이 든다.

『낭송 동의보감 내경편』, 「사계절의 리듬에 맞춰라」, 85쪽

토土 균형 있고 믿음직스러운

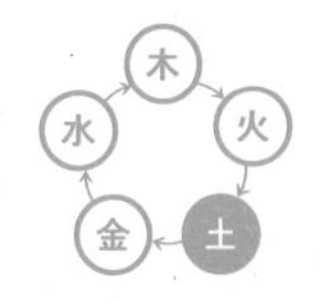

토는 오행에서 화(여름)와 금(가을)을 '매개'하는 기운으로, 아직은 여름 기운이 머무는 환절기에 해당한다. 여름 내내 머문 화는 더 퍼지지 않고 어느 지점에서 균형을 잡고 금을 향해 가려 한다.

토는 마치 밥 지을 때 뜸 들이는 과정과 같다. 음도 아니고 양도 아닌 어느 편에 치우치지 않고 대립하는 기운들을 어울리게 한다. 이처럼 다른 계절을 연결하듯 토기는 우리가 변화를 겪을 때 균형을 잡아주는 기운이다. 토기가 있는 사람은 믿음직스럽고 포용력이 있고 다양한 사람을 이해하는 능력이 뛰어나 각자의 입장을 잘 고려해서 조언한다.

오행 중 시작을 잘하는 목과 균형과 조화를 중시하는 토는 아주 다르다. 목은 시작은 잘하지만 지구력이 약하고, 토는 결정한 일을 끝까지 밀고 나가지만 변화에 약하다. 사주에 토가 많으면 수행할 팔자라고 하는데 끝까지 잘 버티고 마무리하기 때문이다. 반면 토가 부족하면 여유가 없고 불안하며 삶에서 기복이 많은 편이다. 완충 작용도 부족

해 사람을 사귈 때도 의심이 많다.

토 기운은 우리 몸의 소화 기관에 해당한다. 사주에 토가 풍부하면 소화력이 좋고 낙천적이며 긍정적이다. 소화 기관에 문제가 생기면 음식물을 먹어도 소화를 못해 살로 가지 않는다. 소화 장부인 비위가 약하면 편식을 하거나 먹어도 자주 체한다. 한의원에 가면 병을 치료하기 전에 소화력부터 점검하는데 소화에 문제가 있으면 아무리 좋은 약을 먹어도 흡수하지 못해서 약효를 보기 어렵기 때문이다.

토는 환절기뿐만 아니라 사계절을 매개하는 기운이다. 이것은 각각 다른 기운을 가진 사계절을 토가 연결한다는 의미다. 다음은 『동의보감』에 나오는 사계절 양생법으로, 사계절의 리듬을 타면 병들지 않고 거스르면 재앙을 입는다고 경고한다. 동의보감은 계절과 삶과 건강, 이 삼박자를 잘 맞춰 살라고 강조하고 있다.

사계절과 음양의 기운은 만물의 근본이다. 그리하여 성인들은 봄여름에는 양의 기운을 기르고 가을 겨울에는 음의 기운을 길러서 그 근본을 따랐다. 만물과 더불어 음양이 생生장長수收장藏하는 속에서 지냈다. 이를 거스르면 생명의 근원이 상해서 타고난 기운이 사라진다. 그러므로 사계절과 음양의 기운은 만물의 시작과 끝이고 생사의 근본이다. 근본을 거스르면 재앙을 입고 근본을 따르면 병들지 않는다. 이것을 도를 안다고 하는 것이다.

『낭송 동의보감 내경편』, 「사계절의 리듬에 맞춰라」, 86쪽

금金
냉철하고 정확한

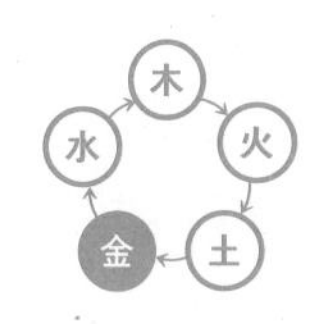

오행에서 금은 '수렴'하는 기운이다. 목이 살리는 기운이라면 금은 죽이는 기운으로, 이런 기운을 '숙살지기'라고 한다. 가을에 찬바람이 불면 여름에 무성했던 존재들이 우수수 떨어진다. 금은 기운을 안으로 모아 수렴하므로 겉은 딱딱해지는데, 이런 현상으로 결실이 생긴다.

금을 쇠나 돌덩이에 비유하는 것은 가을의 수렴력으로 인해 가볍지 않고 묵직한 느낌을 주기 때문이다. 금 기운을 타고난 사람은 나이에 비해 성숙하고 맺고 끊기를 잘한다. 이런 기운이 지나치면 결벽증이나 인정 머리 없이 잔인한 사람으로 비칠 수도 있다.

금 기운을 타고난 사람은 모험을 좋아하지 않는다. 경험을 중시하고 그것을 바탕으로 현실적인 판단을 내린다. 목이 시작이라면 금은 마무리로 결실을 중시한다.

금은 유형화된 열매를 맺는 성질이므로 금 기운을 타고난 사람은 변하지 않는 매뉴얼이나 원칙을 잘 만든다. 인간관계에서도 자신의 원칙과 틀을 지키기 위해 거리를 두는 경향이 있다. 목과 화는 틀이 없어서 변화를 즐기지만 마무리는 약한데, 금은 늘 마무리를 염두에 두기 때문에 어떻게든 결실을 얻는다. 이런 성향은 변해야 할 때 유연하게 대처하지 못하는 단점으로 작용하기도 한다.

화려함이나 명성은 기운을 발산하는 일인데 이것을 유지하면서 수렴성을 동시에 가질 수는 없다. 흡사 여름에 머물면서 가을이 되고 싶은 욕망이니, 결실을 보려면 화려함은 포기해야 한다. 겉도 멋지고 속도

알차길 바라는 욕심은 우주의 원리를 모를 때 하는 소리다. 음양의 원리를 곱씹어 보면 상반되는 두 가지를 동시에 얻을 수는 없다. 새로운 것을 얻고 싶으면 반드시 손에 쥔 것을 내려놓아야 한다.

생의 주기로 보면 금은 중년기에 해당한다. 젊은 시절에는 기운이 밖을 향해 나를 드러내고 싶지만, 중년이 되면 기운이 안을 향해 내면을 가꾸고 싶어진다.

금의 시기에는 몸이 더 성장하지 않는 대신 정신적인 성장이 일어난다. 이런 변화를 모르면 젊은 시절을 붙들고는 중년을 제대로 맞지 못해 우울해 한다.

금기의 수렴력은 외부 기운을 받아들이는 힘이다. 금은 폐·대장 기능과 연결되는데 폐는 공기를 받아들이는 기관으로 금기가 약하면 호흡기도 약하다. 호흡기가 약하면 맺고 끊기를 잘 못한다. 기운을 수렴해야 결단력이 생기는데 못 받아들이면 결정 장애가 올 수 있다. 수렴이란 자기 성찰력이다. 자기 성찰을 통해 내면을 채워야 상황에 맞는 결정을 할 수 있다.

현대 문명은 명예니 스펙이니 하는 외적인 요소를 밖으로 드러내길 원한다. 남보다 잘나고 싶은데 그러지 못하면 화가 난다. 경쟁을 위해 달리면 화 기운인 심장이 순환하지 못해서 금 기운인 폐가 손상된다. 몸의 기를 주관하는 폐가 손상되면 기가 돌지 못하고 몸에 쌓인다. 순환하지 못한 폐의 기운이 머물러 있다가 무슨 말만 하면 울음이 터진다.

현대인은 화기(경쟁)에 노출되어 있다. 폐기를 기르려면 스스로 우는 이유를 알아야 한다. 과도한 꿈이 얼마나 일상을 비루하게 만드는가를 알게 되면 일상에 충실할 수 있다.(※2부 '자기 욕망을 탐색하는 누드 글쓰기' 한성준 편) 폐기는 기운을 안으로 수렴하는 일이다. 나만 잘나가야 한다는 마음을 접고 일상에 충실하기. 그러기 위해 자기 성찰이 필요하다. 그래야 금기인 폐기를 기를 수 있다.

다음은 『동의보감』에 나온 가을의 양생법으로 마음을 안정시켜야 폐 기운이 맑아지고 그것이 가을에 호응하는 일이라고 말한다. 찬찬히 새기면서 금 기운을 채워보자.

> 가을철 석 달은 결실을 맺는 시기이다. 하늘의 기운은 쌀쌀해지고 땅의 기운은 맑아진다. 이때는 일찍 자고 일찍 일어난다. 닭이 울면 깨어나 마음을 안정시켜서 가을의 매서운 기운을 누그러뜨리고 정신을 가다듬는다. 기운을 조절하고 마음을 거두어들여 폐의 기운을 맑게 한다. 이것이 가을 기운에 호응하는 것이니 가을의 양생법이다. 이것을 지키지 않으면 폐가 상하고 겨울에 설사병이 생겨 간직하는 힘이 적어진다.
>
> 『낭송 동의보감 내경편』, 「사계절의 리듬에 맞춰라」, 85쪽

수水 여유 있고 지혜로운

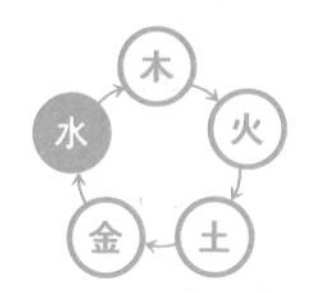

수는 만물의 씨앗을 상징하며 응축하고 저장하는 기운으로 차갑고 유연한 성질이다. 계절로는 겨울에 해당하며 열매가 해체된 음陰으로 잠재력을 가진 기운이다. 물은 위에서 아래로 흐르기 때문에 항상 수평을 유지한다.

이런 수의 성정으로 인해, 수 기운이 있는 사람은 상황을 공정하고 객관화하는 힘이 있다. 이런 성향은 경거망동하지 않고 신중하며 지구력

으로 나타난다. 수기는 당장 움직이는 기운이 아니다. 꾸준히 앞을 내다보고 하나하나 과정을 다지면서 다가올 목(봄)을 준비한다.

수는 인생의 노년기에 해당하며 지혜와 연결된다. 겨울은 만물이 활동을 멈추고 쉬는 듯 보이지만, 안으로 기운을 응축하면서 새봄을 준비하는 시기다. 한마디로 내공 쌓기다. 밖으로 드러나는 걸 중요시하는 화에 비해 수는 허세를 허용하지 않는데, 기본기를 탄탄히 해야 씨앗이 되어 봄에 싹을 틔우기 때문이다.

수는 봄을 준비하듯 늘 다음을 염두에 둔다. 그런 점이 겉보다는 이면을 보게 하고 때론 유머로도 연결된다. 유머란 생각하지 못한 허를 찌르는 일이다. 그때 웃음이 빵하고 터지는 거다. 늘 보던 방식이 아닌 다른 시선을 제공할 때 웃음이 터지고 몸이 유연해진다. 씨앗의 속성이 그렇다. 기존의 틀을 버리고 새로운 시작을 연다.

우리 몸은 70퍼센트가 물로 되어 있다. 수는 신장·방광에 해당하는데, 몸에 필요한 수분을 유지하기 위해 신장은 노폐물을 걸러낸다. 신장의 기운은 수분 대사뿐 아니라 뼈, 골수, 치아를 관장하는 '정'과 관련되어 있다.

수에 문제가 생기면 근본 에너지원인 정精에 문제가 생긴다. 흔히 짐작하는 정력이다. 정력이 성적인 능력뿐 아니라 몸과 마음의 원천임을 알기 때문일까? 특히 남자들은 정에 문제가 생길까 봐 벌벌 떤다.

우리는 화기가 치성한 시대를 살고 있다. 동양의학에서 시대적 질환으로 꼽는 대표적인 병이 우울증이나 정신병이나 치매 같은 질환이다. 과거에는 드물었던 병이다. 이 병을 치료하려면 수기인 신장과 방광 기능을 회복해야 한다. 그렇다고 보양 식품을 먹어서 될 일이 아니고, 이전과 다른 삶을 살려는 생각의 씨앗을 만들어야 한다. 그래야 '화기태과

火氣太過'(화 기운이 지나침)로 인한 병을 치료할 수 있다.

요즘 버스나 지하철을 타면 많은 사람이 귀에 이어폰을 꽂고 꽤 높은 볼륨으로 듣는 모습을 쉽게 본다. 무심코 하는 행위지만 몸에는 몹시 해롭다. 귀는 신장과 방광에 연결되고 오행으로는 수기에 해당하는데, 과한 소리는 신장과 방광이 저장한 수기를 말려버린다. 신장·방광이 약해지면 이명이 생길 뿐 아니라 여러 질병에 노출된다. 수는 생명의 근원이자 씨앗이다. 생명수를 함부로 사용하면 권태로운 삶과 불통인 관계만 남는다.

다음은 『동의보감』에 나온 겨울 양생법으로 겨울에 대처하는 마음 자세를 알려준다. 이를 지키지 않으면 당장은 큰 문제가 없어 보여도 다가오는 봄에 병이 든다고 경고한다. 병은 계절에 맞게 살지 못할 때 따라오는 결과이다.

> 겨울철 석 달은 갈무리하는 시기이다. 물이 얼고 땅이 갈라지며 양기가 움직이지 못한다. 이때는 일찍 자고 반드시 해가 뜬 뒤에 일어나야 한다. 마음에 숨겨 두는 일이 있거나, 무언가 귀한 것을 간직한 듯 기운을 안으로 모아야 한다. 따듯한 것에 거처하고 땀이 나지 않게 하여 기를 빼앗기지 않도록 한다. 이것이 겨울 기운에 호응하는 것이니 겨울 양생법이다. 이것을 지키지 않으면 신腎이 상하고 봄에 다리가 약해져서 살리는 힘이 적어진다.
>
> 『낭송 동의보감 내경편』, 「사계절의 리듬에 맞춰라」, 86쪽

상생상극相生相剋 변화를 만드는 힘

음양오행을 이해하면 감정이나 신념에 얽매이지 않고 지금 처한 상황을 객관적으로 파악할 수 있는 힘이 생긴다. 이를테면 지금은 시작 단계(목)이니 다음 단계인 발산 과정(화)으로 가야겠구나, 이것저것 산만하게 벌인 일이 많으니 이제 마무리 과정(금)으로 가야 하는구나… 하는, 인생 전체 흐름 속에서 지금 이 순간 자신이 해야 할 일을 판단할 수 있다.

그 과정에서 개입하는 두 가지 길이 있는데 '상생相生'과 '상극相剋 '이다. 상생은 말 그대로 '살린다'는 뜻이다. 원리는 아주 쉽다. 목生화 → 화生토 → 토生금 → 금生수 → 수生목으로 목은 화를, 화는 토를, 토는 금을, 금은 수를, 수는 목을 살리고 돕는다는 뜻이다.

목은 저절로 되는 게 아니다. 목이 되려면 수가 도와줘야 한다. 봄이 되려면 겨울을 지나야 하는 이치다. 겨울에 휴식과 해체의 시간을 밟아야 새로운 시작, 즉 봄을 맞이할 수 있다. 자신이 처한 단계에서 다음 단계로 가려면 바로 옆에 있는 오행의 도움이 필요하다. 그래야 흐른다. 이를 상생이라고 한다.

우리 삶이 상생만으로 흐르면 좋겠지만 꼭 그렇지가 않다. 견제와 극으로 변화를 만드는 또 다른 힘은 '상극'이다. 흔히 사람이나 사물이 충돌할 때 "둘은 상극이야."라고 하는데, 바로 그 뜻이다. 상극은 목에서 화를 건너뛴 토와의 관계를 의미한다. 목生화/화生토, 이렇게 가야 순조로운데 화를 건너뛴 목과 토의 관계는 상생처럼 매끄럽지 않다. 그래서

'극한다'는 의미가 된다. 상생상극 그림을 보자. 하나를 건너뛴 상극 관계는 '목克토, 화克금, 토克수, 금克목, 수克화'로 서로 자극을 준다.
자연의 흐름대로라면 여름(화)에서 환절기(토)를 거쳐 가을(금)로 가야 한다. 그런데 다음 단계로 가지 않고 여름을 고집한다면 겨울의 수는 찬물을 확 끼얹어 자극하게 되고, 정신이 번쩍 든 화는 그제야 고집을 내려놓고 토로 향한다. 변화하려면 나를 내려놓아야 한다. 상극은 부딪히고 깨지며 변화하는 시간을 통해 다음 단계로 가게 하는 기운이다.
단순히 '생한다' 혹은 '극한다'는 글자의 뜻만으로 상생은 좋고 상극은 나쁘다고 이해하면 안 된다. 자연계에서 상생과 상극은 모두 필요하다. 공동체 생활을 하면 매일 사건 사고와 부딪힌다. 문제를 해결하기 위해 이런저런 방법을 동원한다. 알아듣도록 설득해서 바뀐다면 상생의 원리가 통한 것이다. 이렇게만 된다면 공동체가 얼마나 아름다울까마는 말처럼 쉽지 않다. 사람은 자기 기질과 습관이 뼛속 깊이 박혀있어서 웬만해선 고집을 버리지 않는다. 다른 방향으로 움직이게 하려면 그보다 더 강한 힘이 작동해야 하는데, 이게 바로 상극의 힘이다. 혹여 자기를 생하는 기운에 둘러싸여 있다면 변화보다 도리어 고집을 강화할 가능성이 높다. 그럴 땐 정신이 확 들만한 외부 자극이 필요하다.
나도 겪어봤다. 스승의 벼락같은 호통과 연구실 친구들에게 냉담한 시선을 받으면 정말 죽을 것만 같았다. 이런 상황에 처하면 선택의 갈림길에 선다. 도피하거나 변하거나. 상극은 불편하고 힘들게 한다. 입에 쓴 약이 몸에 좋다는 말이 왜 나왔겠는가. 힘든 상황에서 정면 대결하지 않고 도망치기 급급했다면 변화할 기회를 스스로 걷어찬 꼴이다. 나와 반대되는 힘에 맞서거나 피하기보다 그 자극을 알아채고 나를 비워 그 힘을 받아들일 때 내가 변화할 수 있다. 이게 바로 상극의 원리이다.

상생과 상극은 오행이 변화하는 두 개의 힘이다. 삶에서 칭찬만 바란다면 상생만 원하는 건데, 그것만으로는 변화의 흐름을 타기 어렵다. 상극의 원리를 적용해야 변화의 물결을 탈 수 있다. 아픈 만큼 성숙해진다는 말이 바로 상극의 원리를 적용한 말이다.

한때 '칭찬은 고래도 춤추게 한다'는 말이 유행처럼 퍼졌다. 이 말을 잘 생각해 보아야 한다. 말인즉 상생의 원리를 반영했지만, 칭찬만 계속하면 고래는 춤만 추다가 몸이 상할 수 있다. 목生화 기운만 쓰면 목은 화를 생하지만 한편으론 화가 비대해진다. 화 또한 목적지가 아니라 자기 변신을 통해 토의 과정을 밟아야 한다. 특정 기운에 머물지 않고 계속 변화하려면 우주에는 상생의 칭찬과 도움도, 상극의 아픔과 시련도 두루 필요하다는 이치다.

특히 엄마들이 상생의 덫에 잘 걸려든다. 좋은 것을 많이 주면 아이가 잘 될 거라고 믿는다. 애초에 힘든 일은 아이를 보호한다는 명목으로 차단한다. 그렇게 자란 아이는 미동에도 균형을 잡지 못해 휘청거리지 않을까?

살아간다는 건 출렁이는 바다 위를 항해하는 것과 같다. 나를 돕는 순풍이 불 때도 있지만 스스로 조절할 수 없는 폭풍과 암초가 수시로 출몰한다. 피할 길은 없다. 부모의 과보호는 아이가 균형 잡을 기회를 빼앗는다.

삶은 끊임없이 변화하고 그것은 새로운 무엇을 낳는 일(순환)이다. 어느 단계에 머무는 게 아니라, 때에 맞게 행동하고 움직이는 것을 의미한다. 그러니 삶이 흐르기 위해서는 상생과 상극의 원리를 적극적으로 이용해야 한다. 사주명리에서 이 원리는 아주 중요하다. 나중에 배우게 될 용신(182쪽)에서 다시 만나기로 하자.

상생상극 관계

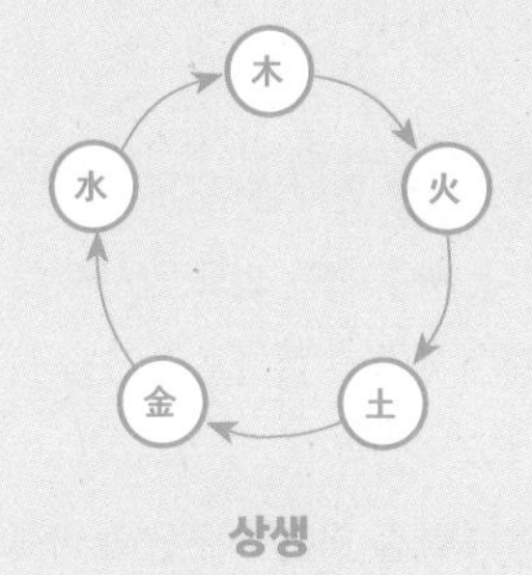

상생

상생은 '살린다'는 뜻이다. 목은 화를, 화는 토를, 토는 금을, 금은 수를, 수는 목을 살리고 돕는 관계다.

상극은 '자극한다'는 뜻으로 오행에서 하나를 건너뛰면 상극이다. 목은 토를, 화는 금을, 토는 수를, 금은 목을, 수는 화를 자극하는 관계다.

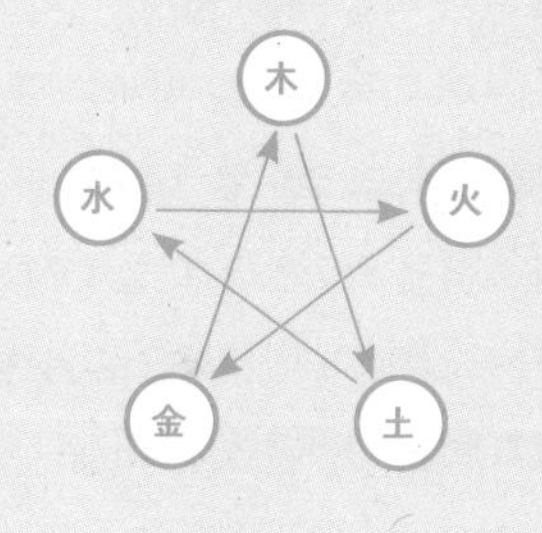

상극

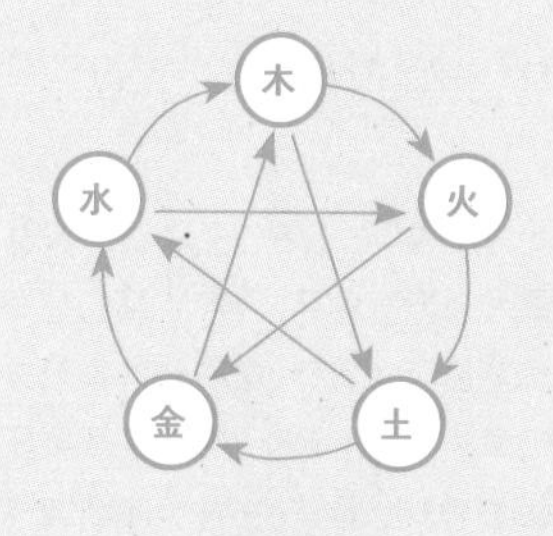

상생상극

자연계에선 상생과 상극 모두 필요하다. 우리 삶에서도 상생과 상극의 기술을 잘 활용해야 순환한다.

나의 사주 보기

오행을 설명했으니 짚고 가야 할 게 있다. 운명의 코드를 만나는 일이다.

나는 1969년 12월 8일(양력) 10시 13분에 태어났다. 사주 뽑는 법도 있지만 요즘은 앱이나 인터넷 사이트에서 제공하는 만세력에서 척척 뽑아주니 그냥 넘어가겠다.

사주는 여덟 글자로 표시되는데 낯설 테지만 곧 익숙해질 것이다. 윗단과 아랫단의 글자 여덟 개를 '팔자八字'라고 한다. 윗단과 아랫단을 묶으면 4개의 기둥이 되는데 기둥 주柱를 써서 '사주四柱'라고 부른다. 사주팔자는 생년월일시가 변환된 운명의 코드로, 태어날 때 폐 호흡을 하면서 몸에 새겨진 생리적 에너지의 흐름을 의미한다. 이렇게 자기가 타고난 여덟 글자를 '원국'이라고 한다.

사주는 오른쪽에서 왼쪽으로 읽는다. 오른쪽부터 연월일시에 해당하는 글자가 이어지는데, 윗단은 천간 아랫단은 지지로 되어 있다. 천간의 글자를 연월일시와 연결해 연간/월간/일간/시간으로, 지지의 글자도 연월일시와 연결해서 연지/월지/일지/시지로 부른다.

시	일	월	연
乙을	丁정	丙병	己기
巳사	巳사	子자	酉유
시주	일주	월주	연주
오전 10시 13분	8일	12월	1969년
↓	↓	↓	↓
을사乙巳시	정사丁巳일	병자丙子월	기유己酉년

목으로 변환되는 글자 : 甲갑 乙을 寅인 卯묘
화로 변환되는 글자 : 丙병 丁정 巳사 午오
토로 변환되는 글자 : 戊무 己기 辰진 未미 戌술 丑축
금으로 변환되는 글자 : 庚경 辛신 申신 酉유
수로 변환되는 글자 : 壬임 癸계 亥해 子자

여덟 글자 중 기준이 되는 글자는 일간日干으로 윗단 오른쪽에서 세 번째 글자이다. 일간 글자를 기준으로 오행 순서인 목/화/토/금/수 순서대로 원을 그려야 한다. 내 일간은 '정丁'이고 오행 중 화火에 해당하니 화를 기준으로 오행 동그라미를 그리면 된다.. 각자 자신의 일간을 기준으로 그려보시라. 예로, 일간이 금이라면 금을 기준으로 오행 동그라미를 그린다.

10	10	10	10
15	15	30	10

천간과 지지 여덟 글자는 오행으로 변환해서 점수화할 수 있다. 위치마다 점수가 다르게 부여되므로 계산할 때 주의해야 한다. 모두 합한 전체 점수가 110점이 되어야 한다. 내 점수 분포는 아래와 같다. 화(50)가 강하고 수(30)는 적당하며 나머지 목(10)·토(10)·금(10)은 약하다.

편인	일간	겁재	식신
乙 10	丁 10	丙 10	己 10
巳 15	巳 15	子 30	酉 10
겁재	겁재	편관	편재

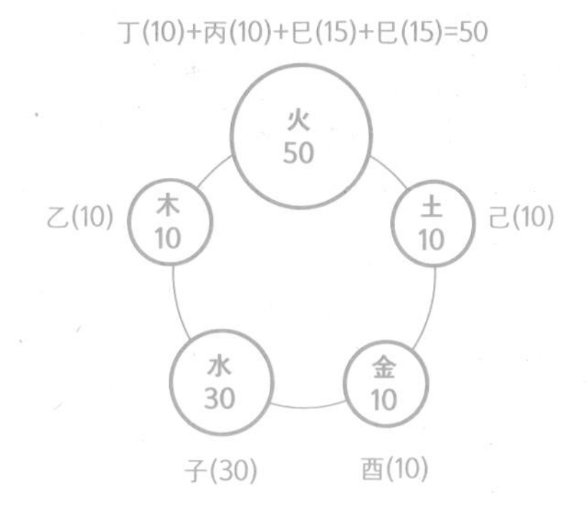

❖ 만세력 제공 사이트

사주링크sajulink.com는 대운과 세운을 세밀하게 보여주는 특징이 있고
명리보감goodcycle.com은 색으로 오행 구성을 알려준다.
스마트폰 앱도 다양한데 나는 원광 만세력을 이용한다.

마음의 원리
천간
몸의 원리
지지

이제까지 배운 음양이니 오행이니, 이것만 해도 골치 아파 죽겠는데 천간과 지지라니 이건 또 뭐람? 이럴지도 모르겠다. 조금만 참으시라. 지금부터가 본격적으로 자기 삶을 연구하는 실제 지도가 되어줄 테니.

우주의 바탕인 음양을 다섯 단계로 펼친 것이 오행이라면, 천간과 지지는 오행을 좀 더 촘촘하게 구분하여 펼친 것이다. 점점 세분화한다고 해서 기 자체의 크기가 달라지는 건 아니다. 오행과 천간·지지도 음양처럼 기의 다양한 펼침일 뿐이다.

천간과 지지는 오행(목/화/토/금/수)을 각각 음과 양으로 나눈 것인데, 이 글자들을 잘 익혀야 하는 이유는 이들이 만나 사주팔자 네 기둥을 이루기 때문이다.

천간은 '갑/을/병/정/무/기/경/신/임/계' 열 개의 글자로 이루어지며 하늘의 기운을 의미한다. 지지는 하늘에서 받은 기운을 땅에 펼치는 구체적인 삶의 현장을 의미하며 '자/축/인/묘/진/사/오/미/신/유/술/해' 열두 개의 글자로 각각 특정 동물을 상징한다.

천간: 갑甲 을乙 병丙 정丁 무戊 기己 경庚 신辛 임壬 계癸

지지: 자子 축丑 인寅 묘卯 진辰 사巳 오午 미未 신申 유酉 술戌 해亥

첫 줄 '갑을병…'이 사주의 윗단을 이루는 '천간'이고 '자축인…'이 사주의 아랫단을 이루는 '지지'다. 이름이 생소해서 어렵게 느껴지나 조금만 배우면 금방 익숙해진다.

앞서 천간과 지지는 오행을 각각 음과 양으로 나눈 거라고 했다. 그게 무엇을 뜻하는지 오행 중 목木을 예로 들어보자.

천간에서 갑과 을은 오행상 목에 해당하며, 음양으로는 갑은 양陽·을은 음陰의 성질을 이룬다. 음양에 따라 양은 갑목 음은 을목이라 읽는다. 지지에서는 인과 묘가 목에 해당한다. 인은 양 묘는 음을 이루며 각각 인목·묘목이라 읽는다.

이렇게 천간과 지지가 자기 운명의 바코드에 여덟 글자로 찍히고 그

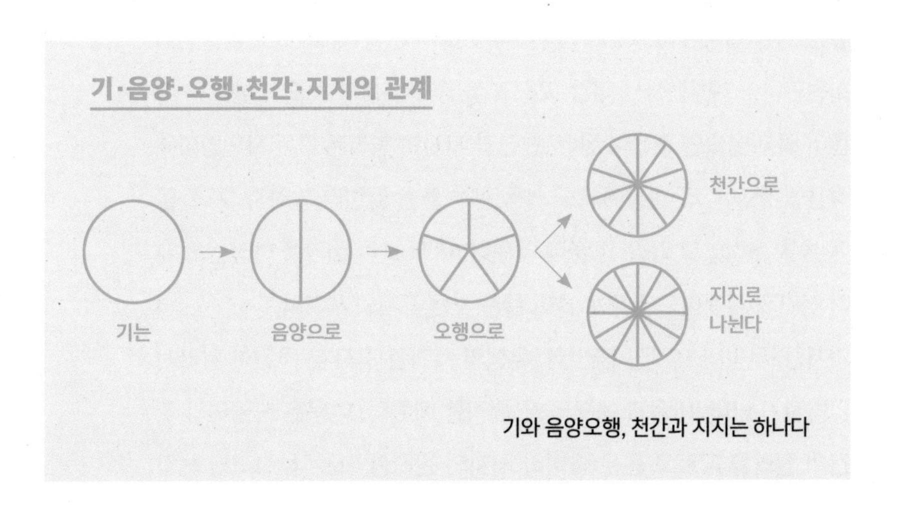

기와 음양오행, 천간과 지지는 하나다

글자가 네 개의 기둥을 이루며 사주를 구성한다. 이것이 흔히 말하는 '사주팔자'다. 사주명리의 바탕을 이루는 것이니 천간과 지지, 그리고 다음에 나올 육친은 외워야 한다. 이렇게 소리 내 읽으며 외우자. 백 번만 읽으면 입에 착 달라붙을 것이다.

갑목/을목/병화/정화/무토/기토/경금/신금/임수/계수
자수/축토/인목/묘목/진토/사화/오화/미토/신금/유금/술토/해수

우주의 변화는 하늘과 땅이 서로 맞물려 이루어지는데도 이렇게 천간과 지지로 나눈 이유가 뭘까? 하늘과 땅의 역할이 다르기 때문이다. 태양에서 내보내는 빛으로 인한 하늘의 변화가 천간이라면, 지지는 그 영향을 받아들이는 지구(땅)의 변화를 뜻한다. 삶의 현장인 지지는 천간에 비해 복잡하고 구체적으로 펼쳐진다. 하늘에서 천간의 기운을 땅에 보내면 땅이 그 기운을 그대로 반영하면 좋으련만 땅은 하늘의 데칼코마니가 아니다.

땅은 물질의 세계다. 지구가 태양 주위를 공전할 때 23.5도 기울어져 회전한다. 그렇게 해서 태양 고도의 높낮이가 생겨 고도가 높으면 여름이 되고 낮으면 겨울이 된다. 천간과 지지의 원리는 모든 자연법칙에 적용될 뿐 아니라 일상에서도 적용된다. 물을 끓인다고 하자. 가스 불에 물을 올려놓고 가장 센 불에 맞춘다. 이때 물이 끓기를 바라는 의지가 천간의 세계이고 실제로 물이 끓는 것은 지지의 세계다.

이처럼 '무형의 세계인 천간'과 '유형의 세계인 지지'는 조건이 달라서 엇박자가 난다. 마음과 몸도 같은 원리를 따른다. 마음은 하늘이라 천간의 원리를 따르고 몸은 땅이라 지지의 원리를 따른다. 그러니 생각

으로는 어떤 일도 가능하지만 막상 현실에서 실현하려면 마음먹은 대로 되지 않는다.

하늘 = 마음 = 천간

땅 = 몸 = 지지

이렇게 정리하고 보니, 『동의보감』을 처음 만났을 때의 놀라움이 생각난다. 연구실 생활을 시작하고 나서도 내 몸과 마음은 여전히 어긋난 상태였다. 회사 다닐 때와 마찬가지로 심신이 피폐했고 토하고 체하기를 반복했다. 그러던 어느 날 연구실 책장에서 베개만한 책이 눈에 들어왔다. 몸 상태 때문인지 동양 의학서적인 『동의보감』이 나를 끌어당겼다. 도대체 이 책에는 어떤 내용이 담겨있을까 궁금해 첫 장을 펼쳤다.

둥근 머리는 하늘을 상징하고 모난 발은 땅을 상징하며, 하늘에 사시四時가 있듯이 사람에게는 사지四肢가 있고, 하늘에 오행五行이 있듯이 사람에게는 오장五臟이 있으며, 하늘에 육극六極이 있듯이 사람에게는 육부六腑가 있고…

『동의보감』, 「내경편」, '신형', 법인문화사

머리가 둥근 게 하늘을 닮아서라고? 발이 네모난 게 땅을 닮아서라고? 자연과 우주가 모두 몸과 연결돼 있다니… 이상하게도 낯선 이야기가 내게 찰싹 달라붙는 느낌이 들었다. 아, 내가 자연이고 우주구나. 천지만물 가운데 가장 귀한 존재구나.

내 속에 단단히 붙어있던 고정관념이 허물어지는 느낌이랄까? 우주와 자연과 접속할 가능성을 본 것이다.
책에는 '고미숙'이라는 이름이 적혀 있었다. 무작정 책을 꺼내 들고 책상에 앉았다. 읽는 동안 내 존재가 자연과 우주로 겹치면서 뭔가 삶의 기준이 생길 듯한 느낌에 몸이 꿈틀거렸다. 뭐에 홀린 듯 『동의보감』을 읽고 있는데 언제 왔는지 고미숙 선생이 "그 책 어때?" 하며 말을 걸었다. 처음 봤는데 놀랍다는 감동을 전하자 두 권 있으니 한 권 가지라고 했다.
덥석 받았지만 속으로 얼마나 놀랐던지… 예상치 못한 책 선물을 받고는 운명인가 싶었다. 그렇게 나는 『동의보감』과 짝이 되었다. 하늘과 땅이 바깥에 있는 게 아니라 내 안에 있음을 알아가면서, 외부 척도에 휘둘리지 않고 자연인 나를 보게 한 진짜 공부와 만난 것이다.
『동의보감』은 자연과 인체를 하나로 연결해 인체 속에서 우주를 보았다. 즉 사람의 몸과 우주는 통한다는 것이다. 그 배경은 앞서 나온, 하늘과 땅과 인간을 동시에 해석하고 연결하는 음양오행론이다. 『동의보감』은 이 언어를 바탕으로 자연-사람-우주가 하나임을 설명한다. 처음 이 책을 만났을 때가 2008년 겨울이었는데 어느새 10년이 되었다.
내 몸을 알고 싶은 바람에서 시작한 공부가 나를 탐색하는 운명 탐구와 명리 공부로 이어져, 어느덧 삶의 지도를 그리는 방향으로 글을 쓰고 있다니 감회가 새롭다. 몸과 운명이 자연과 우주의 원리로 연결되어 있다는 것, 그 렌즈로 세상을 볼 때 새로운 삶이 열린다는 것. 이런 인식 전환을 통한 삶의 경험이 독자들에게도 같은 울림으로 다가가기를 바란다. 이제 한 글자 한 글자 익히면서 천간과 지지를 탐구해보기로 하자. 지금과 전혀 다른 삶이 열릴 것이다.

마음의 원리 '천간天干'
:자기 욕망의 근원

> 물리학자 브라이언 콕스가 쓴 『태양계의 놀라운 신비』(앤드루 코헨 공저, 21세기북스)를 보면 "우리를 만들었던 주요 단계들은 하늘에 새겨져 있어 우리가 읽을 수 있다. 우리는 하늘의 일부로 하늘과 밀접하게 연관되어 있다. 그리고 이 사실이야말로 태양계의 진정한 경이로움 중의 하나이다."라는 말이 나온다.

이처럼 인간도 하늘의 일부이고 자연법칙에 따른다는 점은 과학적으로도 밝혀진 사실이다. 그런데 과학은 과학일 뿐, 일상의 윤리로 잘 연결되지 않는다. 하지만 동의보감과 사주명리의 근간이 되는 중국의 자연철학은 인간의 삶과 분리되어 사유된 적이 없었다. 자연 탐구란 삶을 위해 활용됐을 뿐이다.

천간에서 '간'은 '줄기 간幹'에서 온 글자로 하늘을 떠받치는 기둥이란 의미이다. 하늘을 떠받치듯이 하늘에서 땅으로 뻗은 기운을 의미한다. 그리스 아테네를 방문했을 때 아크로폴리스 신전 위에 하늘을 향한 기둥을 보면서 천간이 떠올랐다. 하늘의 기둥이란 뜻을 가진 천간이나 아테네 신전의 기둥이나 똑같이 하늘과 인간이 서로 연결돼 있음을 나타내는 듯 보였다.

천간은 하늘이며 인간의 마음이다. 행동하려면 먼저 마음을 내야 한다. 마음을 냈으면 그것을 이루기 위한 시간이 필요하다. 하지만 우리는 시간을 내지 않으면서 결과만 얻고 싶어 한다. 나도 연구실에 공부하러 와서 당장 돈을 못 번다는 걱정만 했다. 이렇게 공부만 해도 되는 건가, 돈 버는 일을 해야 하지 않나, 뭐 먹고 살지?

그런 고민을 하던 중에 고미숙 선생의 이야기를 듣게 되었다. 선생은 처음부터 자신이 좋아하는 일로 먹고사는 걸 목표로 삼았다고 했다. 아차! 나는 막연히 내가 원하는 일을 하고 싶다는 생각만 했지 구체적으로 생계와 연결해본 적은 없었다. 생계와 원하는 삶은 별개라고 여긴 건데, 이런 이분법이 작동하는 한 이상과 현실의 간극은 좁혀질 수 없다. 계속 현실적인 문제, 즉 돈에 좌우되기 때문이다. 연구실에서 이런 현상은 극명하게 드러난다.

고미숙 선생처럼 밥이 되는 글을 쓰고 싶어서 연구실에 공부하러 오는 이가 많다. "어떻게 하면 글을 잘 쓰게 되나요?" 그들의 공통 질문이다. 고미숙 선생은 "글쓰기 비법 같은 건 없다"고 잘라 말한다. 선생은 글쓰기과 밥벌이가 일치되는 데 15년이 걸렸다고 한다. 초기에는 한 달 벌어 한 달 쓰는 상황이었지만 글쓰기 수련만은 치열하게 했단다. 이렇듯 좋아하는 일이 밥벌이가 되려면 글을 생업으로 하기 위한 시간을 들여야 한다.

그러니까 무언가를 바라고 한 걸음 한 걸음 나아가는 과정이 곧 천간의 리듬을 경험하는 일이다. 봄의 전반기에 해당하는 '갑목'부터 겨울의 후반기인 '계수'까지 두루 경험하는 과정 자체가 천간을 자기 몸에 새기는 일이자 공부인 셈이다. 머릿속에 천간의 흐름이 그려지면 아무리 어려운 일을 시작하거나 일이 더뎌도 여유가 생긴다. 씨를 뿌리고 바로 열매를 딸 수 없음을 알기에 쓸데없이 욕심내지 않는다. 공부는 기다림이다. 자연의 리듬을 알면 막연한 기다림이 되지 않는다. 변화하는 모든 과정을 경험하면서 그때그때 시공간의 주인이 될 수 있다.

이제 천간을 본격적으로 만나려고 하니 하나하나의 성질을 이해하길

바란다. 사주팔자의 윗단 네 글자 중 일간에 해당하는 천간이 기준이다. 일간은 '나'를 나타내므로, 타고난 성향대로 행동할 때 가장 자기답다고 느끼게 하는 글자이다.

그렇다고 나머지 글자들이 자신과 무관하다는 말은 아니다. 다른 글자의 활용은 차차 살펴보고 여기서는 우선 일간 중심으로 천간을 이해해보자.

양					음				
목		화		토		금		수	
양	음	양	음	양	음	양	음	양	음
갑甲	을乙	병丙	정丁	무戊	기己	경庚	신辛	임壬	계癸

❶ 갑목甲木
목표를 향해 전진하는 나무

천간은 오행을 음과 양으로 나누어 열 개가 된 것이다. 천간은 '갑'이라는 글자로 시작한다. 갑甲은 오행 중 목木, 음양으로는 양에 속하고 갑목이라 읽는다. '밭 전田' 자에 삐죽이 나온 싹을 그리면 갑甲의 모양이다. 갑이라는 상형문자에서 나타나듯 갑목은 '나무'라는 명사가 아니라 '시작한다'는 동사로 읽어야 한다. 겨울에 만들어진 씨앗은 봄이 오면 땅을 뚫고 싹이 트는데, 이것이 갑목의 힘이다.

허허벌판에 새로운 싹이 돋고 자기 존재를 드러내듯, 사주에 갑목이 있는 사람은 미지의 영역을 개척할 때 즐거움을 느낀다. 새롭고 독창적이며 창조적인 것을 추구하는 반면 마무리와 반복을 싫어한다. 또한, 그들은 기존 데이터를 신뢰하지 않는다. 스스로 느낌이 오면 모든 것을 초기화하고 달려가니, 아무도 못 말린다. 갑목에게 안정은 죽음과도 같아 안정을 이루는 순간 지루해지고 생기를 잃는다.

동화 『잭과 콩나무』에서 잭은 작은 콩알에서 남들이 보지 못하는 잠재적 가치를 보았다. 잭은 엄마의 병구완을 위해 소를 팔러 나간다. 생사가 달린 상황에서 잭은 소를 콩 한 알과 바꾼다. 소를 팔아 콩 한 알을 사다니 무모한 짓 같지만, 콩을 사면 행복해진다는 할아버지의 말을 믿고 잭은 과감하게 콩을 선택한다. 시간이 흘러 싹은 큰 나무가 되었고, 잭은 그 나무를 타고 하늘로 올라가 원하는 것을 얻고 엄마와 행복하게 산다.

이 이야기는 갑목의 여러 특성을 보여준다. 갑목은 시작하는 힘이다. 새로운 시작은 작은 콩알처럼 처음부터 콩나무의 모습이 아니라는 것. 잭은 누구나 아는 가치가 아니라 잠재된 가치를 보았다. 이렇듯 갑목 성향을 지닌 사람은 무모해 보이는 일에 뛰어들고, 기존의 통념을 깨면서 아무도 가지 않은 길을 가는 데 두려움이 없다.

갑목은 인생 주기로 보면 어린 시절에 해당하는데 아이처럼 천진난만하고 거침없이 내달린다. 호기심 많고 배우기 좋아하는 아이 모습처럼 갑목은 늘 성장하고 싶어 한다. 이런 성장 의지가 때론 강한 승부욕으로 드러난다. 공부든 뭐든 일등이 되고 싶은데 그런 욕망이 누구보다 빠르게 최고의 자리를 성취하게 만든다.

갑목은 직관이 발달해서 사람들은 갑목의 이상을 웬만해서는 이해하지 못한다. 찬찬히 설득해도 공감을 얻을까 말까 한데 주변을 살피지 않고 앞으로 달려가는 기질 때문에 소통에 어려움을 겪기도 한다. 다른 사람과의 관계를 헤아리기보다 자신이 정한 목표를 성취하는 일이 우선이기 때문이다. 그래서 누구보다도 아이디어가 좋고 선두에 서지만 자칫 잘못하면 시기와 질투로 인해 왕따가 되기 쉽다. 그래서 갑목은 늘 겸손해야 한다.

조선이라는 새 왕조를 설계한 정도전은 갑목의 성향을 잘 보여주는 인물이다. 조선의 건국은 이성계가 했지만, 비전을 세우고 기획한 인물은 정도전이다. 고려가 몰락할 운명을 눈치챈 그는 새 나라의 방향을 수정하기 위해 기존 불교 이념을 버리고 유학의 나라를 기획한다. 그는 자신의 건국 이념이 조선의 기틀을 다졌다는 사실에 자부심이 대단했다. "한나라를 세운 건 유방이 아니라 장자방이다. 나는 조선의 장자방이다."라고 할 정도로 나중에는 자아도취에 빠졌다. 그의 비전이 나라를 세운 건 맞지만, 비전이 전부는 아니다.

천간만 해도 갑목의 아이디어는 나머지 9가지 단계(을목~계수)를 밟아야 실현된다. 그런데 갑목 성향의 사람은 끝까지 마무리하기보다는 시작하길 좋아하고, 반복되는 업무보다는 맨땅에 헤딩하길 즐긴다. 그런 성향 탓에 용두사미가 되기 쉽다.

지인 중에 일간이 갑목인 A는 별명이 런칭 우먼으로, 일을 해도 새로운 일과 인연이 닿고 아무도 하지 못하는 일을 척척 해낸다. 대신 안정기에 접어들어 반복적인 업무를 해야 하면 답답해한다. 다른 갑목들을 봐도 반복되는 일을 견디지 못해 이직하는 경우가 많았다. 쉽게 그만

두고 잘 시작하는 모습은 장점이자 단점이다.

사주상 같은 글자가 나란히 있는 경우를 '00 병존'이라고 한다. 갑갑 병존은 활동력이 왕성하고 선두에 서기 위해 경쟁을 즐긴다. 자신의 성향을 인식하고 경쟁심을 내려놓고 그 기운을 창의력으로 전환해야 한다.

❷ 을목乙木
은근한 생명력의 풀

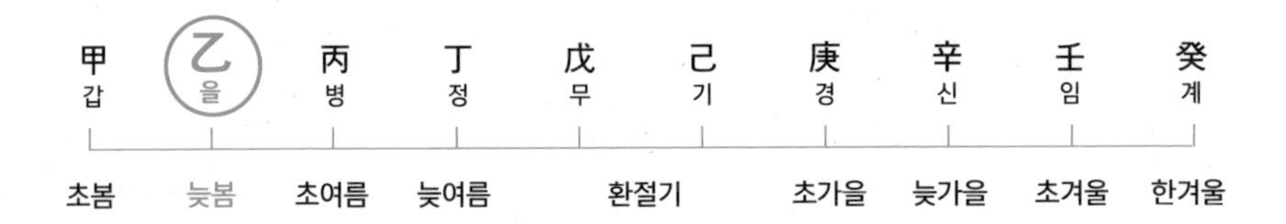

을乙은 오행 중 목木에, 음양으로는 음에 속하고 을목이라 읽는다. 을은 '새 을乙'에서 온 글자로, 새가 날아가는 유연함을 그린 모양이다. 을목은 갑목의 수직 상승이 부드러워진 기운으로, 갑목이 초봄이라면 을목은 늦봄에 해당한다.

갑과 을은 우리에게 익숙한 글자다. 사실 갑을 관계라 하면 어쩐지 을이 갑에 종속된 느낌을 주는데 둘은 그런 관계가 아니다. 갑은 봄을 시작하는 기운이고 을은 봄을 마무리하는 기운이다. 갑은 봄의 시작이지만 그렇다고 늦게 오는 을을 지배하진 않는다.

갑목이 싹을 틔우는 데 주력했다면, 을목은 틔운 싹을 잘 키운다는 목적이 있다. 어떻게든 살아남아야 봄을 마무리하고 여름으로 바통을 넘겨줄 수 있어서다. 얼핏 보기엔 약해 보이지만 어떤 악조건 속에서도 강한 생명력으로 살아남는다.

갑목이 이상을 현실화하기 위해 직진하는 힘이라면 을목은 씨앗을 뚫고 나온 새싹을 계속 살게 하는 생명력이다. 그래서 갑목은 직진성을 지닌 나무에 비유되고, 을목은 유연하고 연약해 보이지만 강한 생명력을 지닌 풀·덩굴·나무 등에 비유된다.

이솝우화 『참나무와 갈대』는 갑목과 을목의 성질을 잘 보여준다. 튼실한 참나무가 있었다. 참나무는 두꺼운 몸통과 하늘 높이 치솟은 키에 대한 자부심이 대단했다. 그러던 어느 날 폭풍우가 몰아치자 참나무는 버티지 못하고 우지끈 부러진다. 장렬히 쓰러지던 참나무는 살아있는 갈대를 보고 깜짝 놀라 묻는다. "가냘프고 어린 네가 어떻게 살아남았니?" 갈대는 답한다. "폭풍에 고개 쳐들고 버티면 죽어. 난 폭풍이 아닌 미풍에도 늘 고개를 숙인단다." 갈대는 폭풍우에 맞서지 않고 자신을 구부리지만, 참나무는 타고난 능력을 믿고 자연에 맞선다. 을목은 약하지만 늘 주변 상황에 맞추면서 자신을 드러내지 않는다. 결국 폭풍우 속에서 참나무는 부러지고 갈대는 살아남는다.

사실 풀은 어떤 환경에서도 살아남는다. 을이라는 글자에서도 자유자재로 움직이는 유연함이 느껴진다. 미풍에도 눕는 꼴이 자존심 없어 보이지만 을목은 살아남는 게 중요하다.

을목인 H는 18세에 학교를 중퇴하고 연구실에 들어왔다. 어린 나이라 걱정했지만 기우였다. 보통 어른도 연구실에 적응하기가 쉽지 않다. 공부가 힘들어서라고 생각하지만, 아니다. 대부분 관계 때문이다. 연구실에서 공동체 생활을 하면 자기 모습이 적나라하게 드러난다. 그런 모습을 솔직하게 인정하면 되는데 대부분 변명하기 급급하다. 그러다 관계는 다 깨지고 어느 순간 연구실에서 사라진다.

어린 H도 연구실 생활이 쉽지는 않았겠지만 자기를 굽히고 내세우지 않았다. 그게 H가 살아남은 이유이다. 서바이벌의 달인! 공부는 물론이고 활동이나 인간관계도 원만했고(나와 3년 동안 공동 주거했다), 연구실에서 뉴욕 거점을 마련했을 때 그곳 주인이 되었다. 얼마 전 3년 동안의 뉴욕 생활을 마감하고 새로운 실험을 하러 쿠바로 떠났고, 지금은 스페인 바르셀로나에서 의대를 다니고 있다. H가 쓴 글(※2부 '자기 욕망을 탐색하는 누드 글쓰기' 김해완 편)에서 을목의 태도를 확인할 수 있으니 읽어 보길 바란다.

갑목 일간과 을목 일간이 같이 있으면 어떨까? 갑목은 자신의 이상을 밀고 나가느라 을목을 신경쓰지 않는다. 반면 을목은 살아남기 위해 갑목을 타고 올라간다. 이렇듯 을목은 갑목뿐 아니라 이곳저곳을 감고 올라가서 관계 맺기를 좋아한다. 자존심을 세우지 않고 누구와도 교류하는 장점이 있지만 홀로 서지 못하면 관계 중독이 될 수 있으니 조심해야 한다.

살아남기 위한 을목의 생명력은 자기 실속 챙기기로 드러난다. 명분이 중요한 갑목은 자신이 불리해도 솔직하게 의견을 말해서 문제를 해결하지만 을목은 실속이 우선이라 손해볼 것 같으면 입을 딱 다문다. 그러고 나서 감정을 억압한 것만 기억한다. 이럴 때 그 자리에서 정면충돌하지 못한 이유를 돌아보아야 억울함이 생기지 않는다. 이런 경우는 을목 뿐 아니라 모든 음간들에게 해당하니 잘 기억하기 바란다.

을을 병존은 주변 사람에게 의존하려는 욕망이 강해서 자립성이 부족하다. 늘 사람 속에 있으면서도 외롭다고 느낀다. 을을을 병존은 덩굴식물이 서로 확실하게 얽혀 자립한 형상으로 보아 을목 성향을 잘 발휘한다.

송나라 때 문장가 구양수는 을목 성격을 타고난 인물이다. 구양수가 과거 시험을 보던 시절, 문장은 기교에 치우쳤다. 요즘 논술 시험과 비슷한 상황으로 정치를 하려면 싫어도 기교에 치우친 문장을 공부해야 했다. 그는 과거 급제 후 지공거(과거시험 출제 위원)가 되어 출제 경향을 완전히 바꿔버렸다. 보통은 과거에 붙으면 출세하기 위해 달려가기 바쁘지만 일간이 을목인 구양수는 달랐다. 후배들의 성장을 자신의 성장으로 여겼다. 구양수의 노력으로 인해 당시 기교에 치우친 문장이 사라지고 삶과 글이 일치하는 문장이 채택되어 인재들이 대거 기용됐다. 중국을 대표하는 문장가들이 대부분 '구양수 키즈'라는 것은 주목할 만하다. 이렇듯 을목은 관계를 중시하고 다 함께 성장하려는 의지가 강하다.

마지막으로 갑을 관계를 다시 한번 생각해 보자. 자연에는 지배하고 당하는 관계란 없다. 때에 따라 갑의 역할이 필요할 때와 을의 역할이 필요할 때가 있을 뿐이다.

❸ 병화丙火
세상을 비추는 태양

병丙은 오행 중 화火에, 음양으로는 양에 속하고 병화라 읽는다. 병은 '불꽃 병炳' 자에서 온 '환하게 밝힌다'는 뜻으로, 태양처럼 모든 만물을 비추고 따듯하게 하며 생장시키는 기운이다. 병화는 여름을 시작하는 기운으로 태양이나 용광로에 비유되는데, 사방팔방으로 밝히는 태양처럼 발산하는 힘이다.
목이 겨울에 생긴 씨앗이 싹터 자란 단계라면 화는 목을 한껏 더 펼친 단계이다. 병화는 안에 축적된 기운을 남김없이 밖으로 펼친다. 그래서인지 병화 성향을 지닌 사람은 다른 천간에 비해 눈에 확 들어온다. 외모도 출중한 편이지만 꼭 외모가 아니어도 시선을 끄는 힘이 있다. 이런 병화의 발산력은 표현력으로 나타나 시비 분별이 정확하고 열정적이며 명확한 비전을 제시하는 리더십을 발휘한다.
병화 성향은 태양이 빛을 발산하듯이 자신의 능력을 사람들과 나눌 때 기쁨을 느낀다. 미성숙한 병화가 인정 욕망이 발동하면 남들의 인정을 받기 위해 수단과 방법을 가리지 않는다. 병화는 양의 불이므로 자칫 대형 사고를 칠 위험이 있다.
이런 병화의 성향은 추진력이 좋은 장점이 있지만, 성질이 급하고 지구력이 약한 단점이 있다. 장기전에 강한 사람들은 사주 원국에 금수 기운이 많은 사람이다.
병화는 솔직함이 지나쳐서 경솔해지거나 열정이 지나쳐서 모든 것을 태워버릴 수 있다. 주변 분위기도 잘 이끌지만 지나치면 방만해지기 쉬우므로 조심해야 한다. 과유불급이라 했다. 특히 병화가 새겨야 할 말이다. 원국에 병병 병존이 있으면 큰불 두 개가 같이 타오르는 형국이니 활동 범위가 넓어질 수밖에 없다. 그래서 역마 기운으로 보기도 한다.
스티브 잡스가 병화 일간이다. 그는 분명 사업가지만 사업가 이상의 영향력을 미쳤다. '다르게 생각하라'는 메시지가 스마트폰이라는 결실을 맺어 우리 삶을 완전히 바꾸었다. 물론 스마트폰 자체가 우리를 다른 삶으로 이끌지는 않지만 다른 세계로 접속하게 만든다.

연구실에 S라는 병화 일간인 친구가 있었다. 그는 글을 쓸 때 종종 앞뒤 문맥에 맞지 않는 문장을 즐겨 써서 지적을 받았다. 왜 이 문장을 썼냐고 물으면 대답은 한결 같았다. " 멋져서요." 아무리 지적해도 고쳐지지 않자 '멋지다'를 그 친구의 금지어로 정한 적도 있었다. 이처럼 병화는 폼을 중시해서 스타일이 구겨지는 것을 참지 못한다.

병화 일간을 타고난 K도 병화의 성질을 그대로 나타냈다. 공부를 시작한 지 얼마 안 된 K는 존재감을 드러낼 수가 없었다. 그러자 존재감 없는 자신을 참을 수 없었는지, 어느 순간 화려한 복장으로 공부방에 등장했다. 아무도 주목하지 않았지만 그의 과시욕은 멈추지 않았다. 불통의 병화는 목기의 단계를 찬찬히 밟아나가는 시간을 기다리지 못하고 처음부터 빛나고 싶어 안달한다.

병화가 나르시시즘에 빠지지 않으려면 꾸준히 자기를 성찰해야 한다. 발산하는 빛만큼 빈 곳을 성찰로 채우지 않으면 조절 능력을 상실할 수 있다. 병화의 능력은 자연이 준 것이다. 태양은 보상을 바라지 않는다. 오직 자신을 태울 뿐이고, 만물은 그 밝음으로 성장할 뿐이다. 그 원리를 이해하지 못한 병화는 존재감을 드러내다 끝내 재가 되어 소멸할 수 있으니 주의해야 한다.

④ 정화丁火
조용히 빛나는 촛불

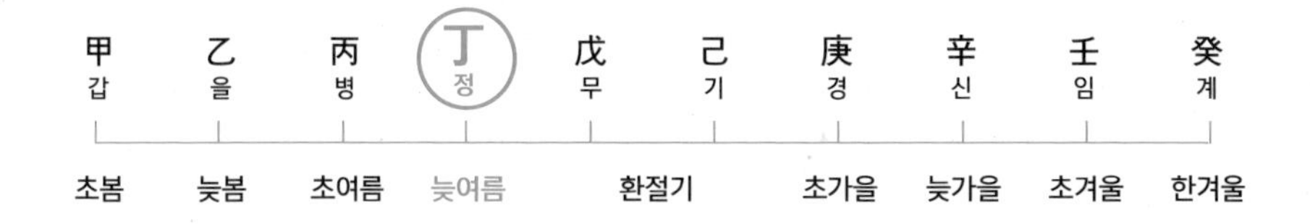

정丁은 오행 중 화火에, 음양으로는 음에 속하고 정화라 읽는다. 정은 '장정 정丁'에서 온 글자로 젊고 기운 좋은 남자를 뜻한다. 즉 여린 싹이 장정 느낌이 들 정도로 자랐다는, 성장을 나타내는 기운이다. 정화는 병화의 발산하는 기운이 고조된 상태로, 병화가 태양이 대지를 데우면서 초여름을 시작한다면 정화는 점점 빛이 축적되고 대지에 열이 가해지는 본격적인 여름을 말한다.

병화인 빛은 시간이 흘러 정화인 열이 되는데, 생성된 열은 넓은 공간이 아닌 좁은 구석을 집중적으로 데우면서 물성을 변화시킨다. 쇠를 녹이거나 생명을 잉태해 양육하는 물성의 변화는 병화와 다른 정화의 능력이다.

여기서 잠깐 양간과 음간의 차이를 짚고 넘어가자. 양간은 계절을 시작하는 기운이고, 음간은 계절을 마무리하는 기운이다. 양은 시작하고 음은 마무리하므로 양간은 방향 설정을 위한 생각이고 음간은 구체적인 실천으로 본다. 양간이 가공되지 않은 재료라면 음간은 현실에서 바로 사용할 재료이다. 병화와 정화만 봐도 병화는 빛이고 정화는 열이다. 병화는 세상을 밝히는 태양이고 정화는 이면에서 빛나는 달에 해당한다. 밀물과 썰물도 태양보다는 달의 작용으로 생긴다. 그래서 실질적인 불인 전기나 전자 제품은 물론이고 쇠를 달구는 불과 인간에게 필요한 문명까지 모두 정화에 해당한다.

병화 성향의 사람은 양화로 추진력이 강하지만 섬세함은 떨어진다. 반면 정화 성향의 사람은 음화로 추진력은 떨어지지만, 적재적소에 맞게 불의 임무를 수행한다. 병화가 태양 빛으로 세상을 밝힌다면 정화는 밤에 뜬 달처럼 어두움을 밝히는 불이다. 음습하고 어두운 곳을 마다하지 않고 불을 밝히는 것이 정화의 소명이다. 그래서 정화는 봉사의 일간이라고도 불린다.

정화 성향의 사람은 많은 사람에게 영향을 미치기보다는 일대일이나 소수 그룹과 관계 맺기를 좋아한다. 겉은 조용하지만 물성을 변화시키는 생명력 넘치는 불이다. 병화에 비해 화려하지는 않지만 은근하게 타오른다.

병화는 화끈하게 의사 표현을 하지만 정화는 상대방을 배려하면서 은근하게 말하는 편이다. 달리 말하면 정화는 상대의 눈치를 보며 감정을 억압하다 보니 한번 화가 나면 폭발한다. 병화는 평소에 버럭버럭하니까 그러려니 하는데 정화는 평소 얌전하다가 폭발하므로 주변 사람들이 매우 당황한다.

정화 일간인 나는 감정이 폭발해서 수습 안 될 때가 종종 있다. 상대방의 못마땅한 점을 참고 참다가 폭발하는 식이다. 명리를 공부하면서 나를 계속 관찰하다 알게 된 사실은, 상대방 때문에 화가 났다고 생각했는데 나 자신에게 화가 난 경우가 더 많다는 점이다. 게다가 타인을 이해하는 노력 없이 내 잣대만 들이대니 더더욱 소통될 리가 없었다.

자기 일간과 타인의 일간은 다르다. 서 있는 자리가 어디냐에 따라 보이는 풍경도 다른 법. 서로 다른 위치에서 바라보는 세상은 같지 않다. 이 점을 염두에 두어야 역지사지하는 마음이 열린다.

역지사지하면 폭발하는 감정을 가진 정화가 자기다운 멋을 풍기게 된다. 만약 감정이 올라와도 그때뿐이니 내려가는 시간을 기다려야 한다. 감정을 증폭하거나 자책하지 말고 흘러오고 흘러가는 모습을 관찰해야 한다.

원국에 정이 나란히 있는 정정 병존은 작은 불이 거듭 있는 모양이라 조급해지고 여유를 잃기 쉽다. 주변에 사람이 있어도 외롭다고 느낀다. 정이 세 개, 네 개로 거듭되면 병화와 유사한 속도로 빨라서 주변을 무시할 우려가 있으니 조심해야 한다.

⑤ 무토戊土
우직하고 균형 있는 산

무戊는 오행 중 토土에, 음양으로는 양에 속하고 무토라 읽는다. 무는 '무성할 무茂'에서 온 글자로 초목이 무성한 상태를 뜻하는데, 팽창하는 여름에서 수축하는 가을로 진행 방향이 180도로 바뀌기 직전 완충기에 속한다. 무토는 찜통 같은 무더위가 한창일 때이다. 그래서 의학 고전 『황제내경』에는 환절기를 긴 여름을 뜻하는 장하長夏로 표현했다.

무토는 천간 10개 중 중앙에 위치하여 방향이 다른 기운을 받아들이고 내보내므로, 늘 그 자리에 있는 산에 비유한다. 계절로는 환절기라 어느 한 계절에 속하지 않지만, 수렴과 발산 기운을 모두 품으면서 변화를 매개한다.

무토 성향은 성품이 무던하고 신뢰를 준다. 여름과 가을을 매개하듯 포용력 있고 균형 감각이 있으며 다양한 의견을 잘 받아들인다. 한쪽에 치우치지 않고 객관적인 태도로 설득하므로 많은 사람이 무토와 대화하기를 좋아한다. 무토의 존재감은 자기주장이나 공을 내세우지 않으면서 남의 이야기를 수용하는 태도로 드러난다.

천간 중 갑에서 무까지가 양의 기운인데 그중에서도 무토는 양기가 한껏 치달은 상태이므로 추진력과 성취욕이 강하다. 그뿐만 아니라 목표와 지향점도 명확해서 강한 리더십을 발휘한다.
무무 병존은 말하자면 산이 이어진 상황이라 스케일이 커서 공간이 협소하면 답답하게 여긴다. 그래서 활동 영역을 국내 전체로 삼거나 해외를 상대로 하는 경우가 많다.
무토는 인생의 중간 지점인 장년기에 해당하는 30대로 10~20대와 40~50대 사이에서 균형을 잡는 시기이다.
무토 성향인 사람은 무모해 보이는 계획일지라도 한번 세우면 우직하게 밀어붙여 결국 계획대로 하고야 만다. 나는 닥치는 대로 하는 편이라 무토의 성실함을 보면 놀랄 때가 많다. 그렇지만 자칫 변화할 때를 놓치면 성실함이 고집이 될 수 있으니 그 점을 경계해야 한다. 전환해야 할 시기에 바로 모드를 전환해야 무토의 참모습을 발휘한다.

⑥ 기토己土
포용하고 기르는 대지

기己는 오행 중 토土에, 음양으로는 음에 속하고 기토라 읽는다. 기는 '일어날 기起'에서 온 글자로 봄여름의 양기가 끝나고 가을의 음기가 일어난다는 뜻이다. 무성했던 무토 기운이 조금 수그러들어 가을로 가기 위한 채비를 하는 기운이다.

천간을 반으로 나누면 무토는 양기의 끝이고 기토는 음기의 시작이다. 무토가 환절기의 시작이라면, 기토는 환절기의 마무리에 해당하며 음기를 받아들인 평평한 대지의 형상이다. 무토는 높은 산이지만 기토는 땅으로, 농사를 일구고 수확하는 등 실질적인 생활과 관련한 텃밭이나 정원 혹은 땅에 비유된다.

이처럼 기토는 땅에서 생명을 길러내는 힘으로 기토 일간은 성격이 원만하고 포용력이 있다. 자신을 내세우지 않으면서도 자기 관리가 치밀하고 실생활에서 필요한 일을 잘 처리한다.

기토는 수용력이 좋지만 작은 일도 크게 받아들여 감정을 억압하는 경향이 있다. 일단 수용하느라 감정 표현을 억누르다 보니 기운이 뭉칠 우려가 있다. 이렇게 뭉친 기운은 시간이 흘러 화병이 될 수 있으니 조심해야 한다.

흔히 우리는 낯설고 이질적인 것을 멀리하고 끼리끼리 어울리기를 좋아한다. 하지만 땅은 어떤 것도 거부하지 않고 다 받아들인다. 그렇기 때문에 보통 땅은 만물을 키우는 어머니로 비유한다. 『주역』에서 '곤괘'는 '땅'을 의미하는데 땅은 누가 시키지 않아도 스스로 할 바를 묵묵히 한다고 말한다. 또 '무성유종无成有終'이라고도 하는데 '이루는 것은 없어도 끝은 있다'는 뜻으로, 땅은 이루는 것보다 끝까지 마치는 것을 중시한다는 말이다.

조선을 건국한 이성계는 기토 일간이다. 타고난 안정감으로 다양한 사람을 포용하고 받아들였다. 전장에서도 이성계는 적장을 섬멸하는 대신, 진심으로 항복하면 심복으로 받아들여 한번 그의 사람이 되면 그의 곁을 떠나지 않았다고 한다. 사람을 키우는 기토의 성향으로 볼 때 정도전의 야심 찬 비전도 이성계가 있어서 가능했다.

기토 일간인 길진숙 선생(『18세기 조선의 백수 지성 탐사』 저자)은 누구보다 많은 활동을 하지만 전혀 티를 내지 않는다. 연구실에서 해결하지 못한 문제는 늘 그에게로 가는데 끝까지 챙겨서 마무리하게 도와준다.

인생 주기로 보면 기토는 30대 후반에 속한다. 중년기에 진입하면 건강도 직장도 모든 상황이 불안해진다. 열심히 달려온 사람일수록 심하게 겪는다. 왜 그럴까? 인생의 여름에서 가을로 넘어가는 변화의 시기여서 그렇다. 변하는 때를 알아채서 방향을 전환해야 한다. 남을 의식하기보다 내부로 시선을 옮겨, 활동을 줄이고 자기 성찰을 해야 할 때다.

기토는 음기를 수렴하는 첫 기운이다. 이 과정을 제대로 밟으려면 지금까지 팽창했던 기운과 결별해야 한다. 상승한 것들을 하심의 태도로 내려놓아야 빈 곳이 생기고 그곳에 새 기운을 채울 수 있다. 자칫 잘못하면 타고난 음기를 성찰이 아닌 자기 것 챙기기로 써버릴 수 있다. 여름에 머물고 싶은 욕망은 불안을 낳고 불안은 소유욕으로 이어진다. 중년을 소유와 집착으로 시작하면 에너지는 금방 고갈되고 병이 생기는 건 시간문제다. 변화의 시기에 가는 흐름과 오는 흐름 모두를 잡으려니 당연한 결과가 아니겠는가.

❼ 경금庚金
원칙이 확실한 무쇠

甲 갑	乙 을	丙 병	丁 정	戊 무	己 기	庚 경	辛 신	壬 임	癸 계
초봄	늦봄	초여름	늦여름	환절기		초가을	늦가을	초겨울	한겨울

경庚은 오행 중 **금**金에, 음양으로는 양에 속하고 **경금**이라 읽는다. 경은 '고칠 경更'에서 온 글자로, 발산하는 기운을 수렴하는 기운으로 바꾼다는 뜻이다. 경금은 가을의 시작으로 (봄여름에 펼쳐진) 무형의 기운이 (가을이 되면) 유형화하기 시작하는, 성장을 멈추고 열매를 맺기 위한 차고 건조한 기운이다. 아직 여름 열기가 남아있어서 겉은 차가워 보여도 속은 말랑한 상태로 가공하지 않은 바위나 무쇠에 비유된다.

경금 성향의 사람은 가을에 수확하듯이 성과를 내는 일에 능력을 발휘한다. 현실 감각이 있고 맺고 끊기를 잘하는 경금 기질은 원리 원칙을 중시하는 태도로도 나타나는데, 자신이 사전에 계획한 대로 모든 것을 통제하려는 욕망이 강하다.

경금의 판단은 오랜 경험을 통해 결정하므로 매우 객관적이다. 하지만 변화할 때 융통성이 부족하고 독선적인 면모가 있으며, 변수가 생기는 상황을 싫어해서 관계 맺을 때도 거리를 두는 편이지만 의외로 따듯한 마음을 드러내기도 한다.

경경 병존은 경금의 강한 기운이 연이어 있어서 협소한 공간을 답답하게 여긴다. 그래서인지 전국 혹은 해외를 상대로 활동하는 경우가 많다.(무무 병존과 같은 속성이다.) 돌덩이나 무쇠가 서로 부딪친다고 해석하여 금속과 관련된 사고나 다양한 사건 사고에 엮일 수 있으니 조심해야 한다. 예컨대 원리 원칙을 고수하다가 관계에 문제가 생길 수도 있다. 경경경 병존은 무쇠가 뭉쳐 있는 상태라서 정화의 제련을 받아 물성을 변화시켜야 잘 쓸 수 있다.

경금은 천간에서 일곱 번째 자리로 변화의 기운을 나타낸다. 무슨 일을 해도 7년 정도가 되면 변화가 일어난다. 나도 그랬다. 직장 생활 7년 차에 죽을 것처럼 힘들었는데 경금의 힘이 작동해서였다.

천간에서 여섯 번째인 기토가 방향을 트는 시기라면 일곱 번째인 경금은 변화가 겉으로 드러나는 시기이다. 이때 자기 변형을 하지 못하면 사건이나 병을 통해 수동적인 변화를 겪어야 한다. 그러니 변화해야 할 때를 알아채고 능동적으로 자기를 바꾸어야 한다.

연구실 생활 7년 차에 경금의 시기를 또 맞았다. 그동안 사용하던 봄여름 기운이 더는 통하지 않았다. 변화의 시기를 알지 못한 채 일이 뜻대로 풀리지 않자 내 기운을 더 강하게 사용했다. 그러자 몸이 경직되면서 독단에 빠졌고 몸도 관계도 모두 엉망이 되었다.

그런 태도는 또다시 토하고 체하는 증상으로 나타났고 몸도 마음도 아팠다. 강하게 부딪히고 난 후에야 나는 나뭇잎이 우수수 떨어지듯 힘을 내려놓았다. 그때 처절하게 깨달았다. 아픔과 괴로움은 우주에서 던진 '변하라'는 메시지라는 것을.

변화의 시기를 알아차리기는 쉽지 않다. 가장 좋은 방법은 주변의 조언을 듣는 것이다. 운이 나쁘면 고집을 부린다. 아무리 주변에서 말해도 괜한 자존심을 부리면서 귀를 막는다. 이거야말로 가장 흉한 모양새다.

서양 천문학에도 30년마다 순환하는 태양과 달이 만나는 시기(뉴 문 New moon)가 있다. 30년 주기를 4계절로 나누면 딱 떨어지지는 않지만 7년 정도 된다. 주역에서도 육효가 있는데 일곱 번째가 되면 한 마디가 끝나고 다른 마디가 시작된다. 이렇게 동서양에서 변화를 상징하는 숫자로 '7'이 들어간 의미를 생각해 보자. 7은 행운의 숫자지만 그것을 행운으로 만들려면 경금의 변화 과정을 반드시 거쳐야 한다.

⑧ 신금辛金

예리하고 정확한 칼

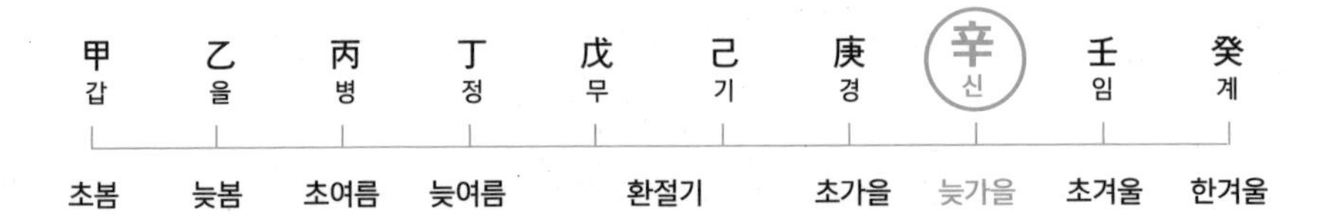

신辛은 오행 중 금金에, 음양으로는 음에 속하고 신금이라 읽는다. 신은 '새 신新'에서 온 글자로, 발산에서 수렴으로 전환한 '경'을 완성해서 새로워졌다는 뜻이다. 경이 열매를 맺는 시작의 기운이라면 신은 열매를 완성하는 기운이다. 신금은 무쇠를 갈고 다듬어서 만든 단단하고 예리한 보석이나 칼 등 날카로운 금속에 비유된다.

열매가 무르익으면 땅에 뚝 떨어진다. 열매 맺기는 나무와의 분리를 의미하는데, 씨앗에서 시작하여 중간 과정을 거쳐 결실을 보는 단계가 신금이다. 경금은 쇳덩이에 비유되어 불로 연단해야 불순물이 없어지고 필요한 도구가 되지만, 신금은 쇳덩이를 제련한 완성품으로 화의 제련을 필요로 하지 않는다.

신금 성향의 사람은 기운이 밖이 아닌 안으로 향하므로 열매가 꽉 차듯이 일을 잘하고 현실적이다. 냉철한 판단력, 원리 원칙, 계획적·논리적인 언어 능력, 자기 절제력 등 경금과 비슷하지만 더 완성된 형태로 능력을 발휘한다.

신금 성향인 사람은 수렴력이 강해 자기 성찰력이 좋다. 하지만 생각을 잘못하면 마음에 담아두고 자신을 달달 볶으며 허심탄회한 대화를 못한다. 겉으로는 조용해서 부드러울 것 같은데 전혀 그렇지가 않다.

경금은 설득하면 마음을 바꿀 수 있지만 신금은 웬만해선 잘 변하지 않는다.

그리스 신화에 미다스 왕이 있다. 하는 일마다 성공하는 사람을 일컬어 미다스의 손이라고 부르는 바로 그다. 누구나 미다스의 손이 되고 싶어 하지만 그의 신화를 알면 황금의 양면성에 대해 다시 생각하게 된다.

미다스 왕은 늘 술에 취해 있어 조롱당하던 노인에게 친절을 베풀었다. 알고 보니 노인은 디오니소스의 스승이었다. 디오니소스는 고마움의 뜻으로 왕이 원하는 소원을 들어주었다. 흥부가 제비 다리를 고쳐주자 박 씨를 얻은 것과 비슷한 상황인데, 미다스 왕은 탐욕적인 소원을 말한다.

미다스 왕은 자신의 손에 닿는 모든 것을 황금으로 변하게 해달라고 한다. 그러자 돌과 잔디와 사과나무 모두가 금으로 변하고 그는 기쁨에 넘친다. 하지만 기쁨은 오래가지 않는다. 빵과 포도주마저 황금으로 변하자 굶어 죽을 판이다. 게다가 사랑스러운 딸도 황금으로 변한다.

이쯤 되자 그는 문제의 심각성을 깨닫는다. 디오니소스에게 황금의 재앙에서 구해달라고 애원하고, 너그러운 디오니소스는 해법을 알려준다. 강물에 목욕하면 모든 게 제자리로 돌아온다고. 미다스 왕은 바로 강물로 가서 목욕했고 사랑스러운 딸을 되찾는다. 동시에 모든 것을 황금으로 만드는 능력도 상실했다.

미다스 왕은 황금을 최고로 여겼지만, 다른 가치는 알지 못했다. 천간 중 완벽함을 자랑하는 신금도 미다스 왕처럼 함정에 빠지기 쉬운 성향을 지녔다. 물질화하는 능력을 과신하면 나머지는 수단으로 전락한다.

신금은 가을이 만든 완벽한 완성품이다. 하지만 자연의 세계에선 그 어떤 것도 영원하지 않은 법! 순환의 측면에서 보면 열매는 완성품이

자 끝나는 시각이다. 모든 일이 마무리되면 내년을 위해 씨앗을 준비해야 한다.

미다스 왕의 마법이 풀리는 장면이 인상적인데, 모두 원상 복귀시킨 것은 다름 아닌 강물이었다. 강물은 모든 걸 해체하는 겨울의 수기와 연결된다. 가을에 결실이 좋아도 가을은 가고 겨울이 온다. 겨울이 오면 결실은 해체되고 씨앗만 남는다. 아무리 완벽해도 때가 되면 변하는 게 자연의 이치다. 그걸 모르면 미다스 왕처럼 황금 주술에 걸려든다.

한때 연구실 멤버였던 신금 일간 D가 유난히 기억에 남는다. 연구실에 오는 사람들은 대체로 책을 좋아하지만 손으로 하는 일은 서투른 편이다. 그는 달랐다. 고장 난 물건이 그의 손을 거치면 멀쩡한 물건으로 재탄생했다.

그의 이력 또한 남달랐다. 어릴 적부터 직접 장난감을 만들어서 놀았고, 커서는 집과 차와 배 만드는 일을 했단다. 정도의 차이는 있겠지만 신금은 물질을 다루는 능력이 뛰어나다. 그는 뭐든 주어지면 묵묵히 고칠 뿐 전혀 생색내지 않았다. 그랬던 그가 연구실 사람들과 멀어지기 시작했다.

아마도 자신의 시선으로 사람들을 보기 시작하면서 다른 이들의 행동이 성에 차지 않았던 모양이다. 신금이 자기 기준으로 남을 판단하기 시작하면 틈은 좁혀지기 어렵다. 신금은 수렴성이 강해서 감정을 잘 드러내지 않는다. 그런 그가 막판에 감정을 드러냈지만 이미 골이 깊어진 상태라 소통은 불가능했다. 천간 중에서 신금이 가장 뒤끝 있다고 한다. 하지만 강한 뒤끝의 원인인 수렴력은 물질을 잘 다루는 힘이자 성찰의 힘이기도 하다. 처음부터 성숙한 신금이 있을까 싶다. 그러니 신금에게는 자기 능력을 과신하지 않는 겸손함이 절대적으로 필요하다.

⑨ 임수壬水

생명이 움트는 잠재력의 바다

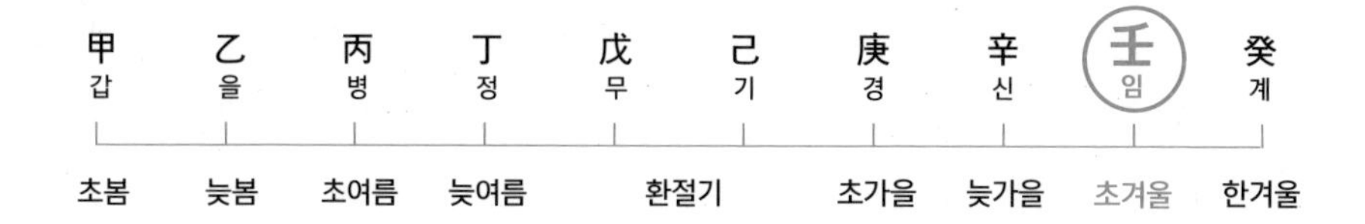

임壬은 오행 중 수水에, 음양으로는 양에 속하고 임수라 읽는다. '임'은 '아이 밸 임妊'에서 온 글자로 여성이 임신한다는 뜻이다. 임수는 겨울의 시작으로 다가올 봄을 위해 결실을 해체하고 씨앗을 잉태하는 기운이라, 생명의 시원인 바다나 강에 비유된다.

임수 성향의 사람은 항상 다음 단계를 염두에 두고 행동하므로 사유가 깊고 앞을 내다보는 혜안이 있다. 특히 감정에 휘둘리지 않고 침착하게 원리를 탐구하는데, 목이 독창적인 아이디어 내기를 즐긴다면 수는 세상의 모든 것을 함축적인 원리로 꿰뚫기를 좋아한다. 이런 기질은 우주 근원을 향한 관심이나 원대한 비전으로 드러나지만, 자칫 현실성이 떨어지고 허세가 될 수 있다.

수는 응축된 기운이라 사려 깊지만 반면에 자기 세계에 갇혀서 망상에 사로잡히거나 자폐로 흐른다. 또 실천력이 약하고 걱정이 많다 보니 엉뚱하게도 모사를 꾀하거나 권모술수에 능하기도 하다.

임임 병존은 자기만의 고집을 부리기 쉬우나, 임임임 병존은 큰 스케일과 비전을 유연한 사유와 바다 같은 포용력으로 끝까지 밀고 나가 목적을 달성한다고 본다.

조선의 성군 세종은 임수 일간이다. 실록을 보면 업적을 떠나 세종의 인간적인 면모를 느낄 수 있는데 일일이 신하들의 목소리를 듣고 사려 깊은 결정을 내린다. 수의 장부는 신장과 방광이고 귀로 연결돼 있다. 그래서인지 임수 일간은 남의 이야기를 잘 들어주는 성향이 짙다.

세종의 리더십은 경청하는 힘과 사려 깊은 태도에서 나오지 않았나 싶다. 세종은 성군으로 알려진 왕이라 그 시대를 당연히 태평성대로 생각하지만, 실록을 보면 마냥 평화로운 시대는 아니었다. 외부의 침략과 재난으로 하루도 편할 날이 없었다. 그런데도 이 시대를 태평성대로 기억하는 것은 세종의 임수 리더십이 일궈낸 성과이다.(『낭송 세종실록』을 읽어보시라.)

몇 해 전 임수인 Y와 연구실 프로그램을 같이 진행했을 때 일이다. 조용하지만 생각이 깊고 차분하게 일을 잘 처리하는 그에게 배울 점이 많았다. 그러던 어느 날 문제가 발생했다. 정화 일간에 화기가 많은 나는 문제가 생기면 대화로 바로 푸는 편이다.

그때도 당연히 대화하면 풀릴 줄 알았다. 그런데 무려 몇 시간 동안 나만 말하고 Y는 간단히 주변 얘기만 할 뿐 핵심적인 사안은 피했다. 음흉하다는 생각이 들자 난 마음을 닫아버렸다. 나중에 그의 일간이 임수임을 알고 이해되었다. Y는 일부러 드러내지 않은 게 아니라 드러내기 힘든 사람이었다. 나도 상대를 이해하기보다 내 상황만 고수했으니 이미 소통은 불가능했다. 그러니 상대 또한 내가 이해되지 않기는 마찬가지였을 거고.

나와 격하게 싸운 이후 Y는 연구실에서 소리소문 없이 사라졌다. 어디에 있든지 행복하게 잘 살기를, 겁 없이 세상을 밝히려 했던 정화의 미숙함을 용서하길 바란다.

⑩ 계수癸水

맑고 투명한 옹달샘

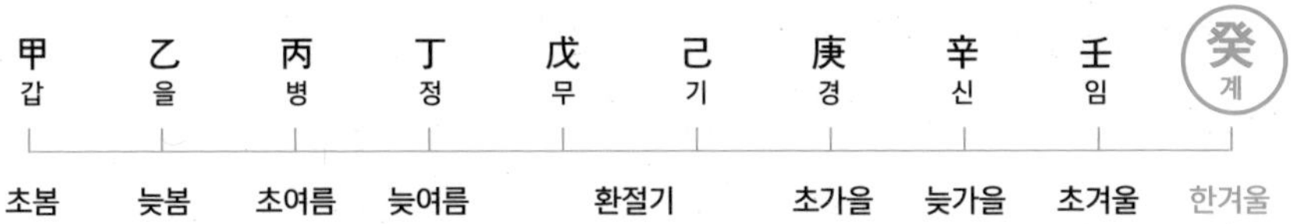

甲 갑	乙 을	丙 병	丁 정	戊 무	己 기	庚 경	辛 신	壬 임	癸 계
초봄	늦봄	초여름	늦여름	환절기		초가을	늦가을	초겨울	한겨울

계癸는 오행 중 수水에, 음양으로는 음에 속하고 계수라 읽는다. 계는 '헤아릴 규揆'에서 온 글자다. 헤아리려면 시간이 필요하다. 겨울은 고요해서 아무것도 하지 않는 것처럼 보이지만 속으론 새싹을 틔울 준비가 한창이다. 에너지를 응축하고 또 응축해서 총알처럼 새싹이 나오도록 만발의 준비를 하는 씨앗의 기운이다.

임수가 겨울의 시작이라면 계수는 겨울의 마무리이고, 임수가 바다라면 계수는 마실 수 있는 옹달샘이다. 임수는 금이 변해서 생긴 수로 금을 융해하는 역할을 한다. 하지만 계수는 금을 녹이는 임수보다는 목을 도와 싹을 돋우는 데 관심이 많다.

임수와 대화하면 우주나 제도나 비전 같이 스케일이 큰 이야기를 주로 한다. 반면 계수는 당장 갈증을 풀기 위한 생수 같은 구체적인 해법을 내놓는다. 계수는 임수가 가지 못하는 곳으로 흘러가 더러운 것을 씻어 주고 구석구석 스며들어 만물을 적시고 키운다.

계수 성향은 내성적이고 비활동적으로 보이지만 옹달샘이 생명을 살리듯 음지에서 해야 할 일을 조용히 행한다.

임수와 계수 모두 합리적인 원리를 기준으로 삼으며 상황에 따라 적절하게 유연성을 발휘한다. 단, 계수는 임수에 비해 좀 더 치밀하고 섬세하다. 부정적일 땐 응축하는 힘을 과도하게 자기 것 챙기기나 정면 돌파하지 않고 잔머리를 굴리는 데 써버린다. 임기응변에 능하고 비밀이 많아서 신비주의 성향이나 환상과 공상에 빠지기 쉽다.

계계 병존은 응축 기운이 이어져서 일의 속도가 느리고 장애가 자주 발생할 수 있다. 계계계 병존은 자기 세계에 빠져 우울해지거나 자폐적이 되기 쉽다.

일간이 계수인 고미숙 선생은 나와 달라도 너무 다르다. 나는 뭔가 하다가 반응이 없으면 금방 그만둔다. 그런데 선생은 "될 때까지 한다"고 한다. 한 번 해서 안 되면 두 번, 그래도 안 되면 열 번이고 백 번이고 될 때까지 한다는 말은 나를 돌아보게 했다. 한두 번 해놓고 안 되면 자책하며 때려치운 적이 얼마나 많던가.

될 때까지 하는 태도가 바로 계수의 기질을 잘 보여주는 면이다. 새롭게 시작하려면 생명의 집약체인 씨앗이 필요하다. 그래서 계수는 남들이 알아주든 말든 끈기 있게 기본기를 다진다.

계수는 인생 주기로 보면 노년기에 해당한다. 노인이 되면 체력은 떨어지지만 정신력은 고양된다. 하지만 나이가 든다고 누구나 지혜로운 노인이 되는 것은 아니다. 고전 소설에 보면 자기 이익을 챙기는 데 수단과 방법을 가리지 않는 인색한 존재로 노파가 종종 등장한다.

계수의 힘을 지혜로 쓸 것인가 인색함으로 쓸 것인가. 선택권은 자신에게 있으니, 인생은 그 자체로 배움이다.

몸의 원리 '지지地支' : 삶의 현장, 삶의 계절

> 십이지지는 천간 열 개가 땅에 반영된 결과이다. 무형의 에너지 천간이 유형의 세계인 지구에서 질적인 변화를 일으켜 열두 개로 나타난 변화이다. 구체적으로 말하자면 천간은 토가 두 개(무, 기)인데 지지는 토가 네 개(축, 진, 미, 술)로 늘어난다. 네 개로 늘어난 토는 각각 봄 여름 가을 겨울 끝에 붙어서 계절을 마무리하고 동시에 다음 계절을 여는 역할을 한다.

사주명리에서 천간은 의식의 세계이고 지지는 몸에 새겨진 생리적인 리듬이다. 천간이 인간의 의지라면 지지는 인간이 처한 환경을 의미한다. 예를 들어 보자. 나의 천간은 기토, 병화, 정화, 을목으로 봄(목)과 여름(화)의 글자로 되어 있다. 글자의 성향으로 나를 읽어보면, 양의 기운이 많아 되도록 상황을 밝게 보지만 앞으로 나아가기에 급급하고 금기와 수기가 약해 자기 성찰이 부족하다. 이렇듯 내 의식은 천간의 기운을 따른다. 나의 지지는 유금, 자수, 사화, 사화로 가을(금), 겨울(수), 여름(화)이라 목기가 없으니 시작하기 힘들어하는 편이고, 목에 해당하는 간담을 약하게 타고났다.

내 사주에서 보듯 대부분 천간과 지지는 서로 엇박자가 나기 마련이다. 삶에서 자기 생각대로 되지 않으면 답답하고 불만스럽지만 원리적으로 보면 자연스러운 일이다. 그러니 이상과 현실, 의식과 몸을 분리하기보다는 그 조건을 인정하고 잘 사용하는 기술을 익혀야 한다. 그러면 천간과 지지의 엇박자는 자신의 고유한 운명이 된다.

甲목	丙화	己토	戊토
午화	戌토	未토	寅목

하늘과 땅의 오행이 위아래로 모두 일치하는 사람도 있다. 이렇게 천간과 지지가 같은 오행으로 구성된 사주를 '간여지동干如支同'이라고 한다. 이런 경우 이상과 현실이 일치하니 좋은 조건을 타고 났다고 볼 수 있다.

하지만 이런 사람은 생각한 대로 현실이 받쳐주니 크게 어려움을 느끼지 못한다. 그러다 보니 다들 힘들다고 토로해도 대개 이렇게 말한다. "왜 그렇게 힘들어하지? 그냥 하면 되는데…" 그래서 남을 이해하려는 노력을 기울이지 않으면 공감 능력이 떨어질 수밖에 없다.

지지는 제각각 상징하는 동물이 있는데, 지지의 시작인 '자'는 '쥐의 시간'이다. 더럽고 눈에 띄지 않는 쥐의 시간을 견뎌야 그다음 과정으로 갈 수 있다. 시작이 반이라는 말이 있듯이 미미해도 시작을 해야 변한다.

쥐(자) → 소(축) → 호랑이(인) → 토끼(묘) → 용(진) → 뱀(사) →
말(오) → 양(미) → 원숭이(신) → 닭(유) → 개(술) → 돼지(해)

지지의 세계는 열두 개의 시간성을 살아내는 일이다. 아무리 원대한 이상을 가졌어도 '지금, 여기'를 살면서 온몸으로 변화를 겪어야 한다. 그 과정이 없다면 우리는 단 한 걸음도 나아갈 수가 없다. 성경에 나오는 "시작은 미미하나 끝은 창대하리라"는 말은 지지의 모든 과정을 거쳐야 할 수 있다.

지지를 공부하면 겸손해진다. 아무리 대단한 존재라도 시작은 자그마

한 쥐라는 것. 아무리 창대한 일도 시작은 미미할 수밖에 없다는 것. 쥐처럼 작지만 소처럼 묵묵히 일하다 보면 호랑이가 출몰하듯 어느 날 갑자기 올라온 싹을 본다. 싹은 꽃으로 나무로 풀로 성장해서 예상치 못한 결실과 마주치게 된다. 풍년이 되기도 하고 흉년이 되기도 하고. 하지만 아무리 좋은 결실도 오래가지 않는다. 창대함은 미미했던 때로 초기화되기 때문이다. 흉년이라고 절망할 것도 없다. 다시 풍년을 향해 시작할 수 있으니까. 이 모든 과정이 십이지지에 고스란히 드러나 있다. 이렇게 지지를 이해하면 스펙이나 성과가 종착역인 듯 달리는 게 얼마나 허망한지를 깨닫게 된다.

농사의 예를 들어보자. 매해 열심히 농사지어도 자연 현상에 따라 수확량은 달라진다. 그런데 수확이 좋은 해를 기준으로 삼으면 다른 해는 모두 결핍된 해가 되어버린다. 아무리 좋은 스펙이나 수확도 조건의 산물일 뿐, 그것이 기준이 되면 늘 불안하다.

십이지지는 지구가 태양을 돌면서 만들어내는 자연의 변화이다. 자연의 이치와 상관없이 외치는 '유캔두잇You can do it'은 이기적인 표현이다. 이제 자연의 이치를 받아들여 열두 동물이 되어보자. 변화에 몸을 맡겨보자. 모든 것을 자연의 흐름 속에서 파악할 때 불안과 외로움이 사라지고 자유로움을 느끼게 될 것이다.

이제 각자에게 주어진 환경과 몸에 새겨진 리듬을 한 글자씩 배울 차례다. 몸에 흐르는 자연의 기운을 느끼며 가장 자기답게 사는 법을 연구해보기로 하자.

일상에서 만나는 오행

지지	자子	축丑	인寅	묘卯	진辰	사巳	오午	미未	신申	유酉	술戌	해亥
음양	음	음	양	음	양	양	음	음	양	음	양	양
오행	水	土	木	木	土	火	火	土	金	金	土	水
띠	쥐	소	호랑이	토끼	용	뱀	말	양	원숭이	닭	개	돼지
절기력	12	1	2	3	4	5	6	7	8	9	10	11
시기	대설	소한	입춘	경칩	청명	입하	망종	소서	입추	백로	한로	입동
시간	23:30 ~1:30	1:30 ~3:30	3:30 ~5:30	5:30 ~7:30	7:30 ~9:30	9:30 ~11:30	11:30 ~13:30	13:30 ~15:30	15:30 ~17:30	17:30 ~19:30	19:30 ~21:30	21:30 ~23:30

❶ 자수子水
잉태하는 강한 생명력

절기력	시기	동물	음양
12월(대설)	23시 30분~1시 30분	쥐	음

子	丑	寅	卯	辰	巳	午	未	申	酉	戌	亥
자	축	인	묘	진	사	오	미	신	유	술	해

자수는 천간의 계수를 이어받은 글자로 맑고 깨끗한 물, 차가운 이슬에 비유된다. 자子는 오행상 수水에 속하며 자수子水로 읽는다. '새끼칠 자孳'에서 온 자는 만물의 씨앗, 응축 기운, 저장성을 뜻한다.

자는 일 년 중 겨울이고 하루로 치면 잠자는 시간이다. 겨울에는 모든 생명이 죽은 것처럼 느껴지지만 기운을 모으는 시간으로 죽은 시간이 아니다. 마치 엄마 자궁처럼 겉으론 보이지 않지만 배아는 자란다.

『동의보감』에 따르면 자시에 합방해야 잉태가 잘되는데 자시가 응축하고 저장하는 시간이기 때문이다. 그러므로 눈에 띄지 않지만 활발하게 움직이고 번식력이 왕성한 쥐가 자수를 상징한다. 잉태는 창조성이나 생산성과도 이어지는데, 사주에 자수가 있는 사람은 남녀의 인연을 맺어주거나 사람과 사람을 연결하는 능력이 있다. 새로운 일에 동기부여도 잘한다.

이들은 외양을 꾸미기보다는 내실을 중시하므로 의식주가 풍족한 편이다. 한편 워낙 음기가 강해 수액 대사에 문제가 생길 우려가 있는데 특히 여성의 경우 몸이 차갑고 생리 대사가 느려 자궁근종이나 우울증에 걸리기 쉽다.

자시는 담 경락이 활동하는 시간이다. 경맥이 제대로 활동하려면 잠을 잘 자야 한다. 바쁜 일상에 익숙한 현대인은 쉼을 게으르게 여기고 가만히 있지를 못한다. 겨울이 그러하듯이 우리 몸과 마음도 쉬어야 할 때 잘 쉬어야 한다.

그동안 우리는 일이든 공부든 밤낮없이 열심히 해야 한다는 논리에 휘둘려 왔다. 이제 그런 시대는 지났다. 요즘은 불타는 금요일이 아니라 잠자는 금요일이 대세다. 얼마 전 스웨덴 노벨상위원회에서 발표한 2017년 노벨 생리의학상은 사람과 동식물의 생체 주기인 '서캐디안 리듬circadian rhythm'을 연구한 연구진이 수상했는데, 24시간 주기에 따라 달라지는 생체 시계를 규명한 연구다. 동양 의학이 자연 변화에 따른 몸의 변화를 밝히고 있는데 서양 의학에서도 관심을 보이니 반가운 일이다.

자연 리듬에 반하는 문명이 이제 인간을 향해 역공하고 있다. 어둠을 밝히는 빛 공해가 생체 리듬에 치명적인 해를 끼친단다. 밤을 밤답지 않게 비추는 불빛은 멜라토닌 분비를 억제하여 면역력을 저하시키고 불면증과 암을 일으킨다.

잠은 아무것도 하지 않는 시간이 아니다. 겨울이 그러하듯이 모든 것을 해체하고 새로운 씨앗을 만드는 시간이다. 잠을 자야 그 힘으로 새로운 삶을 시작한다.

무엇을 해야 할지 막막한가? 인생이 꽉 막혀서 오도가도 못하는가? 그래서 잠들지 못하는가? 일단 모든 고민을 내려놓고 잠부터 자기 바란다. 잘 수 없다면 어떤 대단한 일을 해도 새로운 삶은 열리지 않는다. 창조적인 인간이 되고 싶다면 무조건 잠부터!

❷ 축토丑土
봄을 위해 기반을 다지자!

절기력	시기	동물	음양
1월(소한)	1시 30분~3시30분	소	음

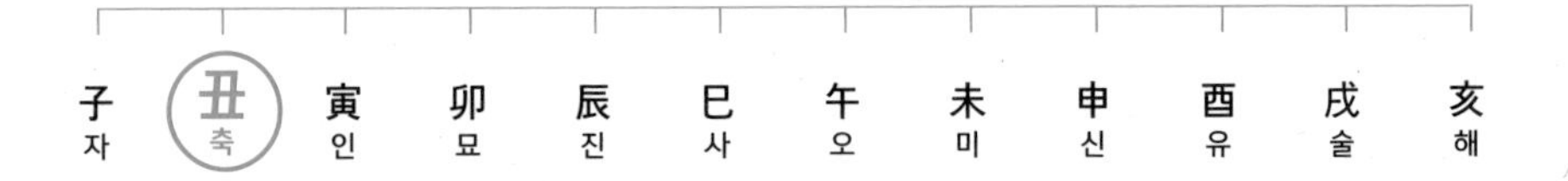

축토는 천간의 기토를 이어받은 글자로 한겨울의 땅·빙판, 좁은 땅의 습한 토로 비유된다. 축丑은 오행 중 토土에 속하며 축토라고 읽는다. 축은 '끈 뉴紐'에서 온 글자로, 씨앗과 새싹을 이어주는 보이지 않는 끈을 의미한다. 자수가 잉태를 뜻한다면 축토는 성장의 기운이다. 보이지는 않지만, 엄마 뱃속에서 태아가 쑥쑥 자라는 과정과 같다.

축토는 소를 상징한다. 한겨울에 봄을 향해 가는 기운과 자기 일을 묵묵히 하는 소를 연결했다. 축시(오전 1:30~3:30)는 어둡지만 자시보다는 양기가 더 진행된 시간이다. 그래도 아직 어둡기 때문에 사회적으로 활동적인 일보다는 정신적인 일, 기획, 계획, 설계, 교육 등의 일과 인연이 있다. 이 시기에는 일을 벌이지 말고 내공을 키우는 시기로 삼아야 한다.

축시는 간 경맥이 활동하는 시간으로 피를 해독해 몸을 깨끗하게 청소한다. 몸속 청소가 제대로 이루어지려면 축시에 충분히 자야 한다. 특히 간이 약한 사람일수록 이 시간에 자야 간 기능이 좋아진다.

축은 겨울에 해당하지만 결국 봄을 열기 위해 달려야 할 때다. 그래서 사주에 축토가 있는 사람은 겨울처럼 늘 춥고 힘든 환경에 처하지만 결국 따뜻한 봄과 만나게 된다. 그렇다고 일을 시작할 때 좋은 결과를 염두에 두고 시작한다는 말은 아니다. 대부분 힘든 길을 마다하지 않고 묵묵히 하다 자기도 모르게 상황이 호전된다.

이렇듯 사주에 축토가 있으면 힘든 일도 잘 수용하고 성실하고 인내심이 많다. 한편으론 주어진 일은 성실하게 하지만 창의력은 부족한 편이다. 변화를 읽지 못하는 꾸준함은 오히려 고집이 되니 주의해야 한다.

연구실에 사주 원국상 축토가 두 개인 친구가 있다. 연구실에 오기 전에 학자금 융자가 2천5백만 원이 있었는데 3년 만에 모두 갚았다. 처음 아르바이트로 번 돈 팔 할을 저축하고 나머지로 생활하겠다고 했을 땐 무리한 계획이다 싶어 얼마 하다 그만둘 줄 알았다. 그런데 웬걸! 한번 목표를 세우자 흔들림이 없었다. 연구실 주방에서 매일 도시락을 싸 다니며 한 달도 거르지 않고 갚아가는 모습을 보고 축토의 힘을 느꼈다.(※2부 '자기 욕망을 탐색하는 누드 글쓰기' 이소민 편)

상담하면서 만난 축토 대부분이 그랬다. 목표가 확실하고 그걸 향해 가는 힘이 대단하나 요란하지 않다. 느려도 묵묵히 일하는 소처럼 축토는 자기만의 길을 뚜벅뚜벅 걸어가는 힘이다.

❸ 인목寅木

호랑이의 기세로 봄을 열어라

절기력	시기	동물	음양
2월(입춘)	3시 30분~5시30분	호랑이	양

子	丑	寅	卯	辰	巳	午	未	申	酉	戌	亥
자	축	인	묘	진	사	오	미	신	유	술	해

인목은 천간의 갑목을 이어받은 글자로 큰 나무에 비유된다. 인寅은 오행 중 목木에 속하며 인목으로 읽는다. '펼 연演'에서 온 인은 겨울이 끝나고 봄을 펼친다는 뜻이다. 인월에는 겨우내 땅속에 머물던 씨앗이 땅을 뚫고 실체를 드러내니, 인목은 씨를 뚫고 나오는 용출력을 나타낸다. 상징하는 동물은 호랑이인데, 겨울 동토에서 쑥 올라온 싹을 산중에 출몰한 호랑이로 보았다. 사주에 인목이 있는 사람은 새벽에 먹이를 찾는 호랑이처럼 거침없고 자기 영역이 확실하며 독립심이 강하다. 방향이 결정되면 불굴의 의지로 돌진하지만 관계에 대한 고려는 약한 편이다. 관계보다는 창의성, 독창성, 개척에 대한 욕망이 강하다.

흔히 사주에 인목이 있으면 봄을 여는 역동적인 에너지가 있어 모험심이 강하고 바쁘게 움직이므로 역마살이라고 한다.

하루 중 인시는 폐 경락이 움직이는 시간으로 외부 공기를 잘 받아들여 축적하는 시간이다. 그래서 도인들은 예로부터 양기를 잘 받기 위해 이 시간에 수련했다. 한편 인시는 폐가 공기를 잘 받아들이는 시간이지만 사기(邪氣, 순환을 막는 기운)가 침투할 위험도 있으므로 이른 아침 목욕은 피하고 간단히 씻는 게 좋다.

노인들이 유독 새벽 시간에 기침을 많이 하는 이유도 폐가 약해져서 공기를 받아들이기 어렵기 때문이다.

지지에서 '인·묘·진' 세 글자는 봄을 아우르는 그룹이다. 인월은 하늘에, 묘월은 땅에, 진월은 인간에게 봄이 왔다고 보았다. 이처럼 '천지인天地人' 삼박자가 속도는 다르지만 서로 관계 맺으며 봄의 변화를 만들어낸다.

축토와 인목은 인접해 있지만 성향은 전혀 다르다. 축토는 성과가 더딘 편이지만, 인목은 조금만 해도 성과가 즉각 나타난다. "자고 일어났더니 스타가 됐더라"는 말은 사주에 인목이 있는 사람에게 해당한다. 하지만 능력을 과신하는 순간 상승한 만큼 추락하고 만다. 축토의 뒷받침이 있어 싹 틔울 수 있었다는 사실을 잊지 말아야 한다.

건강 면에서도 마찬가지다. 목은 풍과 관련되므로 심장병이나 중풍 등 큰 병이 갑작스럽게 발병할 수 있으니 건강에 자신하지 말고 평소 몸을 잘 챙겨야 한다.

인인 병존은 인목의 기운이 이어진 상태로 매우 활동적이고 적극적이다. 활동성이 너무 커서 갑작스러운 성공과 실패를 오갈 수 있다.

인목은 추운 겨울을 뚫고 우뚝 서는 기운으로 그 자체로 자립을 뜻한다. 연구실에 '공부로 자립하기'(줄여서 '공자 프로젝트')라는 프로그램이 있다. 참여하게 되면 가장 먼저 집을 떠나라고 권하는데, 익숙한 곳을 떠나 경제적·정신적으로 독립해야 자립이 시작된다.

집을 나오면 더부살이 프로젝트를 수행해야 한다. 자립인데 왜 더부살이 프로젝트냐고? 자립이란 홀로 사는 삶이 아니다. 지지마다 각기 다른 기운을 타고났듯이, 자립이란 삶의 중심을 잡으면서 관계를 맺을 때 가능한 능력이다. 지지 열두 개가 말해주듯 기의 세상은 보이지 않아도 이질적인 힘으로 연결돼 있다.

④ 묘목卯木

귀여운 토끼의 왕성한 생명력

절기력	시기	동물	음양
3월(경칩)	5시 30분~7시30분	토끼	음

子	丑	寅	卯	辰	巳	午	未	申	酉	戌	亥
자	축	인	묘	진	사	오	미	신	유	술	해

묘목은 천간의 을목을 이어받은 글자로 작은 나무나 화초, 넝쿨 식물에 비유된다. 묘卯는 오행 중 목木에 속하며 묘목으로 읽는다. '밝을 묘昴'에서 온 묘는 양의 기운이 밝아진다는 뜻이다. 봄의 양기가 토끼의 뜀박질처럼 통통 튀어 동물로는 토끼를 상징한다.

묘시는 대장 경맥이 활동하는 시간으로 묘목의 양기가 활발하게 움직여 대장에 쌓인 찌꺼기를 배출한다. 이렇게 소화하고 남은 찌꺼기가 몸에서 배출되려면 묘시에 일어나야 한다. 특히 대장이 약한 사람일수록 묘시에 활동해야 장 기능이 향상된다.

묘목은 인목에 비해 연약해 보이지만, 생명력이 강하다. 『용비어천가』에 '뿌리 깊은 나무는 바람에 흔들리지 아니하므로'라는 구절이 있다. '뿌리를 내리고 가지를 뻗어서 성장하면 흔들리지 아니하므로 꽃도 좋고 열매도 많이 열리게 된' 것은 어린 묘목 단계에서 살아남았기 때문이다.

묘는 밖으로 드러난 성장의 기운으로 사주에 묘목이 있는 사람은 예쁘게 장식하기를 좋아하며, 감각이 좋아 예술 분야에 두각을 나타낸다. 반면 두루 관심이 많아서 마음이 늘 분주하다. 이를 잘 감당하면 멀티플레이어가 될 수 있지만 그렇지 못하면 산만해진다. 묘목은 부드럽고 따듯하며 공감력이 뛰어나지만, 자존심이 은근히 강하고 실속을 중시해서 이해타산적인 사람이 될 수 있다. 한곳에 머물기 힘들어하는 성향으로 인해, 이사나 이직 등 환경에 변동이 많은 것도 묘목의 특징이다.

묘목은 생의 주기로 치면 어린이에 해당한다. 이 시기에는 목 기운이 충만하여 잘 엎어지지만, 넘어진 만큼 스스로 균형 잡는 능력도 함께 자란다. 다만 스프링처럼 통통 튀기 때문에 안정감이 부족해서 뼈와 관련한 사건 사고의 위험이 크다. 특히 묘가 이어진 묘묘 병존은 튀는 성향이 강해서 생명을 다루는 일이나 창조적인 예술 계통 일을 하면 타고난 기운을 잘 발휘할 수 있다.

세미나 시간에 묘목의 성질을 잘 보여주는 이야기를 들었다. 한 청년이 천국에 도달했는데 그가 꿈꾸던 쇼핑몰이 눈앞에 펼쳐졌다. 청년은 원하는 걸 모두 가졌고 온갖 쾌락을 즐겼다. 그러나 시간이 갈수록 점점 지겨워져 지옥이라도 좋으니 탈출시켜 달라고 애원한다. 누군가 물었다. 지옥이 어디라고 생각하니? 그때 청년의 머릿속에 섬광 같은 깨달음이 찾아온다.

생명은 묘목처럼 새로운 시도를 할 때 살아 있다고 느낀다. 우리가 상상한 천국이란 감각의 극대화로 인해 변화하지 못한 신체들이 우글거리는 장소이다. 자연은 변화할 뿐 쾌락을 향해 달려가지 않는다. 그러니 천국은 따로 있지 않다. 비전을 실험할 수 있는 곳, 새로운 시도를 할 수 있는 곳, 자신이 살아 있다고 느끼는 곳, 그곳이 바로 천국이다.

⑤ 진토辰土 변화무쌍한 용의 기운

절기력	시기	동물	음양
4월(청명)	7시 30분~9시30분	용	양

子	丑	寅	卯	辰	巳	午	未	申	酉	戌	亥
자	축	인	묘	진	사	오	미	신	유	술	해

진토는 천간의 무토를 이어받은 글자로 우뚝 솟은 산에 비유된다. 진辰은 오행 중 토土에 속하며 진토로 읽는다. '진동할 진振'에서 온 진은 우레가 진동하듯 만물이 활발하게 움직이는 왕성한 생명력을 의미한다. 십이지지 중 진토만 상상 속 동물인 용을 상징한다. 왜 그럴까? 진월은 봄기운이 완연해진 때로 만물이 급속도로 성장하는 시기이다. 손톱만한 싹이 온천지에 신록의 기운을 떨치니 그 변화가 세상에 존재하는 동물로는 부족했던 모양이다. 용은 그 자체로 변화이면서 여름으로 가는 전령사 역할을 하고, 하늘로 승천하는 모습은 땅과 하늘을 매개하는 듯하다.

사주에 진토가 있으면 용이 승천하듯 급작스러운 변화를 일으키거나 변화의 대상이 되기도 한다. 갑자기 승진하거나 추락할 수도 있고, 삶이 변화무쌍하다. 생각하는 범주가 커서 현실 감각이 떨어져 보이지만, 남들이 시도하지 않는 큰 비전을 세우기 때문에 도약할 가능성도 크다.

진월에는 만물이 한껏 성장해서 겉모양새는 여름과 비슷하나 아직 여름은 오지 않았다. 스케일이 크고 화려한 겉과는 달리 속은 매우 조심스럽고 경계심이 많은 성정으로 나타난다.

진시는 아침 식사 즈음이다. 아침을 '진지'라고 하는데 '진시에 먹는 식사'를 의미한다. 진시에는 위장 경맥이 활발하게 움직이는, 즉 위장 컨디션이 가장 좋은 시간으로 이때 음식을 먹으면 소화가 잘된다. 우리 몸에 필요한 기와 혈이 잘 생성된다.

야식을 즐기는 현대인의 생활 방식은 몸에 담음(수액 대사가 정체되어 생긴 기운)을 쌓게 만든다. 밤에는 위장 경맥이 움직이지 않아 소화가 더디다. 음식이 들어가면 소화가 잘되지 않는다. 문제는 여기서 끝나지 않는다.

해시(21:30~23:30)는 삼초 경맥이 활동하는 시간이다. 해시에 삼초 경맥은 온몸에 있는 오장육부의 모든 길을 청소한다. 그러니 이 시간에 충분히 휴식하고 잠을 자야 한다.

해시에 음식을 먹으면 소화하느라 몸 청소를 제대로 할 수 없다. 그래서 야식을 먹은 다음 날은 몸속 청소가 덜 된 상태에서 오장육부의 기운이 돌다 보니, 몸이 무겁고 늘어질 수밖에 없다.

위장 약한 사람이 야식까지 하면 위장 기능은 점점 더 약해진다. 정상적인 위장은 강철도 녹일 정도로 소화력이 좋지만 기능이 떨어지면 물 한 방울도 허용하지 않는다. 위장은 음식을 받아들여 우리 몸을 도는 기와 혈을 만드는 곳이다. 위장 입장에서 보면 음식은 매우 낯선 것들이다. 생소한 대상을 거부하지 않고 잘 받아들여야 위장은 제 기능을 한다.

위장의 소화 능력은 인간관계에서도 그대로 적용된다. 나와 다른 사람을 수용하지 못해 인간관계가 삐걱거리면 위장에 문제가 생길 우려가 있다. 소화가 안 되고 보기 싫은 사람이 너무 많다면 우선 야식을 끊고 진시에 아침 식사부터 챙기길 권한다.

❻ 사화巳火
양기가 작렬하는 뱀

절기력	시기	동물	음양
5월(입하)	9시 30분~11시30분	뱀	양

子	丑	寅	卯	辰	巳	午	未	申	酉	戌	亥
자	축	인	묘	진	사	오	미	신	유	술	해

사화는 천간의 병화를 이어받은 글자로 태양, 화산, 용광로, 폭발물, 적외선에 비유된다. 사巳는 오행 중 화火에 속하며 사화로 읽는다. '단서

기紀'에서 온 사는 계절은 여름이지만 동시에 가을의 단서가 생긴다는 의미이다. 여름이 시작되는 시절에 이미 무형의 가을이 시작된다는 의미를 담고 있다.
사월은 여름의 시작으로 화의 기운을 강렬하게 드러내는 시기이다. 밝은 빛이 세상을 비추므로 천지 만물이 환하게 드러난다.
사시는 비장 경맥이 활동하는 시간이다. 발산하는 사화가 활발하게 움직여야 소화된 기운을 전신에 수송할 수 있다. 음식을 소화해서 피가 되는 과정이 이 시간에 이루어진다. 소화 기능이 약할수록 사화 시간에 활발히 활동해야 한다.
사주에 사화가 있으면 다른 기운의 사람들보다 상황을 정확하게 보고 자기주장이 강한 편이다. 이런 사화가 강요하는 말투나 강압적인 태도를 보일 경우 저항감을 불러올 수 있으니, 자연스럽고 담백하게 말하는 태도가 필요하다.
사화가 뱀을 상징하는 이유도 앞으로만 나아가고 뒤로 돌아갈 줄 모르는 뱀의 특성 때문인데, 이들은 강한 추진력으로 어떤 일을 결정하면 강하게 밀어붙이며 바로 실천한다. 빠른 속도가 장점인 사화는 때때로 방향 전환이 어려워 외골수가 될 수 있다. 양기가 한껏 고조된 상태라 표현력이 좋고 솔직함이 매력인데, 지나친 솔직함이 간혹 경솔함으로 드러날 수 있으니 적절한 속도 조절과 주변 상황을 살피는 여유를 잃지 말아야 한다.
뱀은 독을 품은 동물이다. 사화의 양기를 잘못 사용하면 상대에게 치명상을 입힐 수 있으니 조심해야 한다. 뱀은 허물을 벗으면서 자기 갱신을 하는 동물이다. 앞서 언급했듯, 사화는 가을의 단서를 품고 있으므로 여름을 살지만 마음은 늘 가을을 향한 채 활동한다. 몇천 년 전 신화시대에 발굴된 여신들을 보면 뱀의 머리나 손 같은 뱀의 형상이 여신의 몸과 분리되지 않은 채 그려지고 조각되어 있다. 초기 인류는 아이를 낳고 생명을 키우는 여성에게 뱀의 변신 능력을 보았던 것이다.

사주에 사화가 있으면 여름을 여는 역동적인 에너지가 있어서 모험심이 강하고 바쁘게 움직이므로 역마살이라고 한다. 나는 사주에 뱀 두 마리를 깔고 앉아 있다.(지지에 사화가 둘이다.) 두 마리나 있으니 궁둥이를 못 붙이는 팔자인데 계사년(2013년)에 또 뱀이 들어왔다. 세 마리 뱀이 꿈틀꿈틀. 뱀의 양기를 이기지 못해 기화될 처지였다. 결국 그 해 뱀들은 땅에 발을 붙이지 못해 나는 비행기에 실려 다녔다.

나는 해외와 인연이 많은 편이다. 동생 4명 중 두 명이나 국제결혼을 했고 직장을 다닐 때도 해외 출장이 잦았다. 연구실에 들어와서도 이상하리 만큼 해외에 자주 나간다. 해외와는 무관해 보이던 연구실이 언젠가부터 '무빙비전탐구Moving Vision Quest'를 표방하며 여행과 공부가 교차하는 실험을 하기 시작했다.

내 사주에 있는 사화 두 개는 별 노력 없이도 해외와 인연을 맺어주지만 그 기운을 잘 사용하기는 쉽지 않다. 연구실 초기에 걷는 문제로 여러 번 지적을 받았다. 함께 걸을 때 꼭 혼자 앞서서 걷는다고. 그뿐만이 아니었다. 내 식대로 판단하고 내 속도로 하는 행동이 제트기 같아 모두 힘들어했다.

아무리 지적을 받아도 그리 문제가 되나 싶었는데 속도 자체가 문제는 아니었다. 빠를 땐 빨라야 한다. 문제는 다른 사람과 함께 할 때도 내 속도를 고집한다는 점이었다. 함께 리듬을 못 타는 몸이야말로 자연법칙을 거스르는 상태라는 걸 그땐 몰랐다.

요즘은 천천히 걷는 훈련을 하는 중이다. 호흡과 감각, 감정을 느끼며

한 걸음 한 걸음 걷다 보니 주변이 보이기 시작했다.
발바닥에는 샘처럼 용솟음친다는 이름이 붙은 '용천혈'이 있다. 수의 장부인 신장·방광과 연결된 혈자리다. 화끈한 사화를 제대로 사용하려면 수기가 균형을 잡아주어야 한다. 나는 사화를 잘 사용하기 위해 천천히 걸으면서 발바닥에서 올라오는 생명수를 샘솟게 하는 중이다.

❼ 오화午火 양기가 충만한 말

절기력	시기	동물	음양
6월(망종)	11시 30분~13시30분	말	음

子	丑	寅	卯	辰	巳	午	未	申	酉	戌	亥
자	축	인	묘	진	사	오	미	신	유	술	해

오화는 천간의 정화를 이어받은 글자로 달이나 촛불에 비유된다. 오午는 오행 중 화火에 속하며 오화로 읽는다. 이 글자는 '한나절 오旿'에서 왔는데, 태양이 중천에 뜬 상태를 뜻한다.
오화를 상징하는 동물은 말이다. 말은 체온이 사람보다 높아서 병에 잘 걸리지 않는다고 한다. 사람은 양기가 잘 돌아야 기혈이 잘 순환하는데 실제로 사주에 오화가 있으면 몸이 따듯하고 생리 대사가 원활한 편이다.
오시는 심장 경락이 활동하는 시간으로 이때 만들어진 피가 온몸에 구석구석 전달된다.
오화는 사화처럼 실천력과 표현력이 좋고 감성이 풍부하며 솔직하다. 다른 점은, 사화가 여름을 여는 기운이라 일을 벌이고 시작하길 좋아한다면, 오화는 여름을 마무리하는 기운이라 새로운 것을 향한 관심보다 기존 관심사를 확장하길 좋아한다.
특히 오오 병존은 워낙 화기가 치솟는 상태라 화기와 관련한 사건 사고에 노출되거나 수술할 수도 있으니 속도를 잘 조절해야 무사히 넘어갈 수 있다.
사주에 오화가 있는 사람은 겉으론 명랑해 보이는데 종종 우울하다고 말해 상대를 당황하게 한다. 오화의 우울함은 더 이상 양기를 펼치지 말고 기운을 안으로 수렴하라는 몸의 신호로 읽어야 한다.
연구실 학인 중 오화가 있는 친구가 있었다. 사흘에 한 번꼴로 클럽을 들락거리던 그는, 놀 땐 좋은데 돌아오면 공허해진다고 푸념을 늘어놓았다. 오화 기질을 타고난 사람은 화끈한 기운을 극단으로 소진한다. 기운을 적절히 발산해야 하는 데 한방에 써버리니 광란의 밤을 보낸 몸은 균형을 잡으려고 한다. 축구 경기를 보다가 승리의 기쁨에 심장마비로 죽은 기사를 본 적이 있는데, 너무 기쁘면 양기를 발산하다 못해 심장이 터질 수 있다.
클럽에서 미친 듯이 노는 게 삶의 기준이 되면 일상은 밋밋하고 지루해진다. 이렇게 롤러코스터를 타는 몸으로는 자기 존중감이 생길 수가 없다. 그런 점에서 자기 존중이란 발산과 수렴을 적절하게 하는 일이다. 그래야 어떤 상황에서도 자기 감정을 조절하며 평정심을 유지한다.
그가 느낀 공허함은 균형 잡는 과정에서 몸이 수축하기 위한 자기 전략이다. 너무 많은 복을 누리는 것도 에너지를 소모한다. 그러니 굴러온 복도 적당히 누리거나 그만큼 대가를 치러야 한다. 우주에 공짜 점심이 없음을 잊지 마시라.(2부에 등장하는 로또에 당첨된 박윤미의 누드 글쓰기를 보면 이 말을 실감할 것이다.)

⑧ 미토未土

열정과 냉정 사이

절기력	시기	동물	음양
7월(소서)	13시 30분~15시30분	양	음

子	丑	寅	卯	辰	巳	午	未	申	酉	戌	亥
자	축	인	묘	진	사	오	미	신	유	술	해

미토는 천간의 기토를 이어받은 여름의 뜨거운 토라 사막의 토에 비유된다. 미未는 오행 중 토土에 속하며 미토로 읽는다. '맛 미味' 자에서 온 미는 맛이 들듯 수확물을 여물게 한다는 뜻이다.

미토는 여름과 가을을 매개하는 환절기와 같은 기운이다. 이제 성장을 그치고 가을로 가기 위한 준비를 해야 한다. 환절기가 그러하듯 사람도 변화하려면 하던 일을 반복하고 또 반복하며 땀흘려야 내공이 생기고, 그 힘으로 여름에서 가을로 건너갈 수 있다. 과일이 맛이 드는 것은 찌는 더위 덕분이다. 답답하더라도 하던 일을 붙잡고 끈질기게 매달려야 결실이 열린다. 매번 새로운 일을 시작해봤자 그 자리를 맴돌 뿐 진척이 없다.

미시는 소장 경맥이 활동하는 시간이다. 미토의 수용하는 기운이 활발하게 움직여야 오시에 공급된 피가 에너지로 바뀐다. 그러니 제대로 활동하려면 성과가 나지 않는다고 멈추지 말고 하던 일을 꾸준히 밀고 나가야 한다. 성과가 눈에 보이지 않으니 자칫 때려치우기 쉽다. 만약 중도에 하차하면 미토의 단계를 넘지 못한 상태이므로 소장에 영향을 미쳐서 그 기능이 떨어진다.

미토를 상징하는 동물은 양인데 양은 온순하고 가던 길을 되돌아올 정도로 정직하다고 한다. 그래서일까, 미토가 있는 사람을 관찰하면 주변이 시끄러워도 절대 흔들리지 않고 자기 길을 간다. 하지만 혼자만 옳다 여기고 주변 의견에 귀를 기울이지 않으면 고집불통이 된다.

사주에 미토가 있으면 사건이나 문제가 생겨도 무리 없이 조정하고 화합한다. 또 사람과 사람을 잘 연결하고 전체를 조율하는 역할을 잘해서 조직의 중요한 자리와 인연이 닿는다. 과정과 균형을 중시하기 때문에 완성된 것보다는 부족한 상태에 마음이 간다. 이런 성향은 교육·복지나 노인 등 소수자를 위한 활동과 인연이 생긴다.

미미 병존은 가을로 가는 통로인 미토가 연달아 있는 셈이다. 잘 사용하면 결실을 위한 과정을 중시하므로 내공이 확실할 테고, 잘못 활용하면 새로운 시도는 하지 않고 자기 고집만 끝까지 부리게 된다.

⑨ 신금申金

찬바람이 부는 까닭은?

절기력	시기	동물	음양
8월(입추)	15시 30분~17시30분	원숭이	양

子 丑 寅 卯 辰 巳 午 未 申 酉 戌 亥
자 축 인 묘 진 사 오 미 신 유 술 해

신금은 천간의 경금을 이어받은 글자로 바위산, 무쇠에 비유된다. 신申은 오행 중 금金에 속하며 신금으로 읽는다. '펼 신伸'에서 온 신은 가을이 펼쳐지는 것으로 결실의 시작을 의미한다.

여름과 환절기에 만물은 무성하다. 그 무성함이 언제까지나 계속될 것 같지만 가을은 인정사정없다. 지금까지 자란 것을 무참히 죽여버린다. 잔인해 보이지만 가을에는 여름에 벌이고 늘어진 기운을 맺고 끊어야 열매가 열린다. 신금은 원숭이를 상징하는데 살림에서 죽임으로 가는 변화의 기운은 재주 많은 원숭이의 모습을 나타낸다.

원숭이라고 하니 『서유기』에 등장하는 손오공이 떠오른다. 그는 온갖 변신술의 귀재인데 주로 살생에 능력을 발휘한다. 손오공은 화과산의 거대한 바위의 정기를 받아 태어났다. 바위의 정기를 받은 원숭이라니 딱 신금의 모습이다. 『서유기』는 손오공이 자기 능력만 믿고 까불다가 부처님에게 걸려 오행산에 500년 갇혀 있다가, 스승인 삼장 법사와 도반을 만나 구도의 길을 가는 이야기다. 신금은 자신의 능력만 믿고 밀어붙이면 여러 사람 다칠 수 있으니 조심해야 한다.

사주에 신금이 있으면 과감하게 정리하는 결단력과 절제력이 있어서 자기 관리를 잘하고 일 처리에 능하다. 신금은 겉은 딱딱하지만 속에 아직 여름의 열기가 남아있어 변덕스럽고 불안정한 면이 있으나 열매를 맺듯 무형을 유형화하는 능력이 있어서 물질을 잘 다룬다. 그런 성향이 데이터나 정보를 잘 분석하고 통계를 좋아하는 경향으로 드러난다.

신시는 방광 경락이 활동하는 시간으로 피를 기화하여 일을 마무리하게 만든다. 피의 기화 여부는 오줌을 잘 배출하는 것으로 드러난다. 특히 방광 기능이 약하다면 하던 일을 끝까지 마무리하는 습관을 들여야 한다. 그래야 방광 기능이 좋아져 오줌을 잘 내보낸다.

사주에 신이 있으면 가을을 여는 역동적인 에너지로 인해 모험심이 강하고 바삐 움직여 역마살이라고 한다. 신신 병존은 활동성이 지나쳐서 특히 신체 중 하체 사고가 날 수 있으니 조심해야 한다.

가을이 오면 건조해지는데 물기가 말라야 열매가 생긴다. 가을 하늘이 맑은 것도 땅에 있는 수기가 몽땅 하늘로 올라가기 때문이다. 가을은 인생에서 중년에 해당한다. 나도 40대가 되면서 피부가 눈에 띄게 건조해졌다. 각질이 생기고 두피에 비듬도 생기고 눈에 물기도 말라 뻑

뻑해졌다. 중년이 된다는 건 가을이 되듯 물기가 마르는 일이다. 동시에 열매가 생기는 시기니만큼 나이에 따른 몸의 변화를 겸허히 받아들이며 성숙한 중년이 되기 위해 노력해야 한다. 요즘 여성들은 예전보다 갱년기를 심하게 겪는다. 노화를 병으로 보기도 하는데, 자연의 흐름을 받아들이지 않기 때문이다. 가을이 되면 낙엽이 지듯 몸의 변화를 순리대로 받아들이면 삶이 편안하다.

⑩ 유금酉金

꽃보다 열매!

절기력	시기	동물	음양
9월(백로)	17시 30분~19시30분	닭	음

子	丑	寅	卯	辰	巳	午	未	申	酉	戌	亥
자	축	인	묘	진	사	오	미	신	유	술	해

유금은 천간의 신금을 이어받은 글자로 보석·칼·가위·시계 등 정교한 과정을 거쳐 가공한 금속에 비유된다. 유酉는 오행 중 금金에 속하며 유금으로 읽는다. '술빚을 양釀'에서 따온 유는 신금의 양기가 숙성돼서 음의 결정체로 변한다는 의미이다. 열매를 맺기 시작해 결실을 거두는 시간을 숙성 과정으로 보았다. 사주에 유금이 있으면 일을 완벽하게 처리한다.

유금의 절기력은 9월로 이때는 결실을 보기 위해 여름에 펼쳐진 생명을 가차 없이 제거해야 한다. 열매가 생기면 풍찬노숙하듯 찬 이슬과 서리를 맞아야 비로소 열매가 완성된다. 열매가 옹골차게 완성되려면 생명이 죽어나가는 시절을 겪어야 하니, 유금은 고초살枯草殺이라는 별명을 지닐만하다. 능력자가 된다는 건 그만큼 힘든 일을 겪어야 한다는 뜻이다.
유금을 상징하는 동물은 닭인데, 닭이 부리로 쪼듯이 신금의 초가을 기운을 이어받아 기운을 정밀하게 수렴한다고 보았다. 일각에선 닭을 신령스러운 동물로 보는데, 하늘과 통하여 늘 같은 시간에 새벽을 알린다고 여겼기 때문이다.
유시는 신장 경락이 활동하는 시간이다. 신장은 하루 동안 기운을 쓰고 피곤해진 피를 걸러낸다. 노폐물은 소변으로 배출하고 아닌 것은 다시 간으로 보내 몸을 재정비한다. 이 시간에는 활동을 줄이고 하루를 마무리해야 한다.
앞서 유금은 신금을 가공하여 금기를 압축시킨 과정이라 했다. 보석 같은 가공형 금속은 무쇠나 돌에 비해 크기는 작지만 엄청난 가치를 지닌다. 또 전도체인 금속이 하는 역할처럼 사주에 유금이 있는 사람은 사물과 사물을 연결하는 힘이 있다.
유유 병존은 작지만 강력한 힘을 내는 기운이 연이어 있으니 잘못 쓰면 자신이나 타인을 해친다. 유금은 결실을 위해 제거하는 기운으로 생명을 살리는 일을 하거나 그런 마음을 가져야 힘을 제대로 사용할 수 있다.
신금과 유금의 시기는 인생에서 중년기에 해당한다. 신금은 여름의 열기가 남아있기 때문에 울퉁불퉁한 심신을 겪어야 한다. 하지만 유금 시기가 되면 몸의 대사가 느려지면서 안정 모드로 전환된다. 평소 궁둥이를 못 붙이고 들썩들썩하는 이도 이때부터는 자리에 앉고 싶어진다. 아무리 활동적인 사람도 중년기가 무르익으면 인생에 관한 질문이 생기게 마련이다.
현대 사회를 사는 우리는 이익과 효용이란 틀에 갇혀서 나이 먹으면 쓸모 없는 존재로 여겨 인생이 끝났다고 생각하기 때문에 우울해지고 출구를 찾지 못해 헤맨다. 나도 다르지 않았다. 인생을 '성장'이라는 틀에 맞추었기 때문에 나이 먹는 게 두려웠다.

삶 또한 자연이므로 가을에 맞게 삶을 재배치해야 한다. 50대가 넘어 기혈이 모두 안정되어 궁둥이를 붙인다는 건 삶도 변하라는 신호이다! 신체가 건강할 땐 돈을 벌기 위해 달렸으니 이제 영혼의 양식을 벌기 위해 달려야 할 때이다. 이게 양과 음의 법칙이다. 자연은 우리가 쓸모없는 존재가 아니라 죽을 때까지 변신하는 존재라는 걸 알려준다. 뇌의 회로도 늙으면 멈추는 게 아니라 죽을 때까지 작동한다니 얼마나 다행인가.

동양의 영적 멘토들은 대부분 오십 이후 세상의 이치를 탐구해서 깨달음을 얻었다. 공자도 50세에 천명을 알았다고 하지 않나. 만학으로 알려진 사상가 이탁오는 그의 사상서 『분서』에서 이렇게 선언했다. "지금까지 나는 남들이 말하는 것을 따라 하는 한 마리 개였고 이제부터 나의 얘기를 하겠다."라고.

⑪ 술토戌土 밝음과 어둠 사이

절기력	시기	동물	음양
10월(한로)	19시 30분~21시30분	개	양

子	丑	寅	卯	辰	巳	午	未	申	酉	戌	亥
자	축	인	묘	진	사	오	미	신	유	술	해

술토는 천간의 무토를 이어받은 글자로 바위나 금광석이 묻힌 산이나 메마른 땅에 비유하는데, 경작이 끝나 결실을 거둔 땅을 의미한다. 술

戌은 오행 중 토土에 속하며 술토로 읽는다. 술 자는 '없어질 멸滅'에서 따온 글자로 밝음이 사라지고 어둠으로 진입한다는 뜻이다.

사주에 술토가 있으면 대립하는 두 세계를 오가는 상황이 발생한다. 술은 역마살은 아니지만 가을과 겨울을 연결하므로 역마적인 기질로 본다. 술술 병존으로 기운이 이어지면 활동 범위가 커져서 해외에서 활동할 기회가 많아진다.

술토는 가을의 물질성(결실)에서 겨울의 비물질성(씨앗)으로 진입하는 통로로, 동물로는 개에 비유한다. 개는 인간 사회에서 가축화 한 몇 안 되는 동물이다. 술토를 개와 연결한 이유는 타고난 야생성과 인간에게 충실해야 하는 가축 사이에 놓인 딜레마를 보았기 때문이다.

술시는 심포(피의 흐름을 주관하는) 경맥이 활동하는 시간이다. 유시가 눈에 보이는 활동을 정리하는 시간이라면 심포는 정신 활동을 정리하는 시간으로 일기를 쓰는 등 자기 성찰을 해야 한다. 그래야 기운이 안정되어 다음 날 원활하게 활동할 수 있다.

낮이 아무리 좋아도 계속될 수는 없다. 여름 다음에는 가을이, 삶 다음에는 죽음이 오는 게 자연의 법칙이다. 물리적인 풍요를 누리듯 정신적인 부분도 동시에 사유해야 한다. 소멸에 대한 사유가 없기 때문에 물질을 소유하고 집착하며 사라질까 봐 전전긍긍한다.

술토는 그동안 이룬 풍요로운 결실이 모두 해체되고 겨울로 이행하는 시기이다. 인생의 주기로 보면 중년기와 노년기 사이로, 열매가 썩어 씨앗을 남기듯 살면서 이룬 명예나 돈 등 물질적인 성과를 내려놓고 인생의 근원을 탐구할 순서다.

인도 사람들은 살기 위해 죽음을 사유한다. 바라나시에는 갠지스 강이 흐르는데 인도인들은 망자를 갠지스 강물에 담그면 이승에서 지은 죄를 다 씻고 해탈한다고 믿는다. 그들에게 강은 이승의 업을 정화하여 새로운 존재로 환생하게 하는 성수이다. 사람이 죽어도 곡을 하지 않고 먼 길 떠나는 망자를 배웅한다. 죽음과 삶을 동시에 사유하는 인도인들은 술토를 닮았다.

술토는 도문이니 귀문이니 하는 별명이 있다. 도문은 밤과 낮을 연결하는 시간으로 세속적인 삶에서 비세속적인 삶 즉, 도를 만나는 문이라는 의미고, 귀문은 낮과 밤의 통로로 인간이 아닌 귀신과 만나는 문이라는 뜻이다.

연구실은 제도권과는 다른 공부를 하는 곳이다. 앎과 삶의 일치! 앎과 삶이 분리된 삶에서 앎과 삶을 연결한다는 목표가 있다. 그래서인지 연구원 중에서도 유난히 사주에 술토를 지닌 사람이 많다. 고미숙 선생을 비롯하여 문성환(『전습록, 앎은 삶이다』 저자), 안도균(『양생과 치유의 인문의학』 저자) 선생… 등등 너무 많아서 나열하기도 힘들 지경이다. 이렇게 술토가 있는 사람은 세속과 비세속·현실과 이상·동양과 서양 등 상반되는 것을 연결하는 전령사 역할을 하는데, 각자 하는 일을 보면 실제로 그렇다.

⑫ 해수亥水 봄을 대처하는 겨울의 자세

절기력	시기	동물	음양
11월(입동)	21시 30분~23시30분	돼지	양

子 자 丑 축 寅 인 卯 묘 辰 진 巳 사 午 오 未 미 申 신 酉 유 戌 술 亥 해

해수는 천간의 임수를 이어받은 글자로 바다나 강물에 비유된다. 해亥는 오행상 수水에 속하며 해수로 읽는다. '씨 핵核'에서 온 해는 씨앗을 만든다는 뜻이다.

해시는 하루로 치면 태양이 사라지고 만물이 성장을 멈추어 휴식을 취하는 시간으로, 한해살이에게는 죽음을 의미한다. 그렇다고 끝은 아니다. 다음 봄을 위해 씨앗을 준비해야 한다. 자연의 순환에서 완전한 소멸은 없다. 누군가의 죽음은 새로운 탄생과 맞물려 있다.

몇 해 전 연구실 동료가 어머님의 자살로 괴로워했다. 위로조차 꺼내기 어렵던 그때 강의차 연구실에 온 정화 스님께 상담을 부탁했다. 그런데 친구를 따듯하게 다독여줄 거란 기대와 달리 스님은 냉정하게, "죽음은 죽음일 뿐 어떤 죽음도 나쁜 죽음은 없으며 좋은 죽음 또한 없어요. 자살을 통해 죽음을 사유할 수 있다면 어머니가 주신 최고의 선물이 될 거예요."라고 하셨다.

맞다. 끝은 소멸인 동시에 새로운 시작이다. 삶이 있으면 죽음도 당연한 건데 우리는 마치 무관한 일처럼 생각한다. 죽음을 받아들인 후엔 시비 분별로 좋은 죽음과 나쁜 죽음을 나누며 기어이 괴로움을 만들어 낸다.

해수를 상징하는 동물은 돼지이다. 뭐든지 잘 먹고, 먹는 족족 몸에 흡수하는 돼지의 저장 능력은 생명 에너지를 응축한 해수와 연결된다. 흔히 물만 먹어도 살이 찐다고 푸념하는 사람은 사주에 해수가 있을 확률이 높다. 생리 대사가 빠른 화에 비해 수는 생리 대사가 느리기 때문이다. 이러한 저장 기운은 집중력으로 발휘될 수 있지만, 외부와 소통하지 않는다면 자폐적인 사람이 되기 쉽다. 평소에는 조용하고 낙천적이지만 잘못 건드리면 멧돼지의 저돌성이 나오기도 한다.

해시는 삼초 경맥이 활동하는 시간으로 이때 삼초 경맥은 온몸을 정화한다. 그러니 이 시간에 충분히 휴식하고 잠을 자야 몸 전체가 원활히 흐르는 길이 뚫린다.

해수는 모든 생명이 끝나고 새로운 태동을 위한 시간이지만 시선은 늘 앞을 향한다. 남보다 한 걸음 앞서 사유하는 능력이 예지력으로도 발휘된다. 해수는 생명의 정수를 모아야 하므로 원리를 중시한다. 그렇기에 수학이나 생명 공학 등 기초 과학 분야에 관심이 많다.

사주에 해수가 있으면 겨울을 여는 역동적인 에너지가 있어서 다가올 태양을 그리며 멀리 나가고 싶어하므로 역마살이라고 한다. 낮보다는 밤에 활동하기를 즐기며 세속적인 일보다는 비세속적인 일과 인연이 깊다.

해해 병존은 활동적인 직업이 좋고 생명을 다루는 일을 하면 타고난 기운을 잘 사용할 수 있다.

요즘 연구실은 색다른 요양 센터를 준비하고 있다. 요양원을 유폐된 공간이 아닌, 노년의 삶을 누리는 곳으로 만들자는 취지이다. 지금까지 우리는 돈만 있으면 노년의 삶은 해결될 줄 알았고, 부모 세대는 안정적인 노후를 꿈꾸며 전력 질주했다. 덕분에 우리 세대가 물질적인 풍요를 누린 것도 사실이나 여기서도 음양의 원리는 예외 없이 적용된다. 물질적으로 풍요로우면 정신이 메마르기 쉬운 법. 노년의 정신적 빈곤을 해결하기 위해선 새로운 씨앗을 품어야 한다. 이 시대야말로 해수의 지혜가 절실한 때이다.

지장간地藏干
비장의 카드

천간과 지지가 분리된 듯 보이지만 알고 보면 지지는 포장지에 불과하다. 지지라는 포장지를 벗겨보면 2~3개의 천간들이 모여 있다. 그걸 지장간이라고 하는데 '지지에 저장된 천간'이라는 뜻이다. 땅이 태양의 빛을 수용하듯 지지는 천간을 수용한다.

이를테면 인목의 포장지를 뜯으면 무토·병화·갑목이 얼굴을 내미는데, 천간 세 개가 합심해서 인목의 시간을 열고 있다. 지지(땅)는 천간(하늘)과 달라서 여러 카드를 가져야 변화에 대처할 수 있다. 만약 원국에 없는 오행이 왠지 찜찜하다면 지장간을 살펴보길 바란다. 지장간에서 발견된다면 그 오행이 전혀 없는 것은 아니다.

단, 지장간을 사용하려면 지지라는 포장지를 벗겨내는 수고를 해야 하므로 원국에 드러난 글자처럼 편하게 사용하기는 어렵다. 순조롭게 사용하려면 노력을 많이 기울여야 한다.

지지	자子	축丑	인寅	묘卯	진辰	사巳	오午	미未	신申	유酉	술戌	해亥
지장간	임계	계신기	무병갑	갑을	을계무	무경병	병기정	정을기	무임경	경신	신정무	무갑임

인간관계의 원리 육친·십신

사주명리의 기초인 음양오행과 천간·지지는 자연에 두루 적용되는 이치다. 다만 인간에게는 좀 더 정교한 길이 있는데 바로 사주명리의 꽃으로 불리는 '육친·십신'이다.

육친六親의 '친'은 친족 관계에서 온 글자로 나·아버지·어머니·형제·배우자·자식(더 확장하면 할머니·할아버지·시어머니 등등), 이 여섯 개의 관계라는 뜻으로 나를 둘러싼 사람들과의 관계를 뜻한다.

육친이란, 인간이 우주고 자연이라 해도 인간만의 특성이 있으니 그 생태를 관찰하여 인간의 리듬으로 풀어주는 이치를 말한다. 육친이라는 말에서 사람은 사람을 필요로 하는 존재라는 사실을 알 수 있다. 육친은 타고난 관계뿐 아니라 삶을 살아가게 하는 욕망도 알려주는데 그럴 때 십신이라고 부른다. 정리하자면 육친은 관계를, 십신은 욕망을 의미한다.

딸 다섯 중 장녀인 나는 동생들과 똑같이 부모님의 사랑을 받았다고 생각했는데 그게 아니었다. 동생들 사주를 들여다보니, 부모님 문제가 아니라 각자 육친에 따라 부모와 맺는 관계가 달랐다.

사주 원국에 아버지를 나타내는 글자인 재성이 강하면 아버지와 인연이 깊다. 반대로 재성이 약하면 아버지와 끈이 약하다. 그렇다고 실망할 필요는 없다. 재성이 약하면 다른 오행 즉, 인성(어머니)이든 비겁(형제자매)이든 다른 관계가 깊을 테니 말이다. 같은 조건에서 자랐다고 해서 같은 영향을 받는 게 아니라 타고난 사주팔자대로 육친 관계를 맺는다.

이제 육친은 감을 잡았으니, 실제로 삶에 어떻게 작용하는지 알아보자. 자연은 봄 → 여름 → 환절기 → 가을 → 겨울의 단계를 거치며 순환한다. 사람도 이처럼 오행의 단계를 밟는데 더 나아가 그 위에 인간의 길인 육친이 겹쳐진다.

육친은 비겁 → 식상 → 재성 → 관성 → 인성의 과정을 밟으면서 순환한다. 육친은 일간(사주팔자 중 우측에서 세 번째 천간 글자)을 기준으로 시작하는데, 일간은 존재의 축이다. 비겁은 일간과 같은 오행으로 '주체적인 힘'과 관계가 있다. 일간이 갑목이라면 비겁은 '갑목·을목·인목·묘목'에 해당한다.

다음 단계는 식상으로 '활동을 시작하는 힘'이다. 갑목 일간의 식상에 해당하는 오행은 '화'로 '병화·정화·사화·오화'이다. 식상으로 활동을 시작하면 마무리 단계인 재성으로 간다. 재성은 결실, 능력, 재물을 뜻하며 식상 활동을 '끝까지 밀고 나가 펼치는 힘'으로 노력 여하에 따라 얻기도 하고 잃기도 하는 중요한 영역이다. 갑목 일간의 재성에 해당하는 오행은 '토'인데 '무토·기토·진토·술토·축토·미토'이다.

일로 성과를 얻고 나면 사람을 만나는 장으로 관심을 돌리게 된다. 관성은 '사람과 관계 맺는 힘'으로 조직이나 네트워크이다. 갑목 일간의 관성에 해당하는 오행은 '금'으로 '경금·신금辛金·신금申金·유금'이다.

관계를 맺은 다음에는 인성으로 가야 한다. 인성은 '나(비겁)'로 출발해서 비겁·식상·재성·관성의 단계를 거치는 동안 인생에서 중요한 순간을 놓치거나 혹여 잘못된 길로 들어선 적은 없었는지 '성찰하는 힘'으로, 일간인 자신을 새롭게 한다. 이쯤에서 궁금할 것이다. 지금까지 배운 음양오행과 천간·지지는 육친과 어떻게 연결되는 건지.

앞서 '나의 사주 보기(68~69쪽)'에서 그린 오행 동그라미 위에 육친을 겹쳐보자. 이때 기준은 일간과 비겁을 일치시키는 일이다. 내 경우 일간이 정화이므로 화 오행을 기준 삼아 그것 위에 비겁(화) → 식상(토) → 재성(금) → 관성(수) → 인성(목)의 단계로 한 바퀴 돌리면 된다. 즉 오행 점수 분포는 육친의 점수 분포가 된다.

누구는 식상이 발달하고 누구는 관성이 발달하고… 타고난 육친·십신이 다르면 욕망도 다르다. 가령 식상이 발달하고 관성이 약하면 표현하고 싶은 마음이 크다. 자연히 타고난 쪽으로 치우치게 마련이니, 식상이 발달한 사람의 경우 표현력은 높지만 관계 맺고 책임지는 능력은 낮은 편이다. 상대방 처지에서 생각하지 못할 뿐 아니라 조금만 힘들어도 갈등 상황을 외면해 버린다. 육친 하나에 머무는 것은 한 계절에 갇힌 것과 같다. 아무리 표현력(식상)이 뛰어나도 비겁, 재성, 관성, 인성으로 흐르지 않으면 삶은 순환하지 않는다.

꽃이 예쁘다고 마냥 그대로 있길 바라면 열매는 언제 거두나. 꽃이 져야 열매를 맺는다. 그게 자연의 순리다. 나무가 뿌리내린 자리에서 오롯이 한 철을 살아내듯, 사람 또한 어느 한 단계도 섣불리 건너뛰지 않고 자기에게 주어진 길을 차근차근 밟아야 한다.

삶은 타인을 이해하는 동시에 육친 하나하나를 이해하는 과정이다. 자기중심(비겁)이 확립된 상태에서 표현하고(식상) 끝까지 마무리하고(재

육친분포도

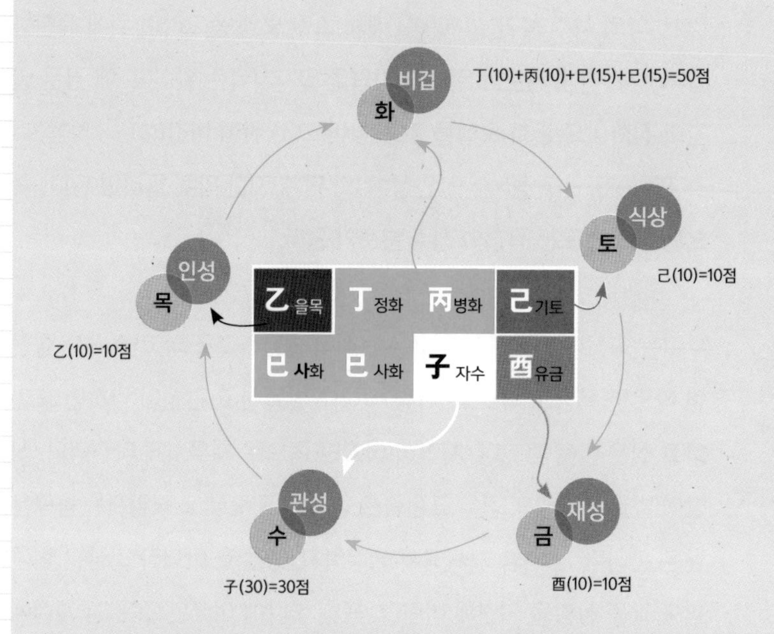

육친 점수는 자기가 맺는 관계의 리듬을 한눈에 보여준다.
보통 30~40점이면 적절하고 50점 이상이면 강하고
10~20점이면 약하지만, 전체 흐름을 염두에 두어야 한다.
내 경우 비겁 50점·식상 10점·재성 10점·관성 30점·인성 10점으로
비겁 욕망이 강하고 관성은 적절한데 식신·재성·인성은 약한 편이다.
이것이 내가 타고난 욕망의 배치이다.

성) 사람들과 관계 맺고(관성) 성찰하면(인성) 다시 자기 중심(비겁)을 잡을 수 있다. 모든 과정을 통과하는 자체가 삶이다. 육친을 하나하나 찬찬히 밟는 과정이 '지금 여기'를 사는 것이며 매 순간 나를 창조하는 과정이기도 하다. 이제 육친을 하나씩 탐구해보자.

❶ 비겁(비견+겁재): 나를 지키고 친구를 만드는 힘

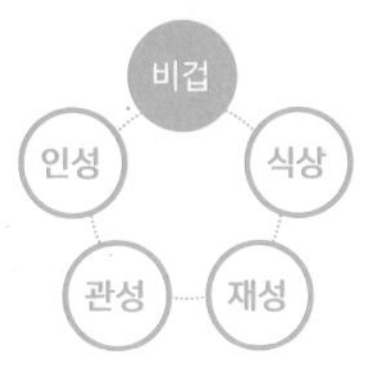

우리는 세상을 객관적인 시선으로 본다고 믿지만, 사실 자기만의 렌즈에 갇혀 같은 사건도 각자 다르게 해석한다. 사업을 해도 결과만 얻으려는 사람이 있는가 하면 고객을 친구로 만드는 사람이 있다. 매사 자신감 없는 이가 있는가 하면 노력하면 뭐든 가능하다는 이도 있다. 모든 이를 친구로 여기고 늘 자신감이 충만한 이, 이런 사람을 비겁 성향이 강하다고 한다.

비겁은 일간과 오행이 같은 글자이다. 나를 바로 세우고 지키는 힘으로 독립심이자 주체성을 뜻하며, 나와 수평적 관계 즉 형제자매·친구·동료에 해당한다. 특히 친구나 동료도 자신의 연장으로 생각하므로 그들을 통해 다양한 삶을 간접 경험으로 받아들인다.

비겁은 존재감을 드러내고 싶은 욕망이라 관심과 칭찬에 민감한 한편, 간섭과 비교는 극도로 싫어한다. 무엇보다 기준이 확실하고 추진력과 결단력이 좋아 자영업이나 프리랜서 등 자기 주도적인 일을 선호한다.

비겁은 무의식적으로 자기에게 명령한다. 자신을 지켜야 해! 소중한 자신을 지키느라 변화의 흐름을 놓치면 이것이 고집이 된다. 자기 고집을 내세우는 게 무슨 큰일이냐고 생각할 수 있지만 결과는 참혹하다.

세상도 친구도 자연도 모두 변하는데 나만 정체되면 불통은 물론이고 활동할 수 있는 현장도 막혀버린다(비겁이 재성을 극하는 원리). 고집이 불러온 불통은 비겁이 다음 단계로 넘어가는 통로를 막아 식상과 재성 등으로 흐르지 않고 정체된 상태다.
계절은 이미 여름(식상)을 지나 환절기(재성)인데 계속 봄(비겁)을 고집하면 봄(비겁)과 환절기(재성)가 충돌한다. 비겁의 고집은 대부분 자의식이 발동해 생기므로 자의식을 버려야 순환하는 흐름을 탈 수 있다.
비겁이 강한 사람은 독신인 경우가 많은데 존재감을 드러내기 좋아하고 주변에 늘 사람이 많기 때문에 외로움도 별로 타지 않는다. 형제자매가 많은 집에 태어나거나 주변에 사람이 따른다.
비겁은 사람을 불러들이지만 경쟁과 나눔 사이에 있다. 또 존재의 축인 일간과 같은 오행이어서 자기 힘이라 여긴 존재가 어느 순간 경쟁자로 돌변하기도 한다. 친구와 적을 구분하는 것은 자기 마음이다. 비겁을 잘 쓰고 싶다면 열린 마음을 유지하자.

비겁은 비견과 겁재로 나누어진다. 일간과 오행이 같고 음양도 같으면 비견이고 다르면 겁재다. 비견은 어깨를 견준다는 뜻으로 일간과 음양이 같기 때문에 나와 여러모로 비슷한 분야나 어느 정도 통하는 사람을 만난다. 그래서 크게 스트레스는 없지만 다른 분야 사람들과는 접할 기회가 적어서 편협해질 수 있다. 가령 남자 형제만 있다면 여자들의 사정은 잘 모르거나, 같은 성향을 지닌 사람들하고만 어울리는 것과 같다.
하지만 겁재는 음양이 달라서 나와 전혀 다른 사람들과도 인연을 맺는다. 이름부터 예사롭지 않다. 겁劫은 '빼앗다'이고 재財는'재물'로 재물을 뺏는다는 뜻이다. 심지어 아버지와 갈등도 겪고 남성의 경우 부인을 힘들게 하는 흉한 기운으로 정평이 나 있다.

'군겁쟁재群劫爭財'라는 말이 있는데, 겁재 무리가 재물을 두고 싸운다는 뜻이다. 파이 하나를 두고 무리가 달려드는 상황. 비겁이 많으면 독식할 수 없으니 처복이 없다거나 동업하지 말라는 경고장이 따라붙는다. 이런 팔자를 타고나면 늘 뺏길까 봐 전전긍긍 두려움에 떨어야 할까?

내 경우를 보자. 일간은 정화, 나와 같은 오행인 비겁은 병화와 사화 두 개로 겁재가 세 개나 된다. 그런데도 잘 살고 있다. 어린 시절 겪은 비겁에 관한 기억이 떠오른다. 다섯 자매 중 장녀인 나는 오빠나 언니가 없어 아쉬웠지만 혜택이 많았다. 혼자 방과 새 학용품을 썼는데 동생 넷이 수시로 내 방에 와서 이것저것 만졌다. 물건이 없어지고 엉망이 되자 스트레스가 엄청났는데, 어느 날 '아, 이건 내 것이 아니구나.' 하고 깨달았다.

그러자 동생들이 물건을 마구 만져도 마음이 불편하지 않았다. 얼마나 시달렸으면 그런 생각을 했나 싶기도 한데, 한편으로는 독식하고 싶은 욕망이 얼마나 컸으면 그토록 신경을 썼나 싶다. 어릴 때 네 명의 군겁쟁재를 겪은 셈인데, 맞다. 겁재는 독식할 수 없다. 대신 늘 나의 지원군이 있다는 걸 생각하자.

겁재를 흉하게 보는 이유는 이질적인 기운이라 다루는 법을 몰라서다. 그래서 겁재와 관계를 맺으려면 나와 다른 상대를 충분히 이해해야 한다. 포용하는 마음이 커지면 경쟁자는 얼마든지 친구가 된다. 이렇게만 되면 겁재라는 흉한 이름 대신 '누구도 사귈 수 있는 존재'로 개명도 가능할 것이다.

좋은 계절과 나쁜 계절이 따로 없듯이 육친도 좋고 나쁨이 따로 있지

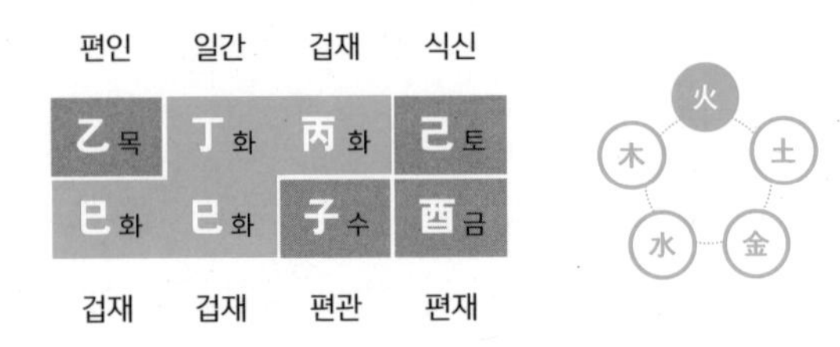

않으니 잘 사용하는 법을 터득해야 한다. 타고난 팔자의 활용은 전적으로 자신에게 달려있다.

사주에서 비겁이 약한데 비겁 운이 들어오면 어떨까? 없던 자신감이 생기고 친구들이 생긴다. 원래 비겁이 많다면 주변 사람들과 자연스럽게 어울린다. 혼자였다면 늘 독차지했기 때문에 나누는 법을 잘 모른다. 비겁 운이 와서 친구가 생긴 건 좋은데 공유하기 싫으니 오히려 마음을 닫을 수 있다.

원국에 비겁이 약한데 운으로 들어오면 마음을 열어야 한다. 친구를 만들고 관계 안에서 나를 새롭게 할 수 있는 최고의 기회로 삼아야 한다.

연구실에 비겁은 많은데 외동아들로 태어난 H가 있다. H는 사주를 배우고 나서 자기는 형제자매가 없는데 잘못된 게 아니냐고 질문했다. 웬걸? 얼마 지나지 않아 세대를 불문하고 연구실 학인들을 모조리 비겁으로 만들어 버렸다.

사실 남녀 관계는 담백하기 어려운데 특히 자매들과의 친화력이 탁월했다. 이게 바로 비겁의 힘! 현재 그는 연구실 내 막강한 인맥으로 베이징에서 서울과 중국을 잇는 감이당 매니저로 맹활약하고 있다.

❷ 식상(식신+상관): 활동을 시작하는 힘

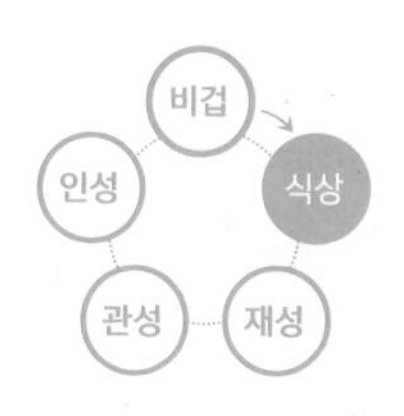

어떤 사람은 새로운 일을 뚝딱 시작하고, 말은 어찌나 잘하는지 신기할 정도다. 노는 데 선수이며 자다가도 먹을 복이 따른다. 이렇게 시작이 좋은 사람을 육친에서는 식상 성향이 강하다고 말한다.

식상은 식신과 상관을 합친 말로 일간(나)이 생하는 오행이다. 여자에게는 자식이고 남자에게는 장모에 해당하며, 표현력·변화의 시작·의식주를 의미한다.

식상은 활동의 시작이다. 활동하려면 소통을 해야 하는데 그러기 위해서는 나를 표현해야 한다. 의식주가 식상에 해당하는데 그것이 준비되어야 마음 놓고 활동할 수 있어서다.

여자에게 자식이 식상인 이유는 출산을 활동의 시작으로 보았기 때문이다. 사주에 식상이 있는 사람은 호기심이 많고 표현할 때 즐거움을 느낀다. 딱히 누가 시키지 않아도 자기 느낌과 생각을 잘 전달하기 위해 연구한다. 연구라고 해서 인성과 혼동하면 안 된다. 인성은 지식과 정보를 수용하는 기운이고, 식상은 받아들인 정보를 응용해 표현하려는 욕구이다.

식상은 머리로 생각하기보다는 손과 발을 움직이는 활동력이라 소화력이 좋고 낙천적이며 건강하다. 언어를 잘 구사하는 사람을 보면 머리만 쓰지 않는다. 입으로 읽고 또 읽고 잘 못해도 직접 부딪히면서 몸으로 체득한다. 언어 감각은 저절로 생기는 게 아니다. 말하기 자체를 즐기기 때문에 언어의 달인이 되는 거다.

식상의 '식'은 '밥 식食' 자이다. 의식주 중에서 식은 생명을 유지하는 기본 욕구이지만, 예전에는 굶어 죽는 일이 다반사였다. 그래서 사주에 식상 하나만 있어도 최고로 여겨 평생 먹을 복을 타고났다고 보았다.

내 경우 식상은 기토 식신으로 하나다. 연월일시는 인생의 흐름에 해당하는데 기토 식신이 있는 연주는 초년 운에 해당한다. 그래서일까. 어릴 때 나는 식신 기질로 인해 미술과 음악 등 다방면에 재능을 보였다. 그러나 잠시 빛을 발하던 식상은 멈추었다가 20~30대 대운에서 식상 운이 들어왔을 때 다시 꿈틀거렸다.

그러다 대운 시기가 끝나자 창작 욕구는 거짓말같이 사그라들었다. 지금은 기억조차 가물가물하다. 계절도 그렇지 않은가. 가을이 봄을 기억하지 않듯 나도 다른 시공간으로 이동한 느낌이다.

식상이 자리 잡고 있으면 시작도 잘하지만 '하고 싶다'는 생각만 해도 길이 확확 열린다. 길이 수월하게 열리니 일단 시작하지만 그만두기도 잘한다. 식상 남녀들은 나에게 쉽게 열리는 길이 남들에겐 무척 어렵단 걸 알아야 한다.

식상은 낯선 환경에 적응력도 좋고 처음 만난 사람과도 스스럼없이 어울린다. 잘 놀고 잘 먹고 적응도 잘하지만 딱 여기까지다. 일(재성)로 엮이거나 책임(관성)지는 관계가 되면 피하고 싶어 한다. 관계가 깊어지면 피곤하다고 느끼기 때문이다. 식상은 먹고 수다 떠는 관계, 마음껏 나를 표현하는 관계 이상 추구하지 않는다. 그런 면에서 서로 부딪칠 일 없고 하고 싶은 이야기만 나누는 페이스북 등의 SNS야말로 식상이 좋아할만한 환경이다.
사주에 식상이 과다한 이와 이야기를 나눠 보니, 어렵게 입사했는데 자기 부서가 없어지거나 회사가 망하거나, 처음에는 사내 분위기 메이커였는데 어느새 동료들이 슬금슬금 피하는 등 사회 생활에 어려움을 겪는 이가 많았다.
욕망이 조직보다는 표현에 있기 때문에 적응하기 쉽지 않아 조직과 인연이 약하다. '저 사람은 어떻게 생각할까', '이 말이 회사에 받아들여질까.' 이런 관계에 대한 고려보다 자기 생각을 먼저 표현하는 게 더 중요하다.
그러니 말을 잘하고 시작도 잘하지만 구설수도 따른다. 말로 흥하고 말로 망하는 격이다. 식상의 표현 욕망이 지나치면 자꾸만 아는 척하고 싶어진다. 의도적인 거짓말은 아니지만, 지식 전달보다 표현을 즐기기 때문에 자신도 모르게 말이 막 나간다. 식상은 비겁이 낳은 욕망으로 생산 의지가 강하다.
여자에게 자식이 식상인 것도 출산의 의미를 담고 있어서다. 이런 생산 욕망은 성욕과도 연결되는데, 사주에 식상이 있으면 없는 사람보다 성욕이 강하다. 성욕은 생산하고 싶은 욕망으로 창조의 다른 이름이다. 자기 안의 식상 기운을 잘 탐구해서 창조하는 힘으로 써야 한다.

이상히도 생기었네. 맹랑히도 생기었네. 벼슬아치 행차할 때 길을 트는 사람인가. 쌍으로 된 주머니를 딸랑딸랑 걸어 찼네. 오군영의 죄인 잡는 군졸인가. 둥근 갓을 붉게 쓰고, 냇물가의 방아인지 떨구덩 떨구덩 끄덕인다. 송아지 말뚝인지 털 고삐를 둘렀구나. 감기에 걸렸는지 맑은 코는 무엇이냐. 성격도 고약해서 화나면 눈물 찔찔. 어린 아이 병 걸렸나 적은 어찌 게웠으며, 제사에 쓴 숭어인지 꼬챙이 구멍 뚫렸구나. 뒷절 큰방 노승인지 민대가리 둥글둥글 예절바른 사내아이 꼬박꼬박 절을 하네. 고추 찧던 절굿댄지 검붉기 그지없다. 칠팔월 알밤인지 두쪽 한데 붙어 있다. 물방아, 절굿대, 쇠고삐, 걸랑 주머니 세간 걱정할 것 없네.

『낭송 변강쇠가』, 「기물가와 사랑가로 농탕치며 노는구나」, 36쪽

판소리 「변강쇠가」를 처음 읽을 때 충격을 받았다. 대놓고 성기 타령을 하는 화끈함과 대담함. 그렇게 대놓고 음담패설하는데도 내가 상상했던 야릇한 감정과 죄책감이 들지 않았다. 오히려 신명났다.

연구실에서 고전을 두루 공부하면서 그동안 얼마나 성에 무지했나 깨달았다. 잘 모르면서 알려고 하지 않았고 막연히 성은 더럽고 추악하다는 통념에 빠져 있었다. 성 하면 포르노나 드라마를 통해 주입된 이미지가 먼저 떠올랐다. '순결 대 불결' 구도는 성을 왜곡하는 이분법일 뿐 올바른 이해는 아니었다.

「변강쇠가」에 나오는 성은 은밀한 사생활이 아니다. 아이 낳고 생활하고 삶을 나아가게 하는 힘일 뿐. 그러니 열린 공간에서 자연스럽게 떠들어 대도 부끄럽기는 커녕 흥이 올랐을 것이다.

성에 대한 전혀 다른 인식을 접하면서 우리 시대의 성을 생각했다. 변강쇠처럼 일상에서 성이 자연스럽게 흘러 다녀야 하지 않을까. 상담해보면 섹스리스 부부뿐 아니라 성으로 고민하는 사람들이 참 많은데도 정작 터놓고 말하지 못한다.

식상은 자식을 낳는 힘이자 나를 표현하고 창조하는 힘이다. 그렇다면 성을 자유롭고 편하게 말할 수 있어야 인간의 원초적인 욕망이자 생산력인 성을 온전히 이해할 수 있지 않을까? 그래야 성을 쾌락의 감옥에

서 탈출시켜 존재를 바꾸는 힘으로 사용할 수 있다.

식상은 식신과 상관이 합쳐진 이름이다. 이름부터 참 별나다. 상관이란 상할 상傷자를 써서 '조직을 상하게 한다'는 뜻이다. 얼마나 표현이 격하면 조직을 상하게 한다는 별명이 붙었겠나. 말 한마디에 천 냥 빚도 갚지만 관계를 베어낼 만큼 말의 위력은 어마어마하다.

상관은 왜 표현 방식이 그렇게 과격할까? 상관은 일간(나)과 음양이 달라 중간 과정을 거쳐야 한다. 이 과정을 통해 자기만의 방식으로 상대와 소통한다. 이런 음양의 변환 과정을 거치기 때문에 식신에 비해 비판적이고 구속과 간섭을 싫어하는 성향이 도드라진다. 그러다 보니 때론 부자연스럽고 과장된 말투나 태도로 자극적인 표현을 하는데, 상대에게 영향을 미치고 싶은 욕망이 강해서 그렇다.

반면 식신은 일간(나)과 음양이 같기 때문에 변환 과정 없이 말하고자 하는 내용을 자연스럽게 표현한다. 남이 알아주든 말든 관심이 별로 없다. 자기가 좋으면 그만이므로 자족적이지만 한편 외골수가 될 수 있으니 주의해야 한다.

식상이 약한데 식상 운이 들어오면 창작욕이 솟구치거나, 난데없이 외국어를 배우고 싶어지거나 평소 조용하던 사람의 말문이 트이기도 한다. 또 평소 생각만 하던 일을 실천에 옮기는 등 적극성을 띠게 된다. 하지만 적절한 활동을 찾지 못하면 식욕이 왕성해져서 먹방과 맛집을 전전하며 식상 운을 소진한다. 그러다 종내에는 소화 기관에 무리가 올 수 있으니 순환하는 식상이 되게끔 첫 단추를 잘 끼워야 한다.

❸ 재성(정재+편재): 재물을 일구는 힘

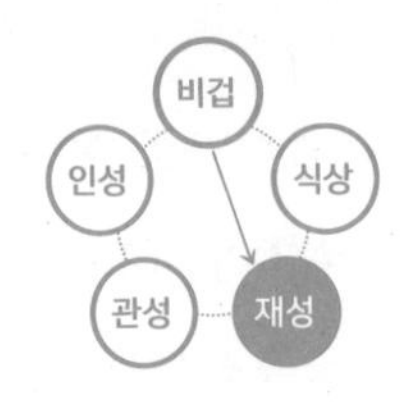

어떤 사람은 일을 참 잘한다. 일을 잘하니 이곳저곳에서 필요로 한다. 능력을 발휘하고 그에 맞는 보상을 받으니 주머니가 두둑할 수밖에. 이런 능력이 탁월한 사람을 육친에서는 재성이 강하다고 말한다.

재성은 일간(나)이 극하는 오행으로 일의 마무리·결과·재물을 의미하는데, 식상을 더 밀고 나가 결과를 내는 활동이다. 시작한 활동을 결과로 얻으려면 노력을 해야 한다. 재성은 육친 중 아버지에 해당하는데, '아버지'라는 이미지는 가족을 부양하기 위해 경제적 토대를 마련하는 사람이다. 그 덕에 필요한 재물을 얻으니 재성으로 본다.

재성은 식상 다음에 오는 기운으로 일간에서 멀리 떨어져 있어 잘 쓰려면 많은 힘을 들여야 한다. 그래서 사주에 재성이 있는 사람은 원하는 결실을 위해 열심히 분석하고 계산한다.

사주에 재성이 있으면 재물을 보는 감각이 남다른데 공부 머리와는 다른 일머리가 있다. 공부는 정보를 수용하는 힘이지만 재성은 재물과 결과를 내는 일에 두뇌 회전이 빠르다. 같은 일을 해도 비겁이 존재를 드러내는 욕망이라면, 식상은 시작하고 싶은 욕망이고 재성은 결과를 내고 싶은 욕망이다. 식상은 호기심으로 저지르지만 재성은 늘 결과를 고려하므로 대상을 분석하고 치밀하게 계산한다. 그런 점이 성실성과 정확성으로 드러난다.

내 경우 재성은 연주 지지에 있는 유금 편재로 하나다. 앞서 언급했듯 연주는 흐름상 초년에 해당하는데, 그때 아버지는 어린 나를 많이 돌봐주었다. 부모님이 맞벌이여서 여섯 살부터 나는 직장이 먼 어머니 대신 출근 시간이 비교적 여유 있던 아버지 손을 잡고 유치원에 갔다. 12월생이라 여섯 살이라도 만 4세 정도에 유치원에 입성했으니 오죽 어리버리했을까. 그런 나를 위해 아버지는 유치원에서 배운 내용을 일일이 적어 와서 복습을 시켰다. 그밖에도 아버지는 여러모로 나를 챙겨주었고, 아버지의 경제적 지원 덕분에 음악과 예술 등 문화 전반 분야를 배우고 누릴 수 있었다.

이렇게 연주에 있는 재성은 어린 시절 아버지의 보살핌으로 작용하고 마감을 했다. 나는 원국에 재성이 약하므로 그때 아버지가 보여주었던 재성의 기운을 열심히 연마해서 내 힘으로 변환해야 했다.

나와 달리 재성이 많은 둘째 동생과 막냇동생은 아버지와의 관계가 사뭇 달랐다. 똑 부러지고 뭐든 잘하는 동생에게 아버지의 기대가 컸다. 그만큼 동생은 아버지의 지원도 받았지만 갈등도 심했다. 막냇동생에 대한 남다른 기억이 있다. 어릴 때 심부름으로 함께 가게에 물건을 사러갔는데 대충 눈에 띄는 걸 고른 나와 달리, 그램 수까지 일일이 확인하는 동생의 모습을 보고 무척 놀랐다.

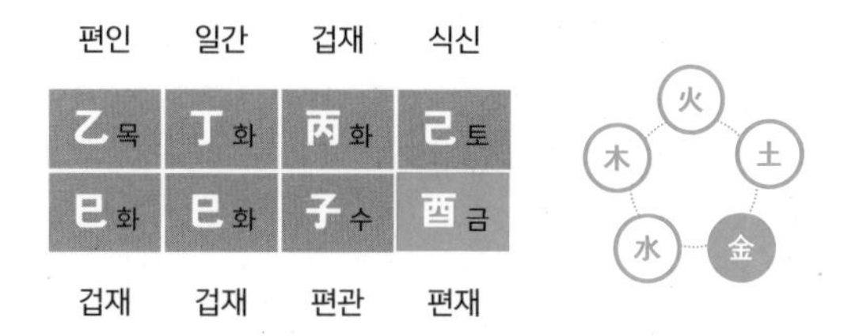

재성은 결과와 마무리를 목표로 하기 때문에 성실하다. 무엇이든 열심히 하는 재성의 성향은 관계에서도 드러난다. 재성이 발달한 지인 S는 친구를 사귈 때마다 상대방에게 일방적으로 선물을 챙겨주었다. 그러곤 관계가 깨지면 본인이 얼마나 잘해줬는데 이럴 수 있냐며 억울해했다. 물질 공세는 상황에 맞지 않게 능력을 과시하여 재성을 사용한 예이다. 마음은 주고받는 것이지 능력을 발휘한다고 얻어지는 게 아니다.(관계 문제는 다음에 나올 관성에서 더 생각해 보자.)

남자에게 재성은 부인 또는 애인에 해당한다. 재성의 원리로 보면, 남자가 여자를 만나려면 애를 써야 한다. 시작했으면 마무리를 해야 하듯 말이다. 여자와 인연이 없는 사람을 관찰해 보면, 썸을 타거나 시작은 잘하는데 그다음 노력을 하지 않는 경우가 대부분이다. 친구나 취미 생활 등 다른 데 관심이 많아서인지 이성에겐 무심한 편이다. 반면 재성이 많은 남자는 꼭 여자친구가 아니더라도 여자와 인연이 많다. 그들은 타고난 재성 기운을 발휘하므로 여자들이 뭘 원하는지 잘 알 뿐 아니라 상대의 마음을 얻기 위해 최선을 다한다.

재성은 정재와 편재로 나누어진다. 정재는 일간과 오행의 음양이 다르고 편재는 일간과 오행의 음양이 같다. 정재는 음과 양이 달라서 접속하기 위한 중간 과정을 중시한다. 이러한 특성 탓에 정재는 일을 벌일 때 꼼꼼히 따지고 통제 가능한 범위를 정해서 일한다. 이렇게 예측 가능한 범위 내에서 움직이기 때문에 안정감이 있지만 답답한 면도 있다. 월급이 전형적인 정재이다. 월급 때문에 회사 다닌다는 사람이 얼마나 많나. 과거의 명리 해석에서 본처를 정재로 풀이한 것도 살림을 꼼꼼하게 챙겨서이다.

편재는 일간과 음양이 같기 때문에 중간 과정 없이 바로 결실을 얻는다. 그래서인지 편재가 있는 사람은 세상이 돈의 흐름으로 보인다고 한다. 돈의 흐름이 보인다는 것은 그만큼 결과에 대해 사유하고 분석했다는 의미다. 워렌 버핏은 "투자는 힘을 쓰는 일이 아니다. 남들보다 몇 배는 읽고 생각해야 한다."라고 했다. 흐름을 이해하지 못한 채 결과만 따라다니면 허황된 욕심으로 상황을 감당하지 못해 빚잔치에 허덕일 수 있다. 과거에는 편재를 첩으로 보았는데, 본처는 안정된 상태에서 내조하는 데 비해 애인은 등락이 있다고 본 것이다.

정재는 규칙적인 결과나 수입에 대한 욕망이지만 편재는 안정보다는 한 방에 결과를 내고 싶은 욕망이 강하다. 사업은 아무나 하나. 사주에 편재가 있어야 돈의 흐름을 보면서 판을 주무를 수 있다. 세상은 넓고 할 일은 많다던 한 기업가의 말이 바로 편재의 욕망이다.

'재성혼잡財星混雜'이란 말이 있다. 정재와 편재 모두 있다는 뜻인데 고정 재물과 유동 재물을 모두 원하는 욕망이다. 둘 다 잘 다루면 좋겠지만 두 마리 토끼를 잡으려다 한 마리도 제대로 못 잡을 수 있다. 그래서 명리 고전에서는 재성혼잡을 좋게 평가하지 않았다. 산만하게 일을 벌여서 책임지지 못할까 봐. 어쩌다 감당한다고 해도 마냥 좋은 것만은 아니다. 재물의 노예가 될 수 있다. 재성 다음 단계가 관성 즉 관계인데, 재성에 집착하면 관계 맺기에 힘을 쓰지 않는다. 돈은 모았지만 주변에 사람이 없다. 송나라 정치가이자 사상가인 소동파는 재물이란 사람을 위해 일구는 것이라 했다. 맞다. 재물은 사람을 위해 쓰이는 것이지 재물 그 자체가 목표가 될 수 없다.

연구실에는 우스갯소리로 '소장학파'라 불리는 이들이 있는데 책 읽기에는 소홀한데 남들이 좋은 책이라고 하면 일단 사 모으는 이들에게 하는 말이다. 재밌게도 이들의 사주를 보면 재성이 많다. 이들은 공부를 시작하면 처음부터 확 이해되기를 바란다. 이게 바로 결과부터 내고 싶은 재성의 욕망이다. 찬찬히 읽는 과정을 견디지 못하고, 책을 모으는 것을 위안으로 삼는다. 공부 의지가 있다고 바로 책에 박힌 글자가 술술 들어오진 않는다. 공부 근육이 생기려면 시간이 필요하다는 진리를 잊지 마시라.

재성이 발달하면 일을 잘하니 부러워할지도 모르겠다. 하지만 그들은 제때 쉬지 못한다. 잘하는 사람에게 일이 몰리는 건 당연지사. 자신도 스스로 유능함을 즐기므로 자칫 일 중독에 빠지기 쉽다. 그러다 아프거나 남이 알아주지 않으면 억울해한다. 현대 사회는 능력과 돈을 중시하는 재성의 시대이다. 이런 분위기에서 재성의 원리를 파악하지 못하면 몸이 상하는 줄도 모르고 재성의 노예가 된다.

'왜 돈을 벌어야 하지?'라는 재물에 대한 철학이 없으면 다다익선의 함정에 쉽게 빠진다. 재물을 일구느라 자기 몸을 돌보지 못하니 병이 들 수밖에. 주변을 잘 관찰해 보라. 능력 있고 돈도 많은데 몸과 마음이 아픈 사람들이 차고 넘친다.

양생이란 타고난 생명 에너지를 잘 보존하면서 효과적으로 사용하는 기술이다. 『동의보감』에서는 양생을 위해 멀리해야 할 비결을 말한다. "양생에는 다섯 가지의 어려움이 있다. 명예와 돈을 멀리하지 못하는 것이 첫째 어려움이며, 감정을 없애지 못하는 것이 둘째 어려움이며, 음악과 여색을 멀리하지 못하는 것이 셋째 어려움이며, 맛있는 음식을 절제하지 못하는 것이 넷째 어려움이며, 신이 허약하고 정이 흩어지는 것이 다섯째 어려움이다. 이 다섯 가지를 마음속에서 없앨 수 있다면 믿음이 날로 더해 가고 도와 덕이 날로 온전해지며, 선을 빌지 않아도 복이 있게 되고 장수를 바라지 않아도 저절로 오래 살게 되니, 이것이 양생의 요점이다."

여기서 첫째가 명예와 돈이다. 이렇게 삶의 윤리는 몸과 분리되지 않는다. 특히 재성은 자기 기운을 강하게 발산하는 활동이다. 필요 이상으로 돈 욕심을 내면 타고난 생명력이 소진되어 병으로 이어진다. 재성에 머물지 말고 순환하는 길을 고민해야 한다.

❹ 관성(편관+정관): 관계를 맺는 힘

비겁
인성
식상
관성
재성

어떤 사람은 조직 생활을 참 잘한다. 조직이 뭘 원하는지 척척 알고 그에 맞게 처신한다. 상사에게 깍듯하고 아랫사람을 부리는 수완도 뛰어나다. 이렇게 사회적 관계를 잘 맺는 사람을 육친에서는 관성이 강하다고 말한다.

관성은 일간을 극하는 오행으로 여자에게는 남자, 남자에게는 자식이고 조직·직장·리더십·명예·책임감·시련과 불편함을 의미한다. 관성은 재물을 일군 다음 관계로 확장하는 활동이다.

관계를 맺으려면 상대를 알기 위해 노력해야 한다. 관성은 여자에게 남편인데 남편은 사회적 관계를 맺는 사람이고, 그로 인해 여자는 사회적 관계가 생긴다고 보았다. 현대 사회는 여성의 사회 진출에 제한이 없으므로 관성을 남편으로 한정하지 않는다. 여성도 남편뿐 아니라 사회적 관계로 확장해서 해석해야 한다.

앞서 관성은 일간인 나를 극하는 기운이라고 했는데, 말하자면 나를 장악하려는 기운이다. 그러니 자기 마음대로 해서는 관계를 맺을 수 없다. 원국에 관성이 있는 사람은 늘 상대 입장에서 생각하고 환경에 맞게 잘 변화하며 불편과 시련을 잘 참는다.

또 관성이 강한 사람은 수평적 관계가 아닌 수직적 관계를 중시하고, 주어진 현실이나 조직·규범과 가치 등 외적인 척도를 내면화하여 조직이나 관계에서 인정받고 싶어 한다. 이런 성향은 리더십으로 이어지지만 자칫 잘못하면 지배욕으로 흐를 수 있으며, 책임감이 강한 만큼 상대에게도 그런 태도를 바란다. 이와 달리 식상과 재성은 관계를 감지하는 감각이 약하다. 식상은 창조하고 표현하면 충분하다 여기고, 재성은 열심히 일하면서 존재감을 드러낸다.

관성은 편관과 정관으로 나누어진다. 일간과 음양이 다르면 정관, 음양이 같으면 편관이라 한다. 내 경우 관성은 자수 편관으로 하나지만 월지에 있어서 점수가 30점이다. 점수로 보면 적당한 편이지만 50점인 비겁을 제어하기엔 약한 편이다. 관성은 비겁을 극하는 힘으로 비겁이 자기 힘을 믿고 멋대로 못하게 조절하므로 관성의 힘을 제대로 발휘하려면 비겁 기운(바로, 자신이다!)인 자기 주장을 내려놓아야 한다.

편인	일간	겁재	식신
乙목	丁화	丙화	己토
巳화	巳화	子수	酉금
겁재	겁재	편관	편재

火 木 土 水 金

정관은 음양이 다르기 때문에 자기 조절 과정을 거쳐 통제하는 힘이다. 통제력으로 조직을 관리하므로 리더로 일할 때 지위로 누르지 않고 합리적인 과정을 충분히 거쳐서 상대를 이해시킨다.

편관은 음양이 같기 때문에 자기 조절 과정을 거치지 않고 바로 통제한다. 조직을 관리할 때도 정관과 달리 강압적이고 강제적인 복종을 요구한다. 예전에는 문관을 정관으로, 무관을 편관으로 보았다. 문관은 언어로 상대를 설득하고 달래는 리더십을 발휘하지만 편관은 무기로 단번에 제압한다. 특히 편관은 강압적으로 칼을 들이대기 때문에 폭력적이고 위협적이다. 그러니 잘 사용해야 자신도 남도 다치지 않는다. 편관은 난세에, 정관은 안정적인 상황에서 리더십을 발휘한다.

여자한테 남자가 관성이라면 남자에게 관성은 자식이다. 아이를 낳으면 남자는 책임감이 생긴다. 관성이 약한 남자는 책임감도 약해 아이 낳기를 싫어한다. 책임지는 게 부담스럽기 때문이다. 반면 관성이 강한 남자는 사회에서 못 이룬 욕망을 자식에게 투사한다. 그래서 아버지가 자식 인생에 깊이 관여하여 자기 뜻대로 좌지우지하려 들면 무섭다. 영조와 사도의 관계가 그렇다. 영조는 관성이 매우 센 왕이다. 자신의 출생 콤플렉스를 사도가 풀어주기를 바랐다. 하지만 사도가 기대에 미치지 못하자 갈등이 고조되어 결국 가족 잔혹사로 막을 내렸다.

영조(1694~1776)는 1694년 숙종과 숙빈 최씨 사이에서 태어났다. 숙빈 최씨가 궁녀도 아닌 궁녀의 하녀였던 탓에 영조는 출신에 대한 열등감에 시달렸다. 하지만 강력한 리더십으로 당쟁을 가뿐히 정리한다.

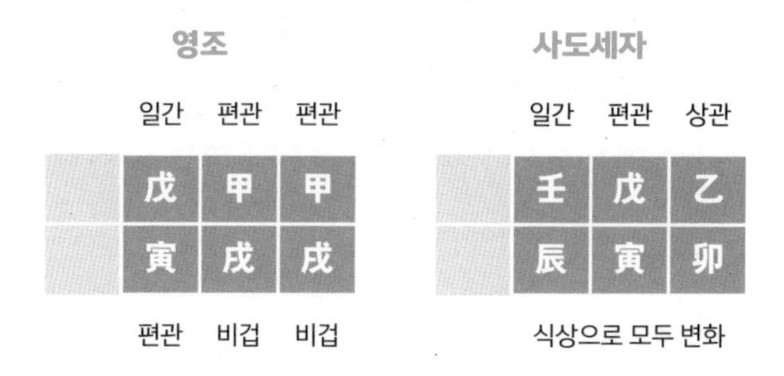

영조의 사주팔자를 보면 그의 기질이 그대로 드러나는데, 무토 일간으로 자신의 신념을 불도저처럼 밀고 나간다. 게다가 갑목이 두 개나 뻗어있다. 갑목은 무에서 유를 창조하는 기운과 성장의 의지를 담고 있다. 영조가 부모의 도움을 받지 않고서도 조직을 쥐락펴락하며 권력을 행사한 것은 갑목 편관의 힘이다. 영조는 정상적으로는 불가능했으나 타고난 관성 운으로 왕이 되어 리더십을 발휘하여 권위를 세워나갔다.

실제로 영조는 철저한 자기 관리로 장수(83세)했을 뿐만 아니라 왕위를 가장 오래 지킨 왕(재위 기간 53년)이다.
영조는 그 유명한 탕평책으로 당쟁을 정리하고 평정을 찾자 대업을 이을 아들 교육에 돌입했다. 관성 운이 센 만큼 아들에 대한 욕망 또한 강했다. 관성이 강한 영조는 왕이 제압하지 않으면 제압당할 수밖에 없는 정치 정글에서 살아남으려면, 제왕의 능력을 갖춘 세자가 필요하다 생각했을 것이다. 사도를 위한 교재를 직접 편찬할 정도로 열과 성을 다해 관리했으나 기대가 클수록 아들은 엇나가 부자 관계는 틀어졌다.
사도세자는 영조와는 전혀 다른 팔자를 타고났다. 태어난 시간을 모르니 시주를 빼고도 사주팔자 중 식상이 네 글자로 과다하다. 식상은 관성과는 완전히 대립하는 기운으로 틀에 매이길 극도로 싫어한다.
특히 식상 중에서도 관을 상한다는 뜻을 지닌 상관이 자리 잡고 있으니, 조직과는 먼 기운이다. 이렇게 식상을 타고난 세자가 제왕을 위한 스파르타식 교육을 견디기는 무척 힘들었을 것이다.
영조는 이런 아들에게 자신이 편집한 책을 읽게 하고, 서연 내용과 독서 내용까지 일일이 확인하며 자신이 힘겹게 이룬 권력의 후계자가 되길 요구했다. 아버지와는 기질이 달라 관성의 역량이 부족했던 사도는 영조에게 인정받길 원하는 마음은 컸지만, 몸이 따라주지 않았다.
사도세자의 원국을 보면 천간에 편관과 상관이 동시에 있어서, 제왕이 되고 싶은 욕망과 거기서 벗어나고 싶은 욕망 속에서 갈등하는 형국이다. 하지만 안타깝게도 몸의 리듬인 지지가 모두 식상이라 통제하기 어려웠을 것이다.
아버지를 향한 인정 욕망이 클수록 원한도 증폭된다. 결국, 아들은 아버지를 죽이려는 광기를 부리기에 이르고 목숨의 위협을 느낀 아버지는 아들을 죽이는 결단을 한다. 이것이 아버지 영조가 아들 사도를 죽일 수밖에 없는 사건 임오화변(壬午禍變, 1762년 7월 4일)이 일어난 이유이다.

관성이 많은 아버지 영조가 식상 많은 아들 사도를 이해할 수 있었을까? 요즘도 그리 다르지 않다. 미디어에서 끔찍한 가족 잔혹사가 등장하면 영조와 사도세자가 생각난다. 헬리콥터 부모의 관리를 철저히 받고 자란 자식, 그들이 바라는 자식이 된다 한들 과연 행복할까? 자식의 행복이라는 명분으로 부모의 욕망을 채우려는 몸부림은 아닌지 돌아볼 일이다.

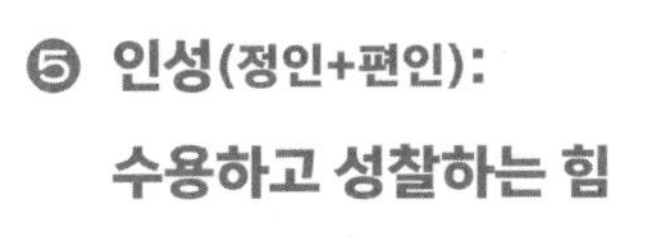

⑤ 인성(정인+편인): 수용하고 성찰하는 힘

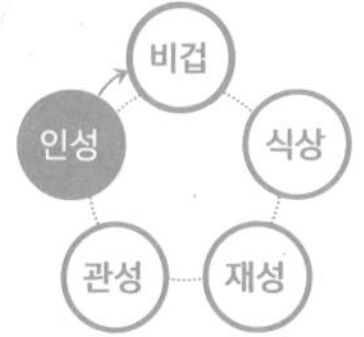

어떤 사람은 공부도 잘하고 어른 말씀도 잘 듣는다. 먼저 말하기보다는 남의 말을 경청하길 좋아한다. 어쩌다 대화를 하면 속이 깊어서 몇 마디 안 해도 존재감을 드러낸다. 이렇게 타인의 말을 잘 수용하고 성찰력이 좋은 사람을 육친에서는 인성이 강하다고 말한다.

인성은 일간(나)을 생하는 오행으로, 어머니 등 나를 도와주는 존재를 나타내며 공부·문서·부동산을 의미한다. 어머니는 나를 낳고 조건 없이 돌봐주는 사람이다. 사주에 인성이 있으면 사람을 잘 따른다. 그러니 주변에 도우려는 사람이 많고 귀염을 받는다.

인성은 관계 맺는 능력을 더 밀고 나가 수용하는 힘이다. 그 수용력으로 일간인 비겁을 생하고 인내심으로 이어진다. 받아들이는 힘이 강하니 거부당하는 상황을 힘들어하는데 약간의 거부 의사도 강하게 받아들이는 경향이 있다.

수용력을 잘못 쓰면 '난 이런 것도 알아' 하는 우월감에 빠지기도 하고 현실을 직시하지 않고 망상의 바다에 머물기도 한다. 그러므로 반드시 인성은 다른 사람과의 관계(관성) 안에서 자기 한계를 넘기 위해 애써야 한다. 그래야 자기가 받아들인 지식을 지혜로 쓸 수 있다. 관계를 통해 통찰하는 힘, 이것이 인성이다.

내 경우 사주 원국에는 인성 하나에 점수도 높지 않지만, 2006년 대운 시기에 인성이 들어와 공부와 인연을 맺게 되었다. 인성은 일을 벌이는 시기가 아니라 충전기다. 나를 성찰하여 새롭게 거듭나는 작업이 인성에서 일어난다. 당시 나는 직장 생활로 소진된 상태라 뭔가 다른 시선이 절실했는데 다행히 연구실(관성)을 만나 공부하면서 충전할 수 있었다.

연월일시 중 시주는 말년 운에 해당하는데 내 시주에 공부 운이 있다. 뒤늦게 만난 공부를 평생 할 결심을 한 것도 사주팔자에 이미 예견되어 있었다고나 할까. 그렇다고 숙명론은 아니다. 인성 운이 정해져 있다 한들 삶에서 운용하는 용법은 전적으로 자신에게 달렸다. 망상의 바다에서 허우적거릴 것인가, 관계 속에서 성찰하는 삶을 살 것인가.

식상이 몸을 움직이는 활동이라면 인성은 정보를 모으고 생각하는 과정이다. 사주에 식상이 강하고 인성이 약하면 생각 없이 일을 벌인다. 반면 인성이 강하고 식상이 약하면 생각만 한다. 위험 요소를 줄이기 위해 시뮬레이션만 하다 시도도 못하고 시간만 보낸다. 그래서 인성의 늪에 빠지면 게을러진다. 현장에서 부딪히지 않기 때문에 생각만 하고 다른 이에게 의존하려고만 한다.

선배 중에 박사 논문을 쓰다가 끝내지 못한 이가 있다. 워낙 공부를 좋아하고 아는 게 많은 분이라 왜 중단했는지 이해가 안 됐는데 알고 보니 인성이 많았다. 논문을 쓰면 연관된 공부거리가 생기고 계속 거기에 몰입하다 보니 정작 논문은 멀어지고 본인도 어디서 출발했는지 잊고 말았다. 배우면(인성) 자기 것으로 소화해(비겁) 글을 써서(식상) 마무리하고(재성) 세상 사람들에게 자기 뜻을 펼쳐야(관성) 순환할 수 있다. 배움 그 자체에 머무는 것은 도피처가 될 수 있다.

인성은 정인과 편인으로 나뉜다. 일간과 음양이 다른 정인은 지식을 수용할 때 논리적인 과정을 거쳐 받아들인다. 음식으로 치면 날로 먹기보다 조리해서 먹는 것처럼 안전을 지향하기 때문에 사회적으로 인정된 것만을 받아들이는 경향이 있다.

반면에 일간과 음양이 같은 편인은 음식을 생으로 먹는 것과 같다. 논리적 방식이 아닌 직관을 사용하므로 빨리 수용하는 장점은 있지만, 추론 과정이 부족해서 나쁜 것도 여과 없이 수용하는 경향이 있다. 이처럼 편인은 직관에 의한 판단과 정보는 잘 수용하지만, 여과 과정을 거치지 않으므로 소화불량에 걸릴 우려도 있다. 급격한 변화가 필요할 때 편인의 직관력은 빛을 발한다. 시대의 변화를 몸으로 느끼고 필요한 것을 바로 흡수하기 때문이다. 하지만 사회가 안정된 시기에도 자신의 직관을 우선시하기 때문에 시대적 필요와 직관의 간극이 커지면 자기만의 세계에 빠지기 쉽다. 그러므로 편인은 논리적인 추론 과정을 밟는 훈련을 해야 한다. 보통 정인을 제도권 교육으로 보는데 사회가 인정한 절차를 거쳐 수용하기 때문이다. 편인은 지식을 받아들일 때 편식이 심하고, 직관으로 움직이기 때문에 감이 오지 않으면 아예 쳐다보지도 않는다. 고로 좋아하는 분야에서는 전문가가 될 수 있지만 그 외 분야는 아예 문외한일 가능성이 높다.
우리는 보통 자기 전공만 깊이 파야 한다고 생각하는데, 전공 분야에만 갇히면 편협해지기 십상이다. 공부도 자기 영토를 깨고 나와 다른 영역과 연결해야 도그마가 되지 않고 세상에서 순환하는 물질로 소통한다. 요즘 자기 영역에서 벗어나 다른 영역과 접속하려는 움직임이 활발해지면서 통섭이니 횡단이니 논의되는 것도 그 때문이다.
명리학에서는 보통 편인을 '도식'이라고 한다. 도식은 밥그릇을 뒤집는다는 뜻이다. 인성은 식상을 제어하는데(내 사주로는 목극토) 지나치면 밥그릇을 엎는 상황이 발생한다. 연구실에서도 이런 상황을 종종 목격하는데 한번은 사주에 인성이 강한 J가 카페 관리를 맡았을 때다. 그는 카페 관리도 제대로 안 하고 연구실에 나오는 시간도 지키지 않았다. 몇몇이 문제를 제기하자 그의 말인즉슨 자기는 카페 일로 잠도 못 잘 지경이라는 것이다. 미안해 하기는커녕 상황 인식조차 하지 못하는 그에게 더는 카페 관리를 맡길 수 없었다. 이것이 밥그릇을 뒤엎는다는 도식의 상황이다. 생각에 갇혀 활동이 막히는 것!
앞서 인성은 나를 생하는 것으로 육친에서 어머니라고 했다. 어머니는 자식을 사랑한다는 명목 하에 자기 품에서 놔주지 않는 경우가 많다. 구비 문학에 어머니에 관한 일화가 많은 것도, 어머니들의 자식을 향한 애착이 비단 오늘날의 문제만은 아니라는 사실을 방증한다.
『장화홍련전』은 인성의 무서움을 보여주는 이야기이다. 흔히들 아는 이야기지만 대부분 자세한 내막은 모른다. 엄마는 장화홍련을 집 밖에 나가지도 못하게 키웠다. 그런데 죽으면서 자기가 없어도 잘살라고 하지 않고, 자기가 없으면 어떻게 사냐며 한바탕 걱정을 쏟으며 죽었다. 엄마없이 아무것도 못하는 아이들을 만든 것이다. 결국 엄마가 죽자 아이들도 따라 죽었고 아무것도 할 수 없으니 오도 가도 못하는 귀신이 되었다.

전래동화 『콩쥐팥쥐』도 인성을 관점으로 접근하면 전혀 다른 이야기가 된다. 콩쥐가 사랑스러운 인물인 건 전적으로 계모 덕분이다. 계모가 돌보지 않았기 때문에 일찍 독립할 수 있었다. 게다가 결정적으로 일하러 나간 곳에서 지원군을 만났다 .

그런데 팥쥐는 어떤가? 엄마 치마폭에 싸여 바깥 세상을 경험하지 못했고, 제 것 챙기기에만 익숙해서 남과 나누는 법을 배우지 못했다. 우리는 금수저가 팥쥐고, 흙수저가 콩쥐라고 생각하는데, 운명의 세계에서 팥쥐는 인성에 찌들어 세상 밖을 나가지도 못한(식상을 사용하지 못한) 아이에 불과하다. 이런 상태로 어른이 되면 활동과 나눔에 둔한 신체로 퇴행한다. 인성을 잘 사용하려면 비겁 → 식상 → 재성 → 관성, 이런 순환의 과정을 충실하게 밟아야 한다. 오행의 과정을 제대로 거친 인성은 은 생명의 원천이자 토대를 스스로 찾고 그것을 통해 어떤 상황에서도 균형 잡는 법을 배우게 된다. 하지만 순환하지 않는 인성은 늪이다. 귀신이 된 장화홍련, 자기만 아는 팥쥐가 된다.

요즘 연구실에는 그림 동화 바람이 불고 있다. 구비문학의 대가 신동흔 선생이 그림 동화를 강의하러 오는데 열기가 뜨겁다. 그에 따르면 '소설의 시대는 가고 민담의 시대가 왔다'고 한다. 이유가 뭘까?

우주니 과학이니 인간이니 자연… 모든 게 이야기라는 것이다. 명리적으로도 딱 맞아 떨어진다. 그도 그럴 것이 명리도 자연의 이치를 삶의 리듬과 연결한 이야기다. 민담이 무의식을 관통하는 이야기라면 명리와 민담의 만남은 지극히 자연스럽다.

선생의 민담 강의 중에 반전이 있었다. 『콩쥐팥쥐』에서 보았듯이 민담에 등장하는 계모는 뒤집어 생각해 보면 대부분 친엄마라는 것이다. 아이러니하게도 자립하려면 팥쥐 엄마 같은 계모를 만나야 한다는 걸까. 최악의 엄마는 자식을 끼고도는 엄마다.

이 시대 모든 어머니들에게 말해주고 싶다. 제발 자식의 앞길을 막지 않는 어머니가 되라고. 자식을 잘 떠나보내고, 이제 생로병사의 삶을 잘 통과하기 위한 공부를 시작할 때라고.

<table>
<tr><th>구분</th><th colspan="2">종류</th><th>내용</th></tr>
<tr><td rowspan="2">비겁</td><td>비견比肩</td><td>나(일간)와 오행이 같고 음양이 같은 것</td><td rowspan="2">주체적인 힘, 자존심, 자신감,
내면의 확장, 고집
친구, 선후배, 동업자, 형제자매, 부하 직원</td></tr>
<tr><td>겁재劫財</td><td>나와 오행이 같고 음양이 다른 것</td></tr>
<tr><td rowspan="2">식상</td><td>식신食神</td><td>내(일간)가 생하고 음양이 같은 것</td><td rowspan="2">의식주, 언어, 시작, 변화, 계획, 표현, 예술
여자: 자식 / 남자: 처가 식구</td></tr>
<tr><td>상관傷官</td><td>내가 생하고 음양이 다른 것</td></tr>
<tr><td rowspan="2">재성</td><td>편재偏財</td><td>내(일간)가 극하고 음양이 같은 것</td><td rowspan="2">재물, 결과물, 마무리, 일(욕심)
여자: 아버지 / 남자: 여자, 아버지</td></tr>
<tr><td>정재正財</td><td>내가 극하고 음양이 다른 것</td></tr>
<tr><td rowspan="2">관성</td><td>편관偏官</td><td>나(일간)를 극하고 음양이 같은 것</td><td rowspan="2">사회적 관계, 명예, 직장, 조직, 시련,
불편함
여자: 남자 / 남자: 자식</td></tr>
<tr><td>정관正官</td><td>나를 극하고 음양이 다른 것</td></tr>
<tr><td rowspan="2">인성</td><td>편인偏印</td><td>나(일간)를 생하고 음양이 같은 것</td><td rowspan="2">공부, 문서 ,부동산, 도와주는 세력,
의존성, 예술(편인)
여자: 어머니 / 남자: 어머니</td></tr>
<tr><td>정인正印</td><td>나를 생하고 음양이 다른 것</td></tr>
</table>

운 출렁이는 기의 바다

우리는 운이 좋다거나 운이 나쁘다는 말을 곧잘 한다. 역술원에 가면 언제 운이 트이냐는 물음이 단골 메뉴이다. 여기서 우리가 원하는 것은 대박 운이다. 그런데 말이다. 대박 운이 터져 돈이 많아지면 정말 좋을까? 인기리에 방영된 드라마 <품위있는 그녀>를 쓴 백미경 작가는 한 인터뷰에서 이렇게 말했다.

"탈세가 탄로날까 봐 금고에 여러 군데 현금을 넣어서 돈이 썩는지도 모르는 경우도 있고요. 거의 모든 사람에게는 가정 말고 애인이 있으며, 또 그것을 숨기려고도 하지 않는다는 데서 심각한 도덕적 해이를 목격했어요. 불행하게도 제가 취재한 사람 중에는 돈을 제대로 쓰는, 아름다운 자본주의를 실천하는 사람은 사실 한 명도 없었어요. 천박한 자본주의의 표본이었죠."

작가는 강남 부자의 실상을 목격하고는, 탈세를 위해 돈을 몰래 숨기고 쾌락을 위해 애인이 필요한 부자들의 애환(?)을 폭로한다. 이런 실상을 있는 그대로 보기는 쉽지 않다. 우리 안에는 부자와 아닌 자에 대한 이분법이 작동하면서 이미 한쪽을 적대적인 감정으로 바라보기 때문이다. 만약 부자와 가난한 자라는 이분법에서 머물렀다면 <품위있는 그녀>도 한 편의 막장 드라마에 지나지 않았을 것이다. 작가는 이분법의 경계를 지우고 날것 그대로의 삶을 보았기에 부자들의 삶을 객관적으로 그릴 수 있었고, 자기만의 고유한 삶을 살아가는 캐릭터를 창조했다.

명리적으로 보면 부귀는 재성과 관성으로, 노력의 결과가 아니라 타고난 운명이다. 공자는 "부귀라는 것이 만약에 추구해서 구할 수 있는 것이라면 비록 채찍 잡이와 같은 천한 직업이라고 할지라도 나는 그것을 할 것이며, 만약에 구할 수 없는 것이라면 나는 내가 좋아하는 것을 좇아 행할 것이다."라고 했다. 공자는 평생 정규직을 원했지만 타고난 운명이 허락하지 않음을 알아채고는 자신의 운명을 받아들였다. 그러고는 각자 타고난 기질을 가진 제자들이 저마다의 기질을 발휘하는 삶을 살게 하는 공자 스쿨을 열었다.

자연의 렌즈로 보면 황제나 장사꾼이나 각기 고유한 기질을 타고났을 뿐 우열을 가릴 수 없다. 다만 시대가 주입한 욕망이 부귀를 우선 삼으니 분별심이 일어나 그것에 집착할 뿐이다. 사실 부귀를 타고났다고 해서 좋은 삶도 아니다. 인생에는 공짜 점심이 없다. 각자 뚫어야 하는 숙제가 모두 부여되어 있다. 소동파는 삶에서 아무 문제 없이 사는 사람이야말로 하늘이 버린 자라고 말했을 정도다. 그런 삶은 계절로 보자면 봄과 여름만 보내는 꼴이기 때문이다. 가을과 겨울이 없다면 자신의 한계를 넘는, 즉 성장과 변신의 기회를 박탈당하는 것이다. 왜 붓다는 출가를 하고 공자는 천하를 주유했으며 예수는 핍박을 받았을까? 그 과정이 그들을 전혀 다른 차원으로 이끌었기 때문이다.

우리는 기의 세계에 살고 있다. 기의 세계에서는 모든 것이 연결되어 있어서 어떤 운명도 존중하게 되고, 그 연결성 안에서 삶의 방향도 정해진다. 이런 태도로 삶을 대하면 다가오는 모든 운을 기쁘게 맞이할 수 있다. 헛된 대박 운 따위를 기대하지 말고 운이 무엇인가부터 찬찬히 살펴보자.

한자는 사물의 모양을 본떠 만든 상형 문자라서 조합을 뜯어보면 글자를 이해하는 데 도움이 된다. '운運'이라는 글자의 조합을 보면 군대의 뜻을 가진 군軍과 나아간다는 뜻을 가진 책받침 변辶이다. 두 개를 연결하면 '군대가 나간다'는 뜻이다. 그렇다고 무작정 돌진한다는 의미는 아니다.

군대가 승리하기 위해서는 전진과 후퇴를 적절히 해야 한다. 상황을 파악해서 밀당을 잘해야 이긴다. 『손자병법』을 읽어보면 전쟁의 기술이란 강한 힘이 아니라 고도의 계산에서 나온다. 심지어 싸우지 않고 적을 굴복시키는 게 최선이라는 문장도 있을 정도다. 운이란 군대가 진군하는 밀당 능력이지 갑자기 쏟아지는 황금 비가 아니다. 시시각각 변하는 상황을 읽어야 대처 방안이 생긴다.

사주명리에는 대운, 세운, 월운, 일운이 있다. 사람들은 대운이란 말에 깜박 속는다. 역술가에게 대운이 들어왔다는 말을 들으면 자기에게만 특별한 운이 온 줄 아는데, 사실 각자 시기만 다를 뿐 모두에게 공평하게 찾아온다.

대운,
10년이라는 큰 흐름

대운은 10년마다 바뀌는 큰 흐름으로 '누구에게나 오는' 운이다. 원국이 자기가 타고난 흐름이라면 대운은 사주상 10년 주기로 바뀌는 흐름이다. 원국은 배, 대운은 배가 가야 할 큰 바다로 이해하면 된다. 대운을 뽑는 방법이 있지만 요즘은 앱이나 인터넷에 접속하면 바로 뜬다.
만세력을 뽑으면 5세, 15세, 25세··· 혹은 3세, 13세, 23세··· 이렇게 대운 숫자가 나온다. 10년 주기로 흐름이 바뀌는 나이인데 이때 인생의 변곡점이 생긴다. 직접적인 사건처럼 겉으로 확연히 드러나는 경험을 하거나 내면의 깨달음으로 인생의 가치관이 바뀌는 등 각자 어떤 식으로든 변화를 겪는다.
만세력에서 대운 시기를 확인하면 자기 삶에서 큰 변화가 일어난 시기와 얼추 맞아떨어질 것이다. 특히 천간에서 갑과 경 자가 오거나 지지에서 자·인·신 자가 오면 다른 천간과 지지보다 더 큰 변화를 겪는다. 내 경우가 그런데 2008년에 바뀐 대운이 경진庚辰으로, **경**으로 시작하는 대운을 맞았다.

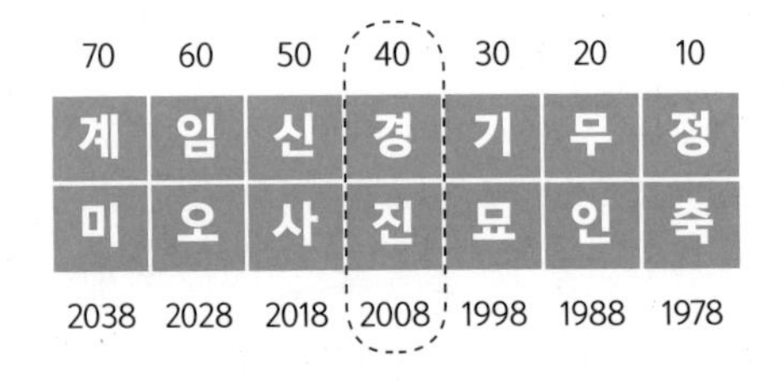

천간 10년 중 경은 발산이 끝나고 수렴으로 가는 가을로, 대운 이전에 나는 '직장에서 일'을 했다면 이후에는 '연구실에서 공부'라는 큰 변화를 맞았다. 육친으로 보면 나에게 경은 재성이고 진은 식상이다. 그래서인지 연구실에서 공부와 더불어 매니저 역할을 하면서 여러 활동을 했다.
올해로 10년 경진 대운을 마감하고 2018년은 대운의 흐름이 바뀌는 해로, 또 다른 10년의 흐름을 타야 한다. 내년에 올 나의 대운은 신사辛

巳 대운이다. 보통 10년 대운을 볼 때 상반기 5년을 천간이, 나머지 5년을 지지의 운이 지배한다고 본다.
나에게 '신'은 편재이고 '사'는 겁재이다. 그러니 10년 중 5년은 편재 운이, 나머지 5년은 겁재 운이 지배한다. 편재 운이 오니 아마도 많은 일이 밀려올 것이다.
사는 역마살을 뜻하는 글자다. 앞서 사화(지지 편)에서 잠시 언급했지만, 나에겐 유난히 외국에 살거나 관련 일을 하는 사람이 많다. 미 대륙과 유라시아에 자리 잡은 동생들과 친구들. 내 원국에 있는 사사 겁재에 사가 추가로 들어오면 세 개나 된다. 사실 겁재 운은 가늠하기 어렵다. 지금도 해외에 비겁이 많은데 더 많은 비겁과 인연이 이루어진다는 걸까? 트리플 '사사사' 비겁이 내 10년 대운을 보는 포인트다.

세운,
1년이라는 작은 흐름

대운이 10년마다 바뀌는 운의 흐름이라면 세운은 1년마다 바뀌는 운의 흐름이다. 커다란 흐름 안에 작은 파도가 출렁이는 셈이다. 지금까지 삶에서 매년 있던 변화를 되짚어보는 것도 흥미로운 일이다.
내 경우 2005년 을유년에 인성(을목)이 들어왔다. 그때 공부 운(인성)으로 채운 선생과 고미숙 선생을 만났고 연구실에 들어왔다. 이런 식으로 삶과 운을 대입하니 소름 돋는 일이 한둘이 아니다. 내 의지로 한 줄 알았는데 알고 보니 운이 나를 움직였다.
이 밖에도 월운이 있다. 월운은 매달 오는 운으로 천간·지지와 더불어 육친의 변화를 느끼기에 더없이 좋은 흐름이다. 매월 변화하는 시공간과 우리가 어떻게 마주치는지를 관찰하기 바란다. 그리고 일운이 있는데 흔히 일진이 좋지 않다고 할 때 그 일진이다. 일운은 말 그대로 오늘의 운이다. 매일매일 달라지는 운의 흐름 속에서 자기를 관찰하는 재미가 쏠쏠하다. 하루가 다르게 바뀌는 일운만 관찰해도 우울증에 걸릴 새가 없다.

연구실에서 특별식이나 간식이 생기면 누구 운인지를 본다. 그날 누군가의 일진이 식상이라면 그는 제 식상 덕이니 많이 먹으라고 우쭐댄다. 돈 한 푼 안 내고 이런 법이 있나 싶지만 지금껏 보아온 식상인들이 몸소 증명한 사실이다.

“자기 밥그릇은 자기가 타고난다”는 말이 있다. 명리학적으로 해석하자면, 자기가 타고난 운으로 살아가는 거지 부모가 책임질 수 없다는 말이다. 부모가 자식을 책임져야 한다는 생각은 오만이다. 인간 자체가 자연이고 우주로, 각자의 운명을 운전하는 힘을 가지고 태어난다. 그렇지만 생존 전략상 가능한 많은 사람과 함께 사는 게 유리하다. 혼자라면 먹을 복도 자기가 타고난 운만 누릴 수 있다. 하지만 같이 살면 친구의 먹을 복을 같이 누리고 자기 운도 친구와 함께 누릴 수 있으니 이보다 더 좋은 생존 전략은 없다. 그래서 공동체가 필요하다.

연구실의 노하우를 말하자면 집 계약은 인성 있는 사람이, 맛집 찾기는 식상 있는 사람이, 돈 관리는 재성 있는 이에게 맡겨 각자 타고난 역량을 최대한 발휘하도록 한다. 거꾸로 해당 육친이 없는 사람에게 맡기는 경우도 있다. 훈련을 위해서인데 그런 경우 위험을 감수하고 역할을 부여한다. 그래야 맡은 이도 지켜보는 이도 부담을 느끼지 않는다. 최선을 다하는 것을 기준으로 삼지만 결과에 매이지 않으려고 노력한다.

고미숙 선생은 관성이 많고 식상은 없다. 먹을 복이 없다 보니 뭘 먹으려면 불편 요소가 많다. 이를테면 이런 식이다. 선생이 연구실에 오면 조리 기구가 고장 나서 조리하는 데 문제가 생기거나, 어쩌다 특식을 하면 하필 그날 외부 강의로 먹지 못한다. 일부러 원하는 맛집을 찾아가면 그 집이 리모델링 공사를 하거나 아예 없어졌다. 명리를 공부한 선생의 자구책은 이렇다. 제대로 먹으려면 타고난 관성을 써야 한다는 것이다. 그래서 선생은 학인들에게 즐겁게 밥을 사준다.

저마다 타고난 사주팔자도, 시절 인연도 다 다르다는 것을 알게 되면 보상을 주고받는 무거운 관계는 생기지 않는다. 누군가는 모임을 조직하고, 또 누군가는 강의하고, 또 다른 누군가는 배우는 그 자체가 즐거움이자 전부가 된다.

운은 또 다른 시선을 제공한다. 노력한 일에 안 좋은 결과가 나와도 실망하지 않고, 애쓰지 않은 일이 술술 풀려도 잘난 척하지 않게 된다. 육친과 천간·지지의 흐름을 알게 되면 의지를 넘어선, 우주 삼라만상 속의 자기 존재를 바라보게 된다.

개운,
운을 열어라

앞서 언급한 군대의 진군인 운을 다시 생각해 보자. 모든 것이 변화하는 세상에서 살아가려면 적의 동정을 살피듯 변화에 촉수를 곤두세워야 한다. 변화를 거부하고 안주하거나 제멋대로 허세를 부리면 그 자체가 자살골이다. 그러고 보면 군대의 진군은 기막힌 비유다. 그만큼 살기 위해 운의 흐름을 이해해야 한다는 선현들의 절박한 심정이 드러난 게 아닐까. 결국 운을 제대로 타려면 자신과 전쟁을 벌여야 한다. 계속 변하는 운과 안정을 원하는 나의 끊임없는 대결! 그래서 운이란 변하는 흐름에 맞게 스스로 훈련하는 과정이다.

개운開運이라는 말이 있다. 사람들은 뭔지도 모르고 팔자를 고치기 위해 이름도 바꾸고 굿을 하며 갖은 수를 쓰지만, 개운은 신비한 힘에 의존하여 얻을 수 있는 결과가 아니다. 여기 이해하기 좋은 예를 보자.

청계천은 조선 시대 초기에는 개천開川으로 불렸다고 한다. 당시 여름철 우기만 되면 강바닥에 흙이 쌓여 범람할 때가 많았는데, 쌓인 흙을 파내 강물의 흐름을 원활하게 했더니 '내川를 연다'는 개천이 되었다. 개천은 저절로 되는 게 아니라 물이 흐르는 이치를 알아야 개입할 수 있다. 자연을 속속들이 관찰하고 이치를 알아야 내를 흐르게 할 수 있다.

개운도 마찬가지다. 생의 흐름에 개입해 운을 열려면 운명을 철저하게 탐구해야 한다. 지금 나의 운명을 열심히 공부하는 것도 개운을 위해서이다. 자기를 알아야 운명의 이치에 맞게 껴들 수 있다. '운을 연다'니 얼마나 멋진 말인가. 자연을 정복한다는 의미와는 전혀 다르다.

흔히 우리가 원하는 대박 운은 일방적이다. 자연의 원리를 알고자 하는 마음은 조금도 없고 그저 자기 욕망대로 해달라고 투정하면서 그것을 얻기 위해 별짓을 다한다. 드라마에서도 왕왕 등장하는데 부자들이 의지하는 존재는 무당이다. 돈으로 안 되는 영역이 있으니 그것을 얻기 위해 신비한 힘에 매달리는 거다. 결국은 돈이다.

변화하는 삶은 그 자체가 전쟁터다. 삶의 전투를 수행하려면 시시각각 변하는 운의 흐름을 읽어야 한다. 개운은 이기적인 욕망을 채우는 일이 아니다. 변화하는 자연을 읽고 때에 맞는 삶을 살아내면 그것이 바로 개운이다. 다양한 운을 매 순간 탐구하는 전사로 살아가길 바란다. 진정한 개운은 자기 스스로 전사로 거듭나는 일로 시작된다.

변화무쌍한 기운 합·충·살

누구나 인생을 살면서 묘한 기운을 느낄 때가 있다. 우연히 집은 책에서 지금 자기 상황과 맞닿는 글귀를 발견하거나 예상치 못한 곳에서 운명의 상대를 만난다. 처음 방문한 곳인데도 익숙한 공간이 있는가 하면, 처음 보는 사람인데 괜히 끌리거나 이유 없이 싫기도 하다. 이처럼 상식적으로 설명하지 못하는 세계, 우리가 무심코 따르게 되는 기운의 장을 어떻게 이해해야 할까.

1994년 프랑스 쇼베에서 3만 년 전의 동굴이 발견되었다. 비교적 최근에 발견한 데다 완벽하게 보존된 동굴이어서 화제가 됐는데, 그 동굴을 촬영한 <잊혀진 꿈의 동굴>이라는 다큐멘터리가 인상적이었다. 목탄으로 그려진 벽화를 카메라 앵글로 찬찬히 비출 때는 이미 오래전에 멸종되어 사라진 존재들이라고는 하나, 동굴 벽면을 따라 늘어선 한 무리의 동물들이 여전히 어딘가로 달려가고 있는 것만 같았다. 한 고고학자는 감독과 함께 쇼베 동굴에 들어간 후 사자가 나오는 꿈을 꾼다. 그런데 꿈이 어찌나 강렬했던지 다시 동굴에 들어갈 엄두를 내지 못한다. 그는 첨단 과학 탐사가 이루어지는 시대에도 밀려오는 기운을 감당할 수 없었다. 당시 벽화를 그리던 원시인들에게는 그 서늘함이 엄습하지 않았을까. 그렇다면 그들은 어떻게 무시무시한 기운을 견디며 동굴에 그림을 그려 넣었을까. 횃불 하나에 의지한 채 꽤 오랜 시간을 어둠 속에 머물러야 했을 텐데….

다큐멘터리의 거장 헤어조크 감독은 동굴에 그림을 그린 사람에 관해 질문을 던진다. 지금의 인간과 3만 년 전 인간의 마음이 다른 건가? 하는.

장면이 바뀌어 1970년대까지 구석기인처럼 살았던 호주 원주민의 인터뷰가 이어진다. 어두운 동굴에서 어떻게 그림을 그릴 수 있었느냐는 감독의 질문에 원주민은 "내가 그린 게 아니라 영혼이 내 손을 빌려서 그린 거예요."라고 답한다.

우리에겐 낯선 표현이다. 원주민은 자신의 재능을 언급하지 않는다. 영혼이라고 표현한 어떤 힘에 감응해 손이 움직였다는 것이다. 그때 나는 몸에 내재한 자연의 힘을 언어화하는 그의 시선에 무척 놀랐다. 그렇다. 몸은 의지대로 움직이지 않는다. 보이지 않는 힘이 심장을 뛰게 하고 숨 쉬게 한다. 심장에게 빨리 뛰라고 닦달한들 심장이 우리 말대로 움직일 리 없지 않나. 그런데도 '나'라는 주체가 무엇이라도 할 수 있을 것처럼 착각한다. 과학이 아무리 발달해도 그것이 자기 몸에서 일어나는 두려움을 해결해주지 않는다.

우리는 특정 용어를 두고 지레 호의적이거나 거부하는 경향이 있다. 잘 알지도 못하면서 말이다. 합이라는 말에는 무조건 호의를 보이고, 충이니 살이니 험악해 보이는 용어에는 지레 겁을 먹는다. 나쁜 말이 나올까 봐 사주 자체를 외면하는 사람도 보았다. 이런 태도는 무더운 여름날 온종일 에어컨 아래서 더위를 피하는 것과 같다. 그래서 얻는 건 냉방병이라는 현대병이다. 냉방병에 특효약이 있을까?

우리에게 필요한 처방은 여름을 잘 나도록 연구하는 일이다. 추울 때는 추위가 되고 더울 때는 더위가 되라고 한 법정 스님의 말씀이 와 닿는다. 그런 면에서 원시인의 마음에 다가서고 싶었던 헤어조크 감독의 심정이 이해가 된다. 그의 질문을 이렇게 바꿀 수 있지 않을까. "그들은 어떻게 자연이 주는 무시무시한 공포와 공존할 수 있었을까?"라고. 만약 자연과 공존하려는 당시 사람들의 원초적 마음을 헤아리지 못하고, 동굴 벽화를 그저 갤러리에 걸린 예술품으로 감상한다면 벽화에 대한 모독이 아닐까. 단순히 감상을 위한 그림이 아니라 생과 사, 공포와 행복 모두를 아우르는 그 시대 사람들의 마음이기 때문이다.

원시인들은 두려움을 피하지 않고 자연의 힘과 만났다. 그러니까 동굴에 그림을 그린 행위는 출렁이는 자연의 변화를 온몸으로 받아들이는 행위였을 것이다. 현대인과 원시인의 시선을 교묘하게 교차하면서 현대인의 무능함과 고대인의 삶을 대비하는 헤어조크 감독의 시선은 아주 예리하다.

두려움이란 자신과 자연을 분리하기 때문에 오는 게 아닐까. 그때 원시인의 시선은 명리학의 시선과 다르지 않다. 설명할 수 없는 상황을 신비와 미신으로 두려워하거나 맹신하지 마시라.

이상하고 기이한 것은 자연 현상인 동시에 자기 안에서 수시로 일어나는 일이다. 우리 안팎에서 펼쳐지는 변화무쌍한 우주와 자연의 힘을 믿고 기의 다양한 변화인 충과 합과 살을 당당히 만나보자.

천간 합

이제 천간과 지지를 글자가 아닌 흐르는 물이나 진동으로 느껴보자. 바다의 물결들이 서로 간섭하며 높아지고 낮아지다가 상쇄되기도 하면서 다양한 파도가 일듯, 천간과 지지의 흐름이 그러하다. 그중 대표적인 게 합이다.

합은 서로 당기는 힘이다. 주변에 별 이유 없이 끌리는 사람이 있다면 나와 상대방의 사주팔자에 합이 들었나 확인해보라. 천간에서 서로 끌어당기는 글자는 다음과 같다.

갑과 기, 을과 경, 병과 신, 정과 임, 무와 계가 나란히 있으면 서로 당기면서 합을 하고자 한다. 합을 하면 서로의 성질이 바뀐다. 갑과 기는 토로, 을과 경은 금으로, 병과 신은 수로, 정과 임은 목으로, 무와 계는 화로 변한다. 이건 소리 내어 외우자.

갑기 $\overset{합}{\Rightarrow}$ 토 (갑과 기가 만나면 토로 변한다.)

을경 $\overset{합}{\Rightarrow}$ 금 (을과 경이 만나면 금으로 변한다.)

병신 $\overset{합}{\Rightarrow}$ 수 (병과 신이 만나면 수로 변한다.)

정임 $\overset{합}{\Rightarrow}$ 목 (정과 임이 만나면 목으로 변한다.)

무계 $\overset{합}{\Rightarrow}$ 화 (무와 계가 만나면 화로 변한다.)

왜 합끼리 만나면 변할까? 상대가 좋으면 자기도 모르게 끌리게 되는데 그때 이미 본연의 성질에 변화가 일어난다. 잘 보이려고 노력하는 모습을 예로 들 수 있다. 합으로 인해 서로 인연이 되면 나쁜 일은 아니지만, 이 또한 머물지 않고 또 변화한다.

합이 좋을 때도 있지만 아닐 때도 있다. 함께 있어 도움이 될 때도 있지만 좋지 않을 때도 있다. 그럴 때 합이 있으면 서로에게 매이거나 집착해서 떨어지기 어렵다. 이게 합의 문제점이다. 그러니 합을 해야 하는 상황인지 아닌지 때를 잘 살펴야 한다.

그래서 합은 조화를 이룬다고 말하기도 하지만 '묶인다'고도 표현한다. 분리해야 할 때 떨어지지 못하는 합의 함정을 찌르는 말이다. 합은 자기 원국 안에서 만날 수도 있고, 자기와 상대방의 원국에서 만날 수도 있다. 일간이 병화인 경우 상대방 일간이 신금이라면 서로 당기는 힘이 작용한다. 아니면 운에서 합하는 글자가 오면 합을 할 수도 있다. 올해가 정유년이니 원국에 일간이 '임壬'이 있다면 '정+임 합⇒ 목'으로, 임수는 정화를 만나 서로 끌어당기니 재성에 대한 강한 욕망이 생기거나 일할 수 있는 환경이 펼쳐진다. 재성과 합을 하여 적극 활용할 것인가, 아니면 집착이 될 것인가는 사주 자체가 말해주지 않는다. 선택권은 자신에게 있다.

지지 합

지지에도 합이 있다. 지지는 땅의 세상이라 천간보다 다양한데, 삼합·방합·육합이 그것이다. 천간은 무형의 기운이며 의식의 세계이다. 의식은 무형이라 하나의 기운으로 변화해도 문제가 없지만 지지는 유형이고 물질의 세계라 변화를 하려면 변수에 대처할 방편이 많아야 한다.

지지는 다양한 글자와 만나면서 가능한 많은 변화를 만들어야 하므로 천간에 비해 합이 많다. 이것도 소리 내 외워두자.

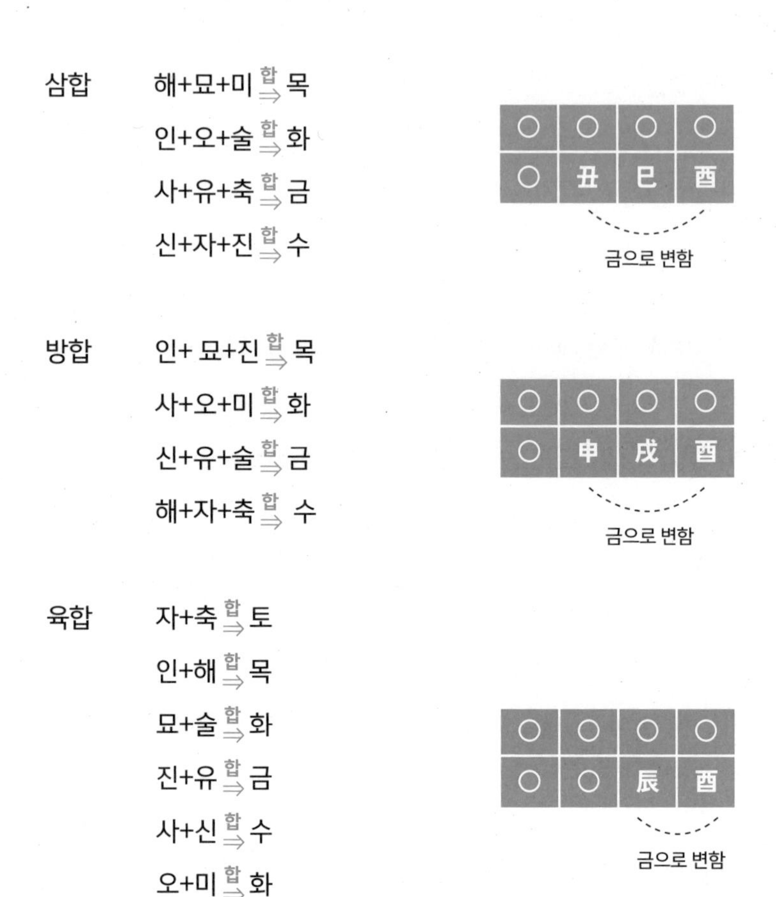

위에서 보듯이 방합과 삼합과 육합이 서로 다른 지지끼리 합을 이루지만 결과적으로 금이라는 오행이 만들어진다. 목 화 수 오행이 만들어지는 과정도 마찬가지다. 삼합 중 '해묘미 합⇒ 목'만 보더라도 해(겨울), 묘(봄), 미(여름) 세 계절을 거쳐 조합된 합이다. 사주 원국에 삼합이 있으면 십이지지 중 세 계절을 아우르는 셈이라 스케일이 크고 큰 흐름을 보는 안목이 남다르다. 삼합이 되는 띠들이 만나면 마음은 잘 통하지만 앞서 강조했듯이 서로 집착할 수 있으니 주의해야 한다.

방합 중 '인묘진 $\overset{\text{합}}{\Rightarrow}$ 목'은 인(봄의 초기), 묘(봄의 중간), 진(봄의 마무리)으로 같은 계절의 지지 글자가 조합된 합이다. 같은 방향의 그룹이라 방합이라고 하는데, 그 이름대로 한 계절을 완벽하게 구성하고 싶은 욕망이다. 삼합에 전체를 아우르는 시선이 있다면, 방합은 자신의 능력을 완벽하게 드러내고자 한다. 이런 성향으로 인해 방합은 자기 분야에서 전문가로 인정받는 경우가 많다. 하지만 전체를 보는 시선은 약해서 독선과 아집에 빠질 수 있다.

예컨대 원국에 해자축 방합이 있다면 수(겨울)의 세계를 최고로 여긴다. 다만 다른 계절에 관심이 없다 보니 전문 분야가 아닌 곳에서는 맥을 못 추는 경향이 있다.

합은 혼자가 아니라 이질적인 글자들의 만남이다. 홀로 있을 때는 발휘되지 않는 힘이 다른 사람과 결합하면서 꽃처럼 피어난다. 단, 합은 의기투합을 잘하지만 해체해야 할 때 집착할 수 있으니 때에 맞춰 모드 전환을 잘 해야 한다.

천간과 지지
충

충은 생성된 것을 해체하는 힘이다. 합은 서로에게 끌려서 화합을 중시하지만 충은 서로 밀기 때문에 비판적인 성향이 강하다. 밤과 낮, 봄과 가을이 공존할 수 있나? 불가능하다. 그러다 보니 서로를 밀어내기 바쁘다. 봄은 가을을, 가을은 봄을 밀어낸다. 천간에서 서로 밀어내는 글자들은 다음과 같다. 이를테면 갑은 무를 밀어서 해체한다. 그것을 갑-무 충이라고 한다. 이런 식으로 열 가지 충이 존재한다. 잘 외워두자.

갑↔무 충　을↔기 충　병↔경 충　정↔신 충　무↔임 충
기↔계 충　갑↔경 충　을↔신 충　병↔임 충　정↔계 충

충은 서로 반대되는 기운이어서 자신과 상대방에게 충이 있으면 처음부터 호감을 느끼기는 어렵다. 하지만 상반된 기운을 받아들이고 성숙한 비판을 아끼지 않는다면 서로의 한계를 넘게 하는 소중한 존재가 된다.
지지 충도 있다. 이것도 역시 외워두자.

자↔오 충　축↔미 충　인↔신 충　묘↔유 충　진↔술 충　사↔해 충

충하는 천간과 지지의 글자를 보면 음양이 같고 반대되는 계절의 글자이다. 이를테면, 자는 겨울이고 오는 여름으로 한 공간에 공존할 수 없는 글자이다. 그래서 서로 충돌하고 해체한 후에 새로운 것을 생성한다. 보통 합이 좋고 충은 나쁘다고 생각하는데, 합과 충은 다양한 변화일 뿐 시비선악이 적용되지 않는다. 충은 기존의 것을 파괴하지만 동시에 새로운 것을 생성하기도 하고, 합은 화합이지만 관계에 묶여서 새로운 만남을 단절하기도 한다. 남녀 관계에서 반대 성향끼리 만나면 부딪치고 갈등을 일으키다가 해결하는 과정에서 서로 매력을 발견하는 경우도 있다. 그러니 충이 무조건 나쁜 것만은 아니다.
천간과 지지 충은 정신적인 충돌이다. 사주에 충이 있다면 그 사람의 정신세계는 화합보다 충돌을 통해 낡은 것을 없애고 새로운 것을 낳고 싶은 욕구가 강하다. 충돌이란 나쁜 의미가 아니다. 자극이나 분발을 촉구하는 기운을 선호하는 것이다.

예를 들면 작가들이 세상과 불화하는 듯 보여도 삶의 내밀한 순간을 치열하게 호흡하는 문장으로 써낼 힘은, 기존 가치에 균열을 내면서 출구를 만드는 과정에서 빚어지는 것은 아닐지.

충이 있으면 어떤 것과도 격하게 접속한다. 충은 자신을 가만두지 않는다. 자신을 흔들어줄 대상을 찾아다니고 그것을 통해 자신을 성장하고 발전시킨다. 다만, 극이 너무 지나치면 사사건건 시비를 걸거나 비판적 태도가 되어 사람들을 적으로 만들 수 있으니 조심해야 한다.

90년대에 〈은행나무 침대〉라는 영화가 있었다. 남녀 주인공이 천년의 사랑을 이루기 위해 은행나무 침대가 되면서 벌어지는 이야기인데 불멸의 사랑을 원하는 대중의 욕망을 파고들어 흥행에 성공했다. 하지만 자연의 원리로 보면 영원한 사랑은 새로운 인연의 닫힘이다. 수백 년 동안 한 사람에게 매이다니, 자연의 흐름에 완전히 어긋나는 일이다. 합과 충, 조화와 해체가 자유자재로 일어나야 변화의 물결을 적극적으로 탈 수 있다.

땅의 세계인 지지 충은 역마로 보기도 한다. 서로 반대되는 계절이니 이질적인 것을 연결하면서 전혀 다른 시공간을 이리저리 이동하기 때문이다. 충이 있으면 국내외를 오가며 활동하거나, 전혀 다른 분야를 접속하면서 연결한다.

충을 잘못 사용하면 반대되는 기운 중 어느 것도 제대로 사용하지 못한다. 충이 문제가 되는 이유는 오행 순환의 차례를 무시하고 반대되는 기운을 동시에 가지려고 하기 때문이다. 충이 있을수록 오행의 순서를 충분히 밟는 훈련을 해야 한다. 충이 있으면 마음이 조급해진다. 그럴 때 '아, 두 개의 욕망을 한꺼번에 욕심내는구나!' 하며 조급함을 인정하고 오행의 과정을 찬찬히 밟아보자. 그러면 자기의 고유한 능력을 발휘할 수 있다.

내가 아는 한 충을 가장 잘 사용한 철학자는 니체다. 그는 사주에 진술충이 있는데, 봄과 가을의 기운을 충돌시키며 신이 죽었다고 선언하는 등 기존 가치에 질문을 던지며 사유 지반을 깨부순다. 오죽하면 망치를 든 철학자, 다이너마이트 니체로 불릴까.

탈주와 횡단의 철학자 들뢰즈와 가타리. 들뢰즈는 자수인 쥐띠로 한겨울의 기운을 타고났고, 가타리는 오화인 말띠로 한여름의 기운을 타고났다. 둘은 전혀 다른 기운을 타고났지만 서로 영향을 주고받으며 『천 개의 고원』이라는 책을 썼다. 정차, 문화, 역사 등 다양한 분야를 넘너들며 기존의 틀을 깨뜨린 책이다. 두 철학자처럼 이질적인 세계를 넘나들며 다른 사유의 길을 여는 태도가 충과 닮았다. 합은 좋고 충은 나쁘다는 선입견은 버려야 한다. 무엇이든 용법에 달려 있다.

살殺
양날의 칼

살은 글자 그대로 죽인다는 뜻이다. 백호대살이니 괴강살이니 형살… 듣기만 해도 무시무시하다. 자기를 죽이는 기운이 자기 안에 있다니 섬뜩할 수 있지만, 정체도 모르고 마냥 두려워할 수는 없는 일. 타고난 힘이니 그것을 다룰 힘도 자신에게 있다. 두려움을 내려놓고 우리 안에 있는 낯선 존재들을 만나보기로 하자.

❶ 괴강살, 백호대살

사주에 괴강과 백호가 있으면 대개 고집이 세고 지배당하기 싫어하며 사건 사고가 잦고 수술 수가 있다고 한다. 맞다. 몸 안에 핵폭탄이 장착된 것과 같은 힘이다. 멋모르고 행동하다간 자폭하거나 남도 죽인다. 달리 생각하면 폭발적인 에너지가 내재해 있으니 좋은 무기를 가진 셈이기도 하다. 아무리 좋은 무기도 잘 다루지 못하면 자신과 남을 위협할 수 있다. 자기 안의 힘을 알아차리고 잘 다루는 훈련이 절대적으로 필요한 기운이다.

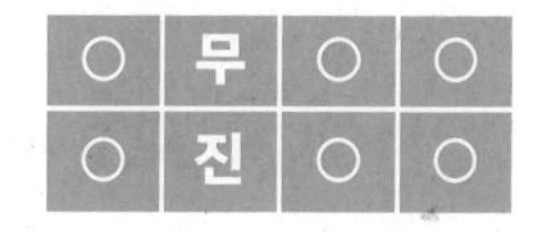

사회적으로 왕성하게 활동하는 사람을 보면 괴강살과 백호대살이 있는 경우가 대부분이다. 사주에 이 살이 존재하면 협소한 관계에서 벗어나서 적극적으로 활동할 장을 찾아야 한다. 그래야 자신의 잠재된 기운을 제대로 발휘할 수 있다. 괴강살과 백호대살은 천간과 지지 위아래로 본다. 예를 들어 '무/진'이 기둥으로 있으면 괴강살이자 백호대살이다.

괴강살

무 戊	경 庚	임 壬	무 戊	경 庚	임 壬
진 辰	진 辰	진 辰	술 戌	술 戌	술 戌

백호대살

갑 甲	무 戊	병 丙	임 壬	정 丁	계 癸	을 乙
진 辰	진 辰	술 戌	술 戌	축 丑	축 丑	미 未

❷ 귀문관살, 원진살

귀문관살은 귀신과 통할 정도로 매우 예민한 기운이고, 원진살은 서로 원망하지만 헤어지지 못하는 기운이다. 귀문관살과 원진살은 약간 다르지만 관계를 맺을 때 비슷한 과정을 겪는다. 처음에는 상대에게 강하게 끌린다. 그러다 급 실망하고 원수가 된다. 관계가 악화되어도 끝내지 못하다가 다시 끌리고 또 실망하면서 헤어지지 못하는 패턴을 무한 반복한다. 이 두 살을 보면 헤어지는 것도 능력이라는 생각이 든다. 충처럼 확실하게 깨지면 새로운 관계를 맺을 텐데 지지부진한 관계를 이어간다.

내 사주에도 귀문관살이 있는데 사람 문제로 반복되는 패턴이 있다. 누군가를 만나서 괜찮은 사람이라고 판단하면 스르륵 빠진다. 내가 원하는 것을 쏟아 붓고는 상대가 그대로 움직이지 않으면 원망을 퍼붓는다. 그것은 상대의 욕망과는 아무 상관이 없다. 그러다가 감정이 틀어지면 '내가 너한테 한 게 얼만데?' 하는 생색을 내며 벌컥한다. 그러다 너무 심했다는 생각이 들면 다시 잘해주는 패턴을 반복한다.

이 패턴에서 벗어나는 방법은 하나다. 자신의 욕망을 촘촘히 들여다보는 일이다. 그러고 나서는 치열하게 자기를 성찰해야 한다. 그래야 반복되는 패턴의 고리를 끊을 수 있다. 나는 연구실에서 자타가 공인하는 주술사이다. 주술이란 신비한 힘이 아니다. 과거에 주술사는 사람과 땅과 하늘을 연결하는 전령사였다면, 나는 이 시대에 이 모두를 잇는 연결자가 되고 싶다. 이런 욕망이 타고난 귀문관살에서 나온다고 생각한다. 이 살은 나를 힘들게 했지만 극복하는 과정에서 관계의 달인으로 만드는 힘이 되었다.

귀문관살: 진해辰亥 자유子酉 미인未寅 사술巳戌 오축午丑 묘신卯申
원 진 살: 자미子未 오축午丑 인유寅酉 묘신卯申 사술巳戌 진해辰亥

❸ 형살

형살은 강한 글자들이 서로 각축을 벌이는 기운이다. 형살 중 하나인 '인사신'을 예로 들어보자. 인(봄의 시작), 사(여름의 시작), 신(가을의 시작)은 각자의 계절을 열려는 의지가 상당하다. 센 기운들이 공존하려니 마음이 맞지 않아 엄청 싸우다가 타협한 상황과 같다. 그래서 사주에 형살이 있으면 수술, 파괴, 사고, 관재, 송사, 실종 등 사건 사고를 겪기 쉽다. 인사신 형살이 있으면 서로 세력 다툼을 하느라 은혜를 모른다고 해서 '무은지형'이라고 한다.

병	경	신	경
자	인	사	신

축술미 형살도 있다. 이것도 축(겨울의 마무리), 술(가을의 마무리), 미(여름의 마무리)로 각자 계절을 마무리하는 기운 간의 다툼이다. 축술미 형살이 사주에 있으면 자신의 세력을 과신하는 경향이 있어서 '지세지형'으로 부른다.

자묘 형살도 있는데 계절 중 자(겨울의 절정)와 묘(봄의 절정)의 다툼을 말한다. 예의를 모른다고 하여 '무례지형'이란 이름으로 부른다. 이 밖에도 진진, 오오, 유유, 해해가 있는데 같은 글자끼리 다툰다고 해서 '자형'이라고 한다.

형은 늘 서로 어울리지 않는 기운이 한곳에 공존하는 상황에 놓인다.

그래서 잘못된 것을 물리적인 수단을 통해 조정하고 해결한다. '안 되면 되게 하라'가 형살을 가진 사람이 잘 하는 말이다. 과정이 순조롭지 않지만 남들이 하기 힘든 일을 척척 해내는 것도 형살의 능력이다. 2부 '자기 욕망을 탐색하는 누드 글쓰기' 차은실 편을 보면 형살이 어떻게 작용했는지 잘 나와 있으니 참고하시라.

무은지형無恩之刑 은혜를 모르는 형	지세지형持勢之刑 세력을 갖는 형	무례지형無禮之刑 예의가 없는 형	자형自刑 자기 스스로 형
寅巳申	丑戌未	子卯	辰辰,午午,酉酉,亥亥

❹ 천을귀인

나쁜 살만 있는 게 아니다. 천을귀인처럼 듣기만 해도 기분 좋은 살도 있다. 하지만 글자가 주는 이미지에 속으면 안 된다. 민담이나 동화에서처럼 갑자기 하늘에서 산신령이 나타나거나, 알라딘의 요술 램프의 지니가 등장하는 건 아니다. 천을귀인은 일간이 극단으로 치우치지 않도록 균형을 잡아주는 기운이다.

예를 들면 병화·정화 일간에게 천을귀인 글자는 '금·수'이다. 여름인 병화와 정화를 극단으로 치우치지 않도록 가을 '유금'과 겨울 '해수'가 균형을 잡는 역할을 한다. 힘들 때 누군가의 말 한마디나 책의 한 구절 혹은 자연과의 만남으로 생각을 전환하는 경험을 하지 않나. 이 모두가 천을귀인의 작용이다. 그래서 원국에 천을귀인이 있으면 아무리 힘들어도 극단적인 선택을 하지 않는다. 균형을 잡으려는 의지가 발동하기도 하고, 사람이나 사물이 등장해서 균형을 잡아준다.

그렇다고 원국에 천을귀인이 많으면 많을수록 좋을까? 삶이 출렁일 때 균형 감각이 필요한데, 균형추만 많다면 너무 안정되거나 돕는 사람이 많아서 정작 스스로 할 일이 없어진다. 한편 원국에 천을귀인이 없다고 실망할 필요는 없다. 사주 원국은 고정된 게 아니라 출렁이는 기의 바다를 항해 중이다. 12년 중 2년은 천을귀인의 해와 마주친다. 그리고 1년에 2개월은 천을귀인의 달과 만난다.

그뿐만 아니다. 12일 중 이틀도 천을귀인의 날이고, 하루에 네 시간은 천을귀인의 시간이다. 이 정도 되면 천을귀인이 없다고 말하기가 민망하다. 내 경우 이미 천을귀인 글자가 있지만 정유년인 올해 또 들어온 상황이다.

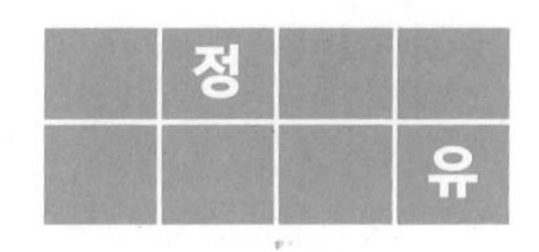

천을귀인 찾기

일간	甲 戊 庚	乙 己	丙 丁	辛	壬 癸
천을귀인 글자	丑 未	子 申	酉 亥	寅 午	巳 卯

이 밖에도 200여 개의 살이 있지만 그중 굵직한 몇 개만 소개한다. 많은 살을 다 알 필요는 없다. 자기 안에 다양한 힘이 우글거린다는 것, 그 힘은 두려움이 아니라 잠재력으로, 용법을 잘 익히기만 하면 언제든지 능력으로 변환될 수 있음을 잊지 말자.

이렇듯 음양오행의 세계에서는 설명하기 힘든 힘의 작용이 일어난다. 인간도 자연의 법칙에서 예외가 아니기 때문이다. 우리에게 익숙한 과학 언어가 아니라서 객관성이 떨어져 보일 뿐이다. 단도직입적으로 말하자면 충·합·살은 인간사에서 벌어지는 다양한 기운의 마주침일 뿐,

자연 현상을 초월한 신비의 영역이 아니다. 하지만 우리가 느끼는 감각에는 한계가 있어서 인과로 설명되지 않을 뿐이다.

그래서 '보왕삼매론寶王三昧論' 같은 불교의 가르침이 우리에게 울림을 주는 게 아닐까. 자연의 법칙은 필연이지만, 우연으로 보이는 세상에서 마음 쓰는 법을 알려주기 때문이다. 10년 전 동의보감 세미나에서 처음 만났던 보왕삼매론은 살아가면서 어떤 마음을 가져야 할지 나에게 가르쳐주었다.

- 몸에 병 없기를 바라지 말라. 몸에 병이 없으면 탐욕이 생기기 쉽나니, 그로써 성인이 말씀하시되 "병으로써 양약을 삼아라." 하셨느니라.

- 세상살이에 곤란함이 없기를 바라지 말라. 세상살이에 곤란함이 없으면 업신여기는 마음과 사치하는 마음이 생기나니, 그래서 성인이 말씀하시되 "근심과 곤란으로써 세상을 살아가라." 하셨느니라.

- 공부하는 데 마음에 장애가 없기를 바라지 말라. 마음에 장애가 없으면 배우는 것이 넘치게 되나니, 그래서 성현이 말씀하시되 "장애 속에서 해탈을 얻어라." 하셨느니라.

- 수행하는 데 마魔가 없기를 바라지 말라. 수행하는 데 마가 없으면 서원이 굳건해지지 못하나니, 그래서 성현이 말씀하시되 "모든 마군으로써 수행을 도와주는 벗을 삼아라." 하셨느니라.

- 일을 꾀하되 쉽게 되기를 바라지 말라. 일이 쉽게 되면 뜻을 경솔한 데 두게 되나니, 그래서 성인이 말씀하시되 "여러 겁을 겪어서 일을 성취하라" 하셨느니라.

- 친구를 사귀되 내가 이롭기를 바라지 말라. 내가 이롭고자 하면 의리를 상하게 되나니 그래서 성인이 말씀하시되 "순결로써 사귐을 길게 하라." 하셨느니라.

- 남이 내 뜻대로 순종해주기를 바라지 말라. 남이 내 뜻대로 순종해주면 마음이 스스로 교만해지나니, 그래서 성인이 말씀하시되 "내 뜻에 맞지 않는 사람들로써 원림園林을 삼아라." 하셨느니라.

- 공덕을 베풀려면 과보를 바라지 말라. 과보를 바라면 도모하는 뜻을 가지게 되나니, 그래서 성인이 말씀하시되 "덕을 베푸는 것을 헌 신짝처럼 버려라." 하셨느니라.

- 이익을 분에 넘치게 바라지 말라. 이익이 분에 넘치면 어리석은 마음이 생기나니, 그래서 성인이 말씀하시되 "적은 이익으로써 부자가 되라." 하셨느니라.

- 억울함을 당해서 밝히려고 하지 말라. 억울함을 밝히면 원망하는 마음을 돕게 되나니, 그래서 성인이 말씀하시되 "억울함을 당하는 것으로 수행하는 문을 삼아라." 하셨느니라.

용신 배워야 순환한다

인간은 저마다 추구하는 욕망이 다르다. 본래 강하게 타고난 욕망을 더 강력하게 쓰려고 하는데 이는 타고난 것이니 일상에서 사용하기 편해서다. 그렇지만 계절이 한 계절에 머물지 않듯이 자기가 타고난 욕망만 쓰게 되면 삶에서 순환은 이루어지지 않는다.

순환하려면 타고나지 않은 기운을 사용해야 한다. 말은 쉽지만 결코 쉬운 일은 아니다. 자기 안에 없는 기운이라 용을 쓰듯이 배워야 한다. 용을 써야 한다고 해서 용이 됐는지는 모르겠지만 용신用神의 '용用'은 '쓸 용' 자로 삶에서 적극적으로 써야 하는 기운이라는 뜻이다.

용신은 익숙하지 않은 기운이라서 어떤 건지 어떻게 써야 하는지 전혀 감을 잡지 못한다. 철학관 같은 곳에 가면 사주에 금이 없으니 금속을 착용하라거나 물이 없으니 물장사를 하라고 권한다. 그건 용신이 아니다. 자기 삶의 리듬을 바꾸지 않는 한 어떤 것도 요행일 뿐이다. 잠시 효과를 본다 해도 근본적인 순환이 아니므로 누린 만큼 대가를 치러야 한다.

타고나지 않은 기운을 배우는 것. 이것이 용신의 길이자 평생 해야 하는 일이다. 용신을 배워서 몸에 새기려면 물리적인 시간이 필요하다. 만 시간의 법칙이란 말도 있지 않나. 작게는 3일부터 21일 → 100일 → 1년 → 1000일 → 7년 → 10년 → 19년의 마디로 변화가 일어난다.

『장자』「양생주」편에는 백정에게 놀란 임금 이야기가 나온다. 소를 잡는 백정의 능수능란한 솜씨를 보고 놀란 임금이 칭찬하며, 어떻게 그런 경지에 도달할 수 있었는지 묻자 백정의 대답이 예사롭지 않다. "제가 중요하게 생각하는 것은 도道입니다. 기술을 넘어선 것이지요." 백정이 도에 맞게 소를 해체하기까지 19년이 걸렸다고 한다. 19년. 그냥 비유일까? 백정은 처음에는 소밖에 보이지 않았는데 점점 눈이 아니라 마음으로 보는 경지에 이르렀다고 한다. 눈의 감각을 멈추고 마음으로 하늘의 이치에 따라 칼을 움직이는데 소는 해체되고 있다. 백정은 절대 뼈와 살이 연결된 곳을 지나가지 않는다고 했다. 자기 욕심을 위해 무리하게 절단하지 않는다는 뜻일 게다.

욕심을 내려놓고 사물을 관찰하면 변화할 때를 포착하게 된다. 백정은 때를 놓치지 않았다. 백정의 말을 듣던 임금은 "훌륭하구나. 나는 오늘 그대의 말을 듣고 '삶을 가꾸는 기예(양생養生)'를 터득했노라." 하며 예를 갖춰 인사한다.

이처럼 용신을 연마하는 과정은 백정이 가는 길과 비슷하다. 일종의 수행이다. 수행이라면 거창하게 생각하기 쉬운데 일상에서 잘못된 습관 하나 바꾸는 것에서 비롯된다. 습관을 바꾸면 개운한다고 하니, 사소한 습관 하나 바꾸는 일이 운을 바꾸는 것만큼이나 대단한 일이라는 의미다. 아이가 걸음마를 배우듯 넘어져도 다시 일어나는 끈기로 평생을 익혀야 한다. 그래야 순환하는 삶을 살 수 있다.

"성격이 운명이다."라는 말이 있는데 그야말로 성격대로 살기 때문이다. 습관을 잘 관찰해보면 용신과 관련이 깊다. 이제 자신에게 부족한 기운을 배우고 연마하는 길을 찾아보자. 다음은 누구나 할 수 있는 용신 실천법이니 삶에서 훈련하기를 바란다.(육친별 용신 활용법은 2부 1장에서 상세하게 다룰 것이다.)

첫째,
"운을 적극적으로 활용하라"

대운과 세운 활용법이다. 아무리 부족한 기운이 많아도 기회는 열려 있다. 10년 주기로 바뀌는 '대운'과 1년 주기로 바뀌는 '세운'에 따라 천간과 지지가 계속 변하기 때문이다.

바꿔 말하면, 대운과 세운에 맞이하는 용신 운을 잘 이용해야 한다는 말이다. 사주 구성에서 금기가 부족하다면 금 기운이 올 때 결단력이 생기고, 육친으로 보면 인성이 들어올 때 공부하고 싶어진다.

연구실은 공부하는 곳이라 많은 이들이 오간다. 재밌게도 매년 오는 분들이 인성 운(공부 운)에 따라 달라진다. 올해는 정유년丁酉年이라 정丁은 토 일간, 유酉는 수 일간에게 인성에 해당한다. 그래서인지 올해 유난히 토와 수 일간이 연구실에 많이 등장했다. 내 강의만 하더라도 기토나 무토 일간을 지닌 분들이 우르르 모였다.

용신 운이 들어오면 몸과 마음이 열리면서 해당 육친과 십신을 향한 욕망이 생기고, 자기도 모르게 그 기운을 쓰고 싶어진다. 예를 들면 식상이 부족한데 식상 기운이 들면 가뭄에 단비가 내리는 것과 같다. 하지만 안타깝게도 운이 지나가면 더 이상 비는 오지 않는다. 그러니 천금 같은 기회를 놓치지 말고 그때 용신이 몸에 새겨지도록 열심히 연마해야 한다.

병화 일간에 재성이 없는 학인이 있었다. 원국에 없는 재성이 대운에서 20년 동안 들어오자 사업이 승승장구했다. 그런데 운이 지나자 일은 잘 풀리지 않았고, 과거에 잘나가던 시절을 떠올리니 울화병이 나더라고 했다.

운의 변화를 모르면 잘될 때는 자기 능력이라고 여긴다. 물론 노력도 작용하지만 자연의 이치로 보면 가을이 왔기에 열매를 맺게 되었다고 보는 편이 맞다. 아무리 노력해도 결실이 없는 것은 아직 때가 아니기 때문이다. 가을이 지나면 겨울이다. 겨울에는 씨앗을 만들어야 하니 아무리 노력한들 열매가 열릴 턱이 없다. 운의 변화를 모르면 겨울에 열매를 맺기 위해 안간힘을 쓰고 자기 뜻대로 안 되면 자책한다. 이런 사람을 철부지라 한다. 철을 모르는 사람!

나도 그랬다. 원국에 토가 약한데 토 운이 온 20년 동안 식상 기운을 엄청 썼다. 일의 성격상 백화점 시장조사에다 온갖 패션·예술 잡지와 전시 등을 섭렵했고, 해외 출장에서도 패션페어는 물론이고 다양한 문화 행사에 빠지지 않고 다녔다. 이런 활동이 내 에너지를 소모하는 일이라고는 생각하지 못했다. 다다익선이란 함정에 빠져 더 보고 듣고 느끼자며 감각의 극대화를 위해 몸부림쳤다. 없던 운이 들어오자 그 운에 취해 식상(토) 운을 마구 소진했다.

실컷 발산만 하고 수렴(자기 성찰)을 하지 않자 공허해졌다. 나의 식상 운이 끝날 즈음 오장육부에서 토에 해당하는 위장에 문제가 생겼다. 툭하면 체하고 토하고 쓰러지는 3종 세트! 2009년 대운이 바뀌고 식상 욕망은 사라졌지만 남은 것은 병! 지금까지도 토기를 함부로 사용했던 대가를 치르고 있다. 지금은 병의 원인을 찬찬히 이해하는 기운(인성)을 사용하여 충전하는 중이다. 2018년에는 천간과 지지 모두 토 식상 운(무술)이 들었다. 대운 때 식신을 함부로 다룬 미안함을 씻기 위해 제대로 토 식상을 연마하는 기회로 삼았다.

대운이나 세운에서 용신 운이 오지 않으면 어떻게 해야 할까? 걱정하지 마시라. 우리에게는 대운과 세운만 있는 게 아니다. 월운과 일운도 있다. 매월 매일 변하는 간지를 활용해서 부족한 용신을 연마할 기회로 삼아야 한다. 하루 동안에도 얼마든지 용신을 훈련할 수 있다. 목기가 부족하다면 아침 일찍 일어나는 훈련을 하는 것도 좋은 방법이다. 인묘진 시(3:30~9:30, 목기의 시간으로 간담이 활성화하는 때), 즉 이때를 잘 사용하면 어느새 간담이 튼튼해져 있을 것이다.

금기가 부족하다면 저녁 시간을 이용해서 정리 정돈을 하거나 일기 쓰는 훈련을 권한다. 폐·대장의 기능이 원활해지면서 삶에 활력을 얻을 것이다. 수기가 부족하다면 밤에 잠만 잘 자도 신장·방광 기능이 활성화되면서 수기가 생성된다. 화가 없다면 사오미(9:30~15:30) 때 활동해야 한다. 화기가 약한 분들 가운데 올빼미족이 많은데, 태생적으로 심장·소장 기운이 약하므로 낮에 움직여야 그 기운을 활발하게 쓸 수 있다.

둘째,
"고전을 낭송하라"

낭송은 단순히 소리 내기가 아니다. 소리를 내면 오장육부가 모두 움직인다. 동의보감에서 심장은 목소리의 주인이라고 한다. 말을 하려면 정신 작용이 필요한데 정신은 심장이 주관한다. 그래서 심장이 목소리의 주인이라고 한다. 폐는 목소리의 문이다. 말이란 기운이 나가는 것으로, 폐 기운이 들락거리는 출입구 역할을 한다. 신장은 목소리의 근원이다. 만약 신장이 허하면 기를 받아들여도 제자리로 내보내지 못해 기가 치밀어 오르니 제대로 말을 할 수가 없다. 정리하자면 말이란 크게 심장, 폐, 신장이 협업한 결과물로 낭송은 그 자체로 오장육부가 순환하는 활동이다.

고전은 순환의 기운이 담긴 텍스트이다. 불교에서 진언(만트라)은 우주의 진동을 담은 소리를 몸에 새기는 일이다. 몇 해 전 연구실을 방문한 도법 스님이 이런 말씀을 하셨다. 즉각 해탈하려면 "관세음보살" 하라고. 그 순간만은 관세음보살이 된다는 것이다. 소리를 내는 순간 관세음보살의 기운이 자기 몸에 바로 새겨진다니 그 말씀을 듣는 순간 짜릿했던 기억이 있다. 그 후 나는 화가 날 때면 관세음보살을 소리 내어 말했다. 그러자 신기하게도 요동치는 몸의 파동이 잦아들면서 고요한 물처럼 편안해졌다.

낭송은 아무 말이나 내뱉는 게 아니다. 수천 년을 관통한 텍스트라면 그 자체로 순환하는 기운을 담고 있다. 그런 책이 고전이고 낭송하기 딱 좋다. 낭송의 큰 장점은 내용을 몰라도 바로 읽을 수 있다는 점이다. 관세음보살만 해도 그렇지 않은가.

우리가 관세음보살처럼 깨달아야 소리를 낼 수 있다면 이생에서는 절대 불가능하겠지만 낭송은 소리로 바로 접속할 수 있으니 고전의 진동과 자기 몸의 진동을 겹칠 수 있다. 해보면 안다. 낭송이 얼마나 좋은 공부법이고 개운법인지를.

2015년 연구실에서는 고전 낭송을 전파하기 위해 '낭송 28수' 프로젝트를 기획했다. 28수는 봄 여름 가을 겨울에 뜨는 별자리 이름이다. 목기를 살리는 책 『동청룡』, 화기를 북돋우는 책 『남주작』, 금의 절제력을 키우는 책 『서백호』, 수의 씨앗을 잉태하는 책 『북현무』로 각각 7

권씩 총 28권이다.

연구실 멤버들이 낭송하기 좋은 고전을 사계절의 기운에 맞게 나누어 작업했다. 우리 목적은 "마음껏 낭송할 수 있는 고전을 준비하고 재밌게 낭송하고 낭송 운동을 하자"는 것이다. 낭송을 중심으로 하는 '낭송 스쿨'도 만들어 화요일 오전에는 사계절에 따른 아침 낭송을 하고 있다. 각자 부족한 오행을 골라 낭송하면서 몸의 기운이 헤쳐 모이고 순환하는 경험을 하는 중이다.

낭송은 묵독과는 전혀 다른 공부법이다. 묵독이 보편화되면서 몸과 마음의 분리가 일어났다. 낭송을 해보면 알겠지만 몸과 마음이 따로 놀 수가 없다. 낭송 그 자체가 몸과 마음의 일치다. 공부 근육부터 만들고 싶다면 낭송부터 시작하기를 권한다.

내 경우 화만 빼고 모두 용신이다. 급선무는 토기를 확보하는 일이다. 달라이 라마의 글을 읽으면서 토기에 대해 깊이 생각했다. 주지하듯이 중화인민공화국의 성립 이후 중국은 티베트를 빼앗기 위해 온갖 잔혹한 짓을 저질렀다. 하지만 달라이 라마는 적대적으로 대응하지 않으며 "고통이 클수록 진정한 자비심을 실천할 기회"라고 말한다. 중국의 무력 탄압에 원한 감정이 사무칠 만도 한데 시련이 더할수록 자비심이 더 커진다니!

쪼잔한 나로서는 도저히 상상할 수 없는 경지다. 이것이 모든 것을 수용하는 토의 기운이라는 생각이 든다. 난 달라이 라마가 자비심을 타고난 줄 알았는데 아니었다. 바른 생각을 하기 위해 오랜 세월 경전과 기도문을 암송하고 낭송하고 있다는 사실을 알게 되었다.

약한 토기로 인해 마음이 쪼그라들 때마다 나는 달라이 라마의 글을 낭송하는데, 그때마다 토기가 내 몸에 새겨지는 경험을 한다. 고전을 들고 당장 낭송을 시작해보자. 그 자체가 순환을 돕는 용신이 될 테니.

셋째,
"용신인 친구와 우정을 나누라"

이거 쉬울 것 같지만 생각만큼 쉽지 않다. 처음에는 호기심으로 끌릴 수 있지만 관계를 지속하기는 쉽지 않다. 나와 다르므로 상대를 이해하는 노력 없이 친구 되기는 어렵다.
연구실의 대중지성 프로그램은 4학기로 1년 과정인데, 중도에 포기하는 학인들이 꽤 있다. 흔히 포기하는 이유가 공부 때문이라고 생각하는데, 그건 별로 문제 되지 않는다. 대중지성 과정은 혼자 하는 공부가 아니다. '밴드 글쓰기' '낭송으로 역할극하기' 등 협동 작업이 중요하게 작용하는데, 이 과정에서 중단하는 경우가 많다.
우리는 따로 관계 맺는 법을 배운 적이 없다. 공부만 해서 대학가고 취직하면 된다고 주입받지 않았나. 이런 상태에서 사회에 나오니 대부분이 관계에 미숙하다. 역지사지를 훈련해 본 적이 없다. 오직 자기 시선으로 남을 판단하는 태도로는 절대 관계를 맺을 수가 없다. 관계 맺기란 나와 기질이 다른 이를 이해하는 데서 출발한다. 친구가 된다는 것은 나를 내려놓는 일이다. 그럴 때 친구는 자기 한계를 넘게 만드는 존재가 된다.
이를테면 목이 많은데 금이 없으면 금을 잘 사용하는 사람을 탐구해야 한다. 금을 이해하면 어느덧 친구가 되어있을 테고. 친구의 금 기운이 흘러들어 자신에게 없는 금을 배우고 익히게 될 것이다.
육친, 십신도 마찬가지이다. 관성이 없으면 관성을 잘 사용하는 사람을 탐구해야 한다. 관성을 이해하면 관성 친구가 생길 것이다. 이렇게 한계를 넘으며 다름을 수용할 때 만남은 그 자체로 선물이 된다. 더불어 삶도 순환되어 흐른다.

넷째,
"몸을 움직여라"

현대인은 몸을 쓰지 않는다. 생각해 보자. 지구가 자전과 공전하고 그것에 의해 음양오행이 흐르고 천간과 지지가 흐르며 몸과 마음도 흐른다. 이처럼 모든 게 흐르는데 자기 몸만 딱 멈춰 있다면 어떨까? 소유와 집착에 걸려드는 자체가 고정된 행위이다. 그 상태가 계속되면 몸과 마음은 흐르지 않고 막힌다. 몸을 쓰지 않으니 기와 혈이 통하지 않아서 뭉친다.

『동의보감』에는 "대개 한가하고 편안한 사람은 흔히 운동하지 않으며 배불리 먹고 앉아있거나 자기 때문에 경락이 잘 통하지 않고 혈맥이 응체되어 그렇게 되는 것이다. 그러므로 귀인의 얼굴은 즐거운 듯하나 마음은 괴롭고 천한 사람의 마음속은 한가하나 얼굴은 고통스러워 보인다"고 쓰여 있다. 이 글을 보고 나는 예나 지금이나 인간사 모습이 어쩜 이리 비슷할까 싶어 놀랐다.

기혈이 흘러야 감정이 쌓이지 않는다. 현대인은 어느 시대보다 소유와 집착에 강할 뿐 아니라 몸을 움직이지 않으니 정신이 괴롭다. 게다가 너무 잘 먹기 때문에 별거 아닌 일에 금/수들은 잘 삐지고, 목/화들은 감정이 폭발한다. 우선 몸을 움직여야 한다. 기 순환에 좋은 활동으로 걷기와 등산과 108배를 추천한다. 목/화 기운이 많은 사람은 천천히 걷기와 요가가 좋다. 금/수 기운이 많다면 활동적인 운동이나 등산을 권한다.

다섯째, "될 때까지 연마하라"

용신은 될 때까지 연마해야 한다. 고미숙 선생은 자칭 별명이 '여종길厲終吉'이다. 주역에 나오는 표현인데 '어려움을 겪지만 끝내 길하다'는 뜻이다. 그는 살면서 무엇이든 쉽게 된 적이 없다고 한다. 그래서 될 때까지 하기로 했는데 끝은 늘 좋단다. 그도 그럴 것이 그에겐 식상이 없다. 과거엔 자기처럼 글을 못 쓰는 사람도 없었다고 하는데 못해도 때려치우지 않고 될 때까지 하니 끝이 나쁠 수가 없다.
조선 시대 선비 김득신은 머리가 유독 나빠서 만 번을 읽어야 겨우 하나를 외웠지만 포기하지 않았다. 될 때까지 하는 사람을 당할 사람이 어디 있겠나?
아이큐가 생기면서 머리의 위계도 같이 생겼다. 모든 생명은 그 자체로 고귀할 뿐 위계가 있을 수 없다. 돌머리면 어떻고 천재면 어떤가. 삶이 막히지 않고 순환하는 길이라면 속도가 느리다고 포기할 일인가. 생존이 걸린 문제라는 것을 잊지 말자.
순환하는 일상을 위해 노력하고 있다면 그 자체가 고귀한 삶이다. 그때 불안은 사라지고 점점 자기다운 삶을 발견하게 될 것이다. 그렇게 되면 자기가 하고 싶은 일이 무엇인지도 알 수 있으니 자기 계발이나 취업 준비에 목숨 걸지 말고 찬찬히 용신을 연마해 나가길 바란다.

자기 사주 분석하기

사주 분석 순서

① 일간을 분석한다.

② 점수를 내서 오행 분포를 확인한다.

③ 일간이 놓인 환경(월지)을 보고 분석한다.

④ 천간과 지지 글자와 육친·십신을 연결해서 분석한다.

⑤ 육친·십신의 순환 속에서 생과 극의 관계를 파악한다.

⑥ 순환을 위해 연마해야 할 육친과 오행(용신)을 찾는다.

⑦ 합, 충, 살의 변화를 파악한다.

⑧ 용신 연마를 위한 계획을 세운다.

乙 목	丁 화	丙 화	己 토
巳 화	巳 화	子 수	酉 금

아, 나는 이렇게 태어났구나!

나를 예로 들어 분석해보면 다음 표와 같다. 분석 순서대로 따라가는 과정은 자기 안의 자연과 만나는 시간이다. 찬찬히 음미하면서 따라가보자. 우리 안에 천간 열 개와 지지 열두 개가 움직인다. 그들을 육친과 연결하면 관계와 활동으로 확장된다. 사주 분석은 끝이 아니다. 이를 토대로 글쓰기 작업으로 이어져야 한다. 갑자기 글을 쓰려니 난감하겠지만 2부 1장의 사례를 통해 육친을 이해하고 나면 글쓰기 욕망이 꿈틀거릴 것이다. 그다음에는 2부에 등장하는 학인들처럼 운명의 지도를 그릴 수 있다. 그것까지가 우리가 해야 할 목표이다.

분석 순서	내용
1. 일간 분석하기	일간이 정화라면 자신을 정화의 특징과 연결해 살펴보기.
2. 점수를 내서 오행 분포 확인하기	화: 50, 토: 10, 금: 10, 수: 30, 목: 10
3. 일간과 월지 분석하기	일간이 놓인 환경(월지) 살펴보기. 내 경우 → 일간 정화가 월지 '편관(수) 환경'에 놓여 있음.
4. 천간과 지지의 글자와 육친을 연결시켜 분석하기	각각의 천간과 지지와 육친을 연결해서 해석하기. 내 경우 → 식신(시작하는 힘)+기토(매개하고 균형잡는 기운)
5. 육친의 순환 속에서 생극 관계를 파악하기	각각 육친(오행)의 생하고 극하는 관계 파악하기. 내 경우 → 비겁(화)이 50점으로 재성(금) 10점을 극함. : 자의식이 발동해서 재성(금)을 극함.(화극금) -편관(수)이 30점으로 비겁(화) 50점을 극한다.
6. 순환을 위해 연마해야 할 용신 찾기	전체 오행 분포에서 부족한 오행 찾기. 내 경우 → 화 기운이 강하므로 순환하기 위한 '토', 화를 극하기 위한 '수' 필요
7. 합, 충, 살 찾기	내 경우 → 사유축 삼합 중 사화(비겁)와 유금(편재)이 합을 함. 을기 충으로 을목(편인)과 기토(식신)가 충을 함.
8. 용신 연마를 위한 계획 세우기	내 경우 → ❶ 식상 용신을 위한 실천 - 나를 자연스럽게 표현하는 훈련하기 - 창조를 위한 활동 찾기 ❷ 관성을 위한 실천 - 비겁 제어를 위해 네트워크에 접속하기

오늘 해결하지 못한 고민들은
시간과 함께 스스로 물러간다
쓸쓸한 미소이건
회한의 눈물이건

하지만 인생에서 해결하지 못하고 건너뛴
본질적인 것들은 결코 사라지지 않는다

담요에 싸서 버리고 떠난 핏덩이처럼
건너뛴 시간만큼 장성하여 돌아와
어느 날 내 앞에 무서운 얼굴로 선다
(…)
성공을 위해 삶을 건너뛴 자에게는
쓰디쓴 삶의 껍질밖에 남겨진 게 없으니

박노해의 시 「건너뛴 삶」 중에서

2

자기 삶을 살기

1 다른 삶 다른 운명

운명의 지도 그리기

처음 연구실에 왔을 때가 생각난다. 어디로 가야 할지 몰라 답답했다. 왜 그렇게 막막했을까. 박노해의 시 <건너뛴 삶>은 당시 내 삶이 깜깜할 수밖에 없었던 이유를 기막히게 설명하고 있다. 나는 내게 필요한 것만 하려 했고, 해야 할 것은 건너뛰고 있었다.

조화와 균형이 깨진 상태로 내달리다 보니, 힘없이 울부짖는 내 안의 핏덩이를 바라보며 왜 그리 울부짖고 있는지 물어보고 달래줄 시간 따위는 없었다. 그 존재는 길을 가로막는 거추장스러운 짐일 뿐이었다. 사주명리를 공부하고 이 시가 더욱 특별하게 다가온 것도 그 막막함이 결국 내가 버린 핏덩이 때문이라는 것을 깨달았기 때문이다. 왜 그리 조바심을 냈던가, 그리 부족할 것 없는 삶이었는데 왜 그렇게 영혼의 결핍은 커져만 갔던 걸까.

그러던 어느 날 운명처럼 사주명리를 만났다. 사주명리는 내가 모른 척하고 건너뛴 부분을 콕 집어내 보여주었다. 비겁이 많은 나는 자의식이 강해 남의 말을 잘 듣지 않고, 인성도 약해서 남의 말을 수용하기보다 내 식으로 받아들이며 듣고 싶은 말만 골라 들었다.

재성도 약하게 타고났는데 식상도 신통치 않으니 결과는 늘 만족스럽지 못했다. 게다가 비겁과 비교해 관성이 약하니 조직 생활도 힘들었다. 나는 이런 사람이었다. 운명의 바코드에 담긴 나를 낱낱이 드러내자 더는 숨을 곳이 없었다.

시인의 말처럼, 애써 외면했던 핏덩이는 장성하여 더 크고 무서운 얼굴로 내 앞에 서 있었다. 그동안 나는 삶의 본질을 건드리는 질문이 들려올 때마다 귀를 막았다. 자기 연민의 시선으로 결핍만 들여다보며 구멍을 채우는 데 급급했다. 그러니 아무리 열심히 산들 건너뛴 삶이고 갈수록 길이 막힐 수밖에…. 나를 버린 대가는 고스란히 내 몫으로 돌아왔다.

계절은 건너뛰는 법 없이 봄 다음엔 여름이, 여름 다음엔 가을과 겨울이 온다. 그것이 자연의 이치요 삶의 진리다. 사주명리는 이렇게 순환하면서 건너뛰지 않는, 자연스러운 삶을 사는 법을 또박또박 알려주었다.

그때 사주명리를 만나지 않았더라면 나는 어딘가에서 여름을 부여잡고 가을을 찾아 떠돌고 있을지도 모른다. 다행히도 사주명리를 만났고, 생의 어느 마디를 건너뛰었는지를 뒤집고 헤집으며 나의 어긋난 서사를 다시 써 내려갔다.

그렇게 지낸 세월이 10년. 그동안 계절의 변화를 겪으며 찬찬히 건너다보니, 어느덧 오래전 나처럼 삶에 찌들고 병든 영혼의 길잡이 역할을 하게 되었다. 사람을 만나면서 알았다. 내가 변한 만큼 세상이 보이고 그들의 아픔이 보인다는 것을. 상대는 내가 보지 못한 또 다른 나라는 것을. 어느 순간 나는 연구실에서 상담의 달인으로, 연구실의 주술사로 불렸다.

정말 다양한 사람들이 명리를 공부하러 온다. 명리뿐만이 아니다. 요즘은 심리학이니 에니어그램이니 별자리니 꿈 분석 등 자신을 알기 위한 공부가 넘쳐난다. 놀랍지 않은가. 가전제품에도 인공지능형이 나오는 첨단 과학 시대인데, 자신을 알고 싶은 욕망이 이렇게 크다니!

아무리 문명이 발달해도 '나는 누구이고 어떻게 살아야 하는가.'라는 질문 앞에서 누군들 자유로울까. 몸은 물질문명의 문법을 따르지 않는, 살아 숨 쉬는 자연 아닌가.

하늘과 땅의 이치가 구현되는 현장은 다름 아닌 우리 몸이다. 그러니 순환하지 않는 삶은 관계의 불통뿐 아니라 생리의 불통인 병으로 이어진다. 이것은 『동의보감』뿐 아니라 사상 의학의 기본 원리이기도 한데, 이는 타고난 성향을 이해하는 데서 출발한다. 사상의학의 창시자 이제마는 의학서 『동의수세보원』을 쓰기 전에 13년 동안 사람을 탐구하는 작업을 하고 『격치고』를 썼다.

너의 지혜에 교만하지 말라. 너의 지혜가 얕은지 모른다.
너의 능력에 자긍하지 말라. 너의 능력이 혹 척박한지 모른다.
너의 재목을 앞세우지 말라. 너의 재목이 치졸한지 모른다.
너의 노력을 과장하지 말라. 너의 노력이 궁색한지 모른다
『격치고』, 「천시」, 77쪽

이 글은 인간은 자기식으로 세상을 보지만 누구나 지혜와 능력, 재목이나 노력 중 적어도 한 가지를 타고난다는 말인데, 명리에서 전하는 메시지와 다르지 않다. 인간은 누구나 뛰어난 점이 있으니 아무리 재능이 출중해도 자만하거나 남을 무시하지 말라는 얘기다. 어떤 대단한 능력도 치우침의 결과라는 것. 또 어떤 능력(여름)을 타고났음은 다른 능력(겨울)을 부여받지 못한 것과 같다.

여름이 겨울보다 훌륭한가? 가을이 봄보다 위대한가? 무엇이 더 낫고 모자란다고 감히 누가 논할 수 있나. 애초에 비교 불가한 일 아닌가. 사람도 마찬가지다. 저마다 존재할 뿐이다.
사람은 누구나 타고난 기운에 익숙해서 주야장천 그곳에 머물려 하고 부족한 기운은 생소해서 건너뛴다. 이는 여름을 받아들이기 힘들다며 봄에서 가을로 건너뛰는 것과 같다. 여름을 넘지 않는 몸과 마음으로 겨울 추위를 제대로 이겨낼 수 있을까?
자기 한계를 넘지 않으면 반드시 관계에서 문제가 생기고, 그게 쌓이면 병이 된다. 나에게 익숙하지 않은 기운(이게 바로 '용신'이다)을 건너뛰지 않아야 관계가 원활하고 건강한 삶을 살 수 있다.
1부에서 각자 타고난 운명의 리듬을 배웠지만 변화무쌍한 삶에 바로 대입하기는 쉽지 않다. 자기 삶에 구체적으로 개입하려면 반드시 자기 민낯과 만나야 하고, 그러기 위해서는 꼭 글쓰기를 해야 한다.

글쓰기의 문턱들

연구실의 모토는 '글쓰기로 수련하기'이다. 재능이 아닌 수련으로써의 글쓰기. 이건 정말 해봐야 안다. 자신을 열고 삶을 꺼내면 정체된 기억과 감정이 터져 흐른다. 한번 물꼬를 내면 절로 흐른다. 연구실에서는 명리를 배우고 나면 반드시 글을 쓰게 하는데 이름하여 '누드 글쓰기'.

누드라니? 누드 글쓰기가 된 이유는 나를 홀딱 벗는 글을 쓴다는 뜻이다. 연구원들 사이에선 번뇌의 커밍아웃이라는 별명이 붙기도 했는데, 자기 속에 꽁꽁 담아 둔 고민을 털어놓자는 의미다.

그 후 이런저런 실험을 거쳐 누드 글쓰기는 '운명의 지도 그리기 워크숍'이 되었다. 이 워크숍에는 명리 수업을 거친 스물다섯여 명이 참여하여 앞서 배운 명리를 토대로 매주 글을 쓴다. 글을 쓰면서 자신이 무의식적으로 '반복하는 고질적인 패턴'과 '타고난 운명의 리듬'이 겹치는 지점을 발견하는 게 목표이다. 이렇게 자기 문제를 자각해야 비로소 사주명리의 흐름 속에서 자기 인생의 곡선을 그려나가는 적극적인 운용이 가능하다. 그때부터 명리 이론은 자기 삶에 착 들러붙어 내비게이션으로 작동한다.

이 작업은 마무리가 아니라 새로운 삶의 시작이다. 계속 엎어지고 넘어져도 이전처럼 지도 없이 흔들릴 때와는 다른 삶이 펼쳐진다. 그러니 두려움 속에서도 기꺼이 파도를 넘나드는 항해에 나설 수 있다. 물론 삶의 지도를 손에 쥐었다고 어려움이 없진 않지만 위기 앞에서 잠시 길을 잃더라도 방향성을 놓치지 않게 된다.

어디로 가야 할지 아는 사람은 폭풍우가 몰아치는 바다 한가운데에서도 끝까지 키를 놓지 않는 법이다. 남을 흉내 내는 삶이 아니라 자기가 걸어가는 자리가 바로 길인 삶이 펼쳐지게 된다.

글쓰기는 쉬운 일이 아니다. 과정 자체가 자의식과의 한바탕 전투다. 그러니 먼저 자의식의 방에서 나와야 한다. 사실 우리는 문제가 있어도 털어놓기 힘들어한다. 마음을 터놓을 데도 마땅치 않다. 그래서인지 학인들에게 고민을 써보라고 하면 어디까지 드러내야 할지 난감해하고, 고민이 너무 지질해서 드러내봤자 이미지만 상할 거라며 힘들어한다.

'지금의 자신을 만든 것은 무엇인가' 하는 질문에 솔직한 답을 찾아가다 보면, 자기 안의 고통·분노·수치·지질함·외로움… 온갖 감정이 봇물 터지듯 올라온다. 감정을 피하지 말고 있는 그대로 만나야 한다.

누드 글쓰기를 하는 이유도 감정의 치우침을 이해하기 위해서이다. 그래서 나는 학인들에게 너무 잘 쓰려고 하지 말고 매 순간 올라오는 자신과 부딪히라고 말한다. 무엇보다 함께하는 사람들을 믿고 배우는 자세로 마음의 문을 열어야 한다.

어찌어찌 힘들게 글을 썼다고 끝이 아니라 합평이 기다린다. 글을 나누면 자기 검열한 결과가 적나라하게 드러난다. 가장 빈번한 형태는 자신을 피해자로 서술하는 경우이다. 원하지 않았는데 결혼을 했다든지, 가족을 위해 희생하고 직장 상사를 잘못 만난 사연 등등. 남 탓을 하거나 자신이 얼마나 희생했는가를 강조한다. 학인들은 동정과 연민을 보내고 글쓴이는 위로를 받는다. 하지만 이런 글은 자신을 드라마나 소설 속 주인공으로 여기면서 쓴 글일 뿐, 새로운 삶의 지도를 그리는 데 별 도움이 되지 않는다.

심리적인 누드 상태로 글을 쓰는 이유는 같은 실수를 반복하지 않기 위해서이다. 자기가 삶에서 왜 주도적이지 못했는가를 냉철하게 보지 않으면 동정과 연민에 기대게 되고 습관만 더 견고해진다.

운명의 지도를 그리기 위한 글쓰기는 자기를 해체하는 작업이다. 육친의 순환 속에서 집착하는 욕망을 냉정하게 보고 감정에 휘둘리지 않을 때 다른 존재로 거듭난다. 이런 과정을 건너뛰면 어릴 때 생긴 문제가 나이 든다고 절대 해결되지 않는다. "세 살 버릇 여든까지 간다"는 속담은 그냥 나온 말이 아니다.

운명을 사랑하는 법

이제 본격적인 임상 탐구로 들어가 보자. 여기서는 학인들의 글을 토대로 사주 원국을 분석하려고 한다. 사주 분석은 육친 이해에 초점을 맞춘 운명의 지도 그리기에 주력할 것이다.

지도를 그리며 순환의 흐름을 파악하고 방향을 정해야 한다. 지도에 이곳저곳 표시를 해 두어도 배가 가야 할 방향을 모르면 망망대해를 표류할 수밖에 없다. 그래서 방향 설정이 중요하다. 그것이 바로 육친의 흐름을 파악하는 일이다.

그렇다고 세부 사항을 무시해도 좋다는 뜻은 아니다. 큰 방향을 결정해야 작은 부분도 흐름에 맞는 용법이 생긴다. 육친의 순환을 모르는 상태에서 합·충·살 등을 잘못 다루면 정작 자기 삶의 큰 그림은 보지 못할 우려가 있다.

특히 합·충·살은 길흉화복에 매인 해석이 많아서, 합은 좋고 충과 살은 나쁘다는 논리에 갇히면 운세 맞추기 게임에 머물기 십상이다. 자기 삶을 운용하는 지도로써 사주명리를 배우는 의미가 없다. 그래서 지금 단계에서는 필요한 경우가 아니라면 세부적인 분석은 생략했다.

삶의 지도를 그리는 데 혼란스러울 여지가 있기 때문이다. 여기서는 육친의 흐름을 파악하고 숨어있는 용신을 찾을 것이다.

잠깐! 이해를 돕기 위해 우리끼리 약속하자.

- 운명의 지도 그리기 워크숍에서 사례를 쓰고 발표한 사람들을 **사례자**로 표현한다.

- 비겁이 많은 사람은 **비겁인**으로, 그 외 다른 육친도 **00인**으로 부르기로 한다.

- 육친은 순환이 잘될 때와 안될 때에 따라 모양새가 아주 다르다. 예를 들어 비겁은 육친의 시작인데 출발선에서 식상으로 가지 않고 자기 자리만 집착하면 삶은 순환하지 않는다. 이렇게 순환하지 않는 비겁을 **불통비겁**, 반대로 순환하는 비겁은 **통**(하는)**비겁**으로 한다. 불통비겁은 고집이 세지만 통비겁은 어떤 상황에서도 자기중심을 잘 잡는다. 다른 육친도 순환하면 **통**○○, 순환하지 못하면 **불통**○○으로 부른다. 어떤 사주든 통과 불통의 팔자가 있음을 명심하시라. 통 팔자가 되려면, 타고나지 못한 기운을 연마해야 한다. 그래야 타고난 욕망도 제대로 사용할 수 있다.
  운이란 '명命을 운전한다'는 뜻이다. 운전 방향은 불통이 아닌 '통'에 있다. 통하는 삶을 향해 갈 때 자기 팔자를 사랑할 수 있고 '운명을 사랑하라'는 니체의 운명애를 비로소 알게 될 것이다. 자신이 통하려는 의지를 갖춰야 통하는 팔자가 된다.
  임상에 앞서 용기 내어 자신의 고민을 나눈 학인들에게 고마움을 전한다. 그들의 고민이 곧 우리의 고민이다.

자신감과 고집 사이: 비겁 탐구

비겁(비견+겁재)은 일간과 같은 오행이다. '나'와 같은 오행이 있다는 말은 자기 힘의 확장을 의미한다. 여기서 '자기 힘'이란, 자신과 비슷한 형제나 친구나 동업자 등 주변에 동료들이 많은 모습으로 드러난다. 보통 30점 이상이면 비겁이 많다고 보는데 비겁 점수가 높다고 그 자체가 문제 되는 건 아니다. 단 육친의 흐름에서 비겁에 집착할 가능성이 높을 수는 있다. 계속 강조하지만 핵심은 오행의 순환이다. 같은 사주를 타고났어도 **통비겁**과 **불통비겁**의 삶은 완전히 다르다. **불통비겁**은 자기 주도적인 성향이 강해서 고집을 내려놓기 힘들고 주장을 끝까지 밀어붙인다. 하지만 **통비겁**은 어떤 상황에서도 중심을 잘 잡는다. 그런 성향 탓에 비겁인은 누군가의 지시를 받는 일보다 주도적으로 자유롭고 독립적인 일을 할 때 가장 자기답다고 느낀다.

케이스 스터디 :
참을 수 없는 비겁의 자의식!

(96년생 여성, 대학 휴학 중)

丁 화	乙 목	乙 목	丙 화
亥 수	卯 목	未 토	子 수

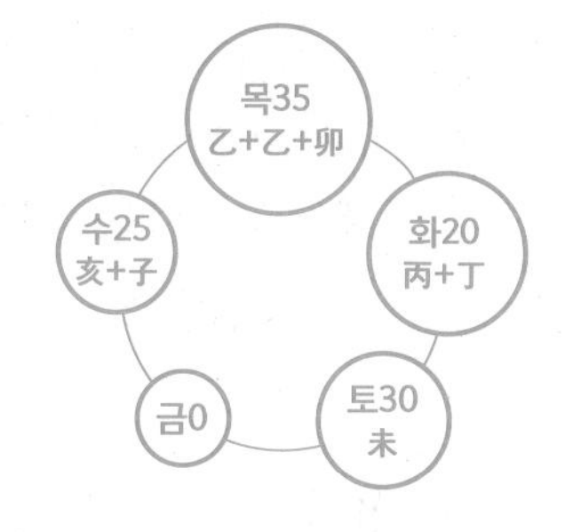

“내 일간은 을목이다. 사주에 드러난 목만 해도 이미 세 개인데 지지에 '해묘미' 삼합을 이루어 목이 되다 보니, 점수로 환산하면 비겁이 80점에 육박한다. 이렇게 나의 사주는 나란 사람으로 가득해서 을목이라는 글자를 형상화한 모습을 온전히 보여준다. 그만큼 을목의 특성으로 똘똘 뭉쳐있다. 나의 월지는 미토로 재성이다. 미토는 가장 더운 여름의 토로 양기의 절정을 지나 양이 음으로 바뀌는 시기이다. 그래서인지 쉽게 결과를 생각한다. 어렸을 때는 의욕만 넘쳐서 일을 크게 벌여놓고 끝내지 못하는 '시작은 창대하나 끝은 미약하다'란 말의 표본이었다. 학교 숙제도 계획만 크게 세우고 실행을 못 해 번번이 실패했다.”

이 사례자는 일간과 같은 육친인 비겁을 타고났다. 일간(을목)은 월지 미토(재성) 환경에 노출되어있다. 이런 경우 보통 일간이 재성 환경에 놓여있으므로 일을 벌이면 똑부러지게 처리한다. 하지만 지지가 해묘미 삼합 작용으로 인성(해수) + 비겁(묘목) + 재성(미토)이 합을 해서 다시 목(비겁)이 되었다. 비겁이 과하면 자신과 비슷한 기운이 많아 투쟁심과 경쟁심이 발동해 남보다 더 잘하고 싶어진다. 사례자는 처음부터 재성(마무리)에 대한 관심보다는 비겁(자기가 빛나고 싶은 욕심)으로 계획을 세운다. 자의식이 손상되면 참지 못해 일을 중단하고 다시 비겁이 돋보일 계획을 세우고 깨뜨리기를 반복한다. 지지에서 '해묘미'로 인성(수) 또한 목(비겁)으로 변해 뭘 배우거나 수용해도 자기식으로 해석하려는(비겁) 경향이 짙다. 이런 심리가 마무리인 재성까지 가지 못하고 다시 목으로 돌아가게 만든다. 불통하는 비겁인의 표본이다.

자기 고집이 강한 불통비겁이 순환하려면 관성의 제어를 받아야 하는데(금극목) 보다시피 원국에는 관성이 없다. 비겁을 제어할 조직이나 관계가 없는 것이다. 조직은 개인의 취향보다 단체의 규칙을 따라야 하는 곳이다. 비겁이 많고 관성이 없으면 조직 자체를 답답하게 느낀다. 사례자는 대학에 입학했지만 일 년 만에 휴학을 결정했다.

> "입학해서부터 대학 생활이 힘들었다. 지금 하는 게 맞는 건가 하는 의문도 한몫했지만 학교 다니기가 너무 힘들었다. 학교가 기운을 쭉쭉 빼가는 것 같았고 이유 없이 피곤했다. 집에 틀어박혀서 아무것도 안 하니 너무 좋았다. 처음 휴학을 결심한 것도 쉬고 싶은 마음에서였다. 지금 생각해 보면 나를 계속 불편

하게 자극하는 학교를 무의식적으로 피하고픈 마음이 컸다. 일을 벌이고 마무리 못하는 나의 단점이 휴학하면서 더 두드러졌다. 예전에는 시작이라도 했다면 요즘에는 시작조차 하지 않는다. 무실천 무계획이 요즘 나의 일상이다. 나를 움직여야 새로운 환경에 들어갈 텐데 주변 눈치만 보고 시작도 하기 전에 걱정만 하고 있다. ❞

처음 이 친구를 만났을 때 온몸으로 무기력한 기운을 내뿜었던 기억이 난다. 별 뜻 없이 휴학했다며 구체적인 이유를 대지 못했다. 그나마 조직의 룰이 적용되는 학교를 그만두니 자기식으로 하고 싶은 불통비겁의 속성이 적나라하게 드러났다.

사례자는 20대 초반으로 워크숍에 참여한 이들 중 가장 어린 학인이었다. 매주 글을 써야 하는데 처음엔 어려워하며 써오지 않았다. 서너 차례 수업을 지나는 동안 다른 사람의 발표를 들으며 그들이 자기 문제를 어떻게 넘는지 관찰하더니 자극을 받아 점점 눈빛이 달라졌다. 그다음부터 적극적으로 자기 사주를 기준으로 삶을 분석해 왔고 마침내 문제를 인식한 뒤엔 의욕적으로 글을 발표했다.

❝ 추억에 의지하다 보니 현재를 잊는 그런 삶이다. 과거가 끊임없이 현재를 끌어당기고 있다. 유년기의 트라우마나 결핍이 자리 잡으면 그곳에서 성장이 멈춘다고 했다. 나는 열두 살 꼬맹이에 머물러 있었다. 홍콩에서 보낸 3년을 아직까지도

인생의 '황금기'라고 표현한 것을 보면 그렇다. 사실 그때도 지금과 다르지 않은 삶을 살았음에도.
나의 망상은 점점 커졌다. (…) 나는 몸이 편한 환경을 택했다. 자극받는 환경이 싫어서 휴학을 선택했다. 땅에 발을 딛지 않고 공중에서 머물기 위해 끊임없이 발버둥 쳤다. ❞

사례자는 어릴 때 홍콩에서 3년간 지냈다. 국제 학교 경험은 정신적 도피처가 되었다. 국제 학교의 교육 방식은 이상적이고 한국의 주입식 교육은 자기와 맞지 않는다는 식으로 구분했다. 홍콩에서 학교 다닐 때의 기억이 계속 미화될수록 현실은 비루해졌다. 글쓰기를 하면서 세상을 이분법으로 보는 습관이 어린 시절뿐 아니라 지금도 여전히 반복되는 패턴이라는 것을 알아차렸다. 비대한 비겁이 자극받는 환경을 피하려고 현재를 부정하고 과거를 장밋빛으로 구성하는 식의 망상임을 발견한 것이다. 유레카! 자신의 상태를 진단하게 되자 스스로 치료법을 찾기에 이른다.

❝ 나는 조직에서의 공부가 필요하다. 그런 점에서 대학교는 나에게 최고의 용신이다. 대학에 대한 이상은 이미 입학과 동시에 무너졌기 때문에 딱히 거는 기대는 없다. 그러나 나는 강제적인 환경이 조성되지 않는 이상 움직이지 않을 인간이기 때문에 학교에 남을 수밖에 없다. 뭘 하든 현장에 가야 시작한다. 나에게 대학교는 가장 자극이 되는 곳이다. 그곳에서 순환하기, 즉 공부를 시작하고 끝내는 것. 나에게 주어진 가장 큰 과제이다. ❞

사례자는 비겁의 자의식으로 인해 현실을 부정했음을 알게 되었고, 비겁을 제어하기 위해 관성의 필요성을 인식했다. 나를 힘들게 하는 관계에 기꺼이 들어가서 좌충우돌해야 자의식의 방에서 탈출할 수 있다는 것까지.

처음 왔을 때 막막해하던 표정에서 점점 또렷해지던 눈빛이 아직도 선하다. 스물을 갓 넘은 친구가 삶의 내비게이션을 찾았다고 생각하니 정말 기뻤다. 삶에서 기준이 없다면 얼마나 막막할 것인가.

문제는 통과 불통에 있다. 불통하면 사례자처럼 비겁의 자의식이 다른 육친을 잠식해서 다음 단계로 흘러가지 못하게 하니 말이다. 하지만 **통비겁**의 경우라면 기운을 순환해서 자기중심을 잘 잡는 참모습을 보여준다.

비겁은 자기 자신이 중요하다. 자신을 보호하려는 심리가 강하고, 조직이나 관계 속으로 들어가면 자신이 사라질 것 같은 두려움을 느낀다. 관계에 대한 고려가 약해 관계를 쉽게 끊기도 한다.

불통비겁이 **통비겁**이 되려면 어떻게 해야 할까? 자기 생각을 내려놓은 다음 잘 듣고 상대와 소통해야 한다. 소통하지 않는 자존심은 자의식일 뿐이다.

그리고 관성과 재성을 잘 사용해야 한다. 관계 안에서 부딪히는 과정을 공부로 삼아 자아를 성찰하고(관성 작용), 삶의 현장에서 겪는 경험(재성 작용)을 통해 자신을 변화시키는 기회로 삼아야 한다.

비겁이 많은 사람은 치부나 병을 감추고 끙끙거리기 쉬우므로 문제를 적극적으로 드러내는 게 좋다. 그것이 문제를 해결하는 가장 좋은 방법이다. 수치스럽다고 생각하는 사안을 자기 입으로 말하는 순간, 해결할 길이 열린다. 더는 감출 필요가 없기에 수치와 타인의 시선으로부터 자유로울 수 있다.

병은 안으로 뭉친 기운이라서 비겁인이 기운을 풀고 순환하려면 자의식의 방에서 나와야 한다. 에티오피아 속담에 "병을 숨기는 자에게는 약이 없다"는 말을 새겨볼 일이다.

절차탁마

before 불통비겁에서	after 통비겁으로
나와 잘 맞는 친구만 상대함. 경쟁심과 질투심이 강해 탐이 많고, 뺏기는 것에 민감함.	경쟁심을 내려놓고 경쟁자를 친구로 인식하기. (팀워크가 중요한 일에 탁월한 능력 발휘)
자기 의견이 중요해 타인의 말을 잘 수용하지 못함. 독단, 독선에 빠지기 쉬움.	역지사지하는 태도로 의견 펼치기. 어떤 상황에서도 중심을 잡고 주체적으로 행동하기.
의욕이 넘쳐 결과를 생각하지 않고 일을 벌임.	마무리를 염두에 두고 시작하기. 자기중심에서 벗어나 전체 상황을 고려하여 일 진행하기.

표현력과 모방 사이: 식상 탐구

식상(식신+상관)은 일간이 생하는 오행이다. 만약 비겁이 목이라면 식상은 화에 해당한다. 비겁에서 식상으로 흐르는 즉, 목에서 화로 가는 흐름은 자연스러운 과정이다. 이처럼 식상은 자신의 재능이나 활동을 매끄럽게 표현하는 힘이다.

통식상은 자신을 표현하면서 즐거움을 느낀다. 창작 활동(생산)을 좋아하고, 식욕·성욕·의식주를 확장하고 싶은 욕망이 크다. 식상인은 먹고사는 문제가 대체로 잘 풀리는 편이므로 긍정적이고 낙천적이다.

반면 불통식상은 잘 먹고 잘 노는 것이 지나쳐 자칫 쾌락을 추구할 수 있다. 표현력이 좋아 친구를 잘 사귀지만 하고 싶은 말이나 행동을 참지 못해 상대에 대한 배려가 약하다. 이런 성향이 조직 생활에도 영향을 끼쳐 조직과의 인연은 얕다. 식상인은 자신을 표현할 때 가장 자기답다고 느낀다. 이런 속성상 창조력이나 표현력이 요구되는 분야의 일을 선호하고 두각을 나타낸다.

케이스 스터디 :
현실 감각 없는 식상남의 운명

(81년생 남성, 직장인)

乙목	戊토	丙화	辛금
卯목	午화	申금	酉금

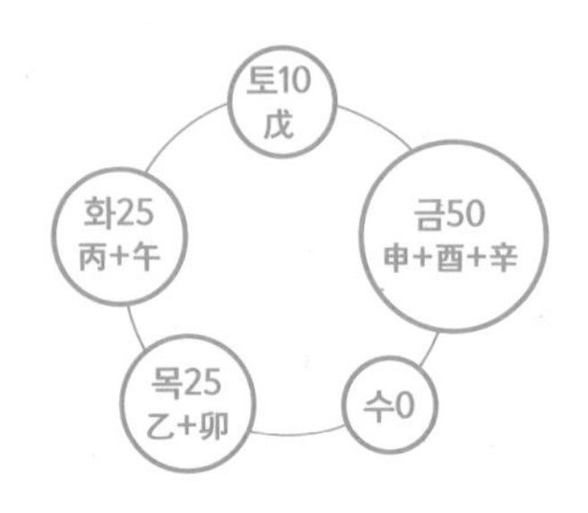

“내 일간은 무토로 중간을 선호하고 균형 잡고 싶은 욕구가 있다. 일을 결정할 때는 신중하지만 한번 결정하면 원칙과 고집을 내세워서 주변을 힘들게 할 때가 있다. 나의 월지는 가을인 신금으로 식상에 해당한다. 어릴 때 가장 많이 들었던 말은 ‘밥 먹어라’, 군대에서도 취사병이었다. 초·중학교 때는 응원단장과 오락부장으로, 군대에서는 <청춘 신고합니다>라는 방송에 나가 장기자랑으로 1등을 해서 포상 휴가를 얻기도 했다. 식상은 ‘말’ ‘밥’ ‘끼’로 그것은 조직과 갈등을 일으킨다는데 정말 그런 것 같다. 상사나 동료가 나를 건드린다는 느낌이 오면 참지 못하고 날카로운 말을 해서 관계를 상하게 했다. 나를 아끼는 선배는 “네 말은 맞지만 재수 없어 보일 수 있으니 조심하라” 고 주의를 주기도 했다.”

사례자의 육친 특징은, 식상이 많고 관성이 적절하고 재성이 없다. 조직에선 보통 불만이 있어도 참는데 사례자는 강한 식상으로 인해 의사 표현이 거침없다. 문제는 재성이 없다는 사실이다. 재성이 없으니 자신이 몸담은 조직이나 현장을 고려하기보다는 조직의 문제점을 꺼내고 싶어 한다. 사례자의 입장에서만 시시비비를 가리고 토로하다 보면, 상사는 그를 어떤 시선으로 바라볼까? 진의와 상관없이 공격적인 사람이라고 생각할 수밖에 없지 않을까. 그러니 당장 말해야 할 사안인가, 아니면 조금 더 기다리는 것이 현명한 일인가를 분별할 줄 아는 지혜와 여유가 필요하다.

“대학 합격 후 아침잠이 많은 나였는데도 새벽 신문 배달과 당구장, 카페, 편의점, 오토바이 배달 등 각종 아르바이트를 동시에 했다. 돈을 벌고 싶다기보다는 답답한 교실에서 보낸 내 몸을 그냥 막 쓰고 싶었다.”

식상은 활동을 펼치고 싶은 욕망이다. 머리보다는 몸을 쓰고 싶어 한다. 사례자는 입시를 위해 억압했던 식상의 욕망을 다양한 일을 하면서 해소했다.

“첫 직장은 2007년 슬로바키아의 건설회사 사장 비서로 시작했다. 일 년 동안 운전과 자잘한 업무를 하다가 사장과의 말다툼으로 잘렸다. 이국땅에서 외로웠던 데다 한국으로 돌아가고 싶었다. 그런 심리적 상태로 평소에는 그냥 넘길 일에 발끈하여 해고를 자초했다. 사장이 사직을 권하기에 속으로 감사 기도를 드리고 퇴직금을 챙겨 유럽 여행을 떠났다.”

사례자는 권고사직을 당한 상황에서도 일을 향한 아쉬움보다(재성) 하루빨리 여행을 떠나고 싶은(식상) 욕망이 강하다. 식상은 반드시 재성으로 흘러야 한다. 사회 생활은 취미 활동이 아니므로 일에 대한 책임과 마무리를 인식해야 했지만 사례자는 식상 욕망을 먼저 채우는 것을 택했다.

> "유럽 여행을 다녀와서 인도, 네팔, 중국, 아프리카, 필리핀 등을 연이어 방문할 정도로 여행 중독에 빠졌다가 다시 두바이에 있는 건설 회사에 노무 관리자로 일을 시작했다. 시간이 지나 직급이 올라가고 시공이 마무리될 즈음 본사 발령을 약속했던 본부장이 수주를 따왔다. 그분은 나를 사우디로 발령냈고 반발심에 일을 그만두었다."

회사에서 본사 발령을 이행하지 않은 데 대한 사례자의 처신은 재성 없는 식상인의 모습을 적나라하게 드러낸다. 약속을 지키지 않은 본부장도 문제지만 사례자 또한 회사 입장을 헤아리지 않았으니 피차일반이다. 사례자가 일을 잘하니 새로운 곳에 배치했을 수도 있고, 미혼이니 해외 근무에 부담이 덜하다고 판단했을 가능성도 있는데, 전후 사정을 보지 않고 자기식으로 판단하고 결정한 태도는 재성, 즉 당시 상황에 대한 이해가 없음을 드러낸다. 그 후 사례자는 동료와 회사를 차렸지만 현실적인 부분에 대한 점검이 부족한 탓에 회사를 끝까지 끌고 가지 못한다.

“동료와 지인들과 두바이에 건물을 짓고 복합 유흥 공간을 열어 공동으로 운영하는 프로젝트를 기획했다. 그동안 차곡차곡 모은 월급과 친지에게 빌리고 은행에서 융자받은 자금으로 겁도 없이 시작했다가 모두 날렸다.”

사주의 리듬으로 보면 재성 부재가 실패를 자초했다고 생각한다. 주도면밀한 현장 이해(재성) 없이 호기심(식상)으로 무작정 달려들었으니 감당할 수 없는 결과를 불러온 게 아닐까? 식상이 많으니 아이디어는 넘쳤을 테지만 재성이 없으니 현장에서 벌어질 다양한 변수를 예상하지 못하고 위기에 빠지고 말았다. 남자에게 아내나 애인은 재성에 해당한다. 재성의 부재는 여자 친구와의 관계에서도 같은 흐름을 보여준다.

“10년 동안 만난 여자 친구와 결혼할 조건이 됐는데도 결실에 이르지 못했다. 그 이유도 재성의 마무리가 문제이지 싶다. 내 기운이 재물과 아버지를 멀리하게 한 것도 재성이 없어서인지 모르겠다. 하지만 재성이 없어서 그런지 돈이 있을 때보다 지금처럼 가난하지만 내 삶에 집중할 시간이 있어서 맘이 편하고 몸이 가벼운 것 같다.”

재성은 식상을 집중력 있게 밀고 나가는 힘이다. 사례자의 경우 식상의 힘을 재성까지 밀어붙이기보다는 새로운 세계에 대한 호기심이 자신을 더 자극한다. 이 글에서는 생략했지만 장거리 연애에 지친 여자 친구가 외롭다며 결혼을 원했는데 사례자는 여행하느라 결혼을 미루었다. 식상의 욕망이 앞섰기 때문이다.

> “당시 두바이는 세계의 건설 회사들이 앞다투어 모여드는 곳이었다. 사막에 화려한 건물을 짓는 일이 매일 일어났고, 다양한 국가의 노동자들은 휴일이면 돈을 쓰러 도심으로 나왔는데 우리는 그들의 주머니를 노리는 일로 한 건물에 식당과 호텔, 클럽이 있는 음주 가무 논스톱 프로젝트를 기획했다. 법 절차와 회계를 도맡은 현지인이 유명 호텔 매니저 출신에 집안도 믿을 만하여 일을 도모했는데, 그의 도덕적 해이함으로 일이 잘못되었다. 하지만 근본적인 문제는 내가 돈 개념이 부족했고, 그것에 달라붙은 무시무시한 인연 장을 모르고 사업을 시작한 것이 실패한 원인으로 보인다.”

사례자는 글을 쓰면서 더 근원적인 부분을 알게 되었다. 오직 큰돈을 벌어야겠다는 욕망만 있었지 그 일이 자신과 세상에 어떤 영향을 미치는가는 질문하지 않았다. 그런 태도라면 반짝 성공했다 해도 지속 가능했을까? 결국, 쾌락으로 번 돈은 쾌락으로 사용될 게 아닌가.
재물(재성)은 그냥 이루어지지 않는다. 심지어 인류의 문명조차도 누군가의 생각(인성)에서 출발한다. 식상과 재성은 이렇게 인성과 긴밀하게 연결돼 있다. 돈만 벌면 끝나는 게 아니다. 그다음이 더 위험하다. 유형인 돈은 무형의 에너지로 변해 부메랑처럼 돌아오기 때문이다. 인생 전체를 놓고 보면 사업이 진행되지 않은 게 다행일지도 모른다.

잘 살려면 세상을 '잘' 보아야 한다. 다르게 생각해야 다른 삶이 펼쳐진다. 사례자는 올해 인성(정화)이 들어왔다. 사주명리 공부를 시작으로 직장을 다니면서 공부로 수행하고 있다. 끼(식상)를 억누르고 어떻게 공부를 하겠냐는 우려의 목소리가 들린다. 걱정하지 마시라. 공부는 타고난 욕망을 억압하는 게 아니라, 자기 본성을 가장 자기답게 드러내준다. 그는 랩과 텍스트를 접목한 '랩 낭송'을 개발하여 학인들 앞에서 발표했다. 폐부를 찌르는 좋은 문장으로 귀에 쏙쏙 박히게 랩을 만드는 재능이라니! 앞으로 그 많은 식상이 공부를 통과하면 어떻게 터져 나올지 벌써부터 기대된다.

식상은 외부에서 받아들인 정보를 자기식으로 소화해서 표현하는 기운이다. 식상이 강하면 마무리하고 책임지는 현실에서 도피하고 싶어진다. 관성이 나를 극하는 상황을 견디지 못하기 때문이다. 인성 없이 식상을 계속 사용하면 어떻게 될까? 에너지 공급 없이 기운을 소모하게 된다. 연료 없이 차가 달릴 수 있나? 인성을 바탕으로 충분히 생각해서 표현하고 행동해야 한다.

여자에게 자식은 식상이다. 여자는 자식을 그냥 얻을 수 없다. 나를 극하는 사지(새로운 관계인 남편과 그를 둘러싼 새로운 인연 장)로 들어가야 자식을 낳는다. 창조란 아이를 낳는 것처럼 고통을 통과하는 일이다. 인류학에서는 여성이 아이를 낳는 산고의 과정을 거치기 때문에 남성처럼 통과 의례

없이도 자연지自然智를 터득할 수 있다고 본다.

현대 여성은 아이를 낳는 과정조차 오롯이 겪지 않고 의료에 의존한다. 그뿐만 아니라 타고난 식상의 힘을 오직 돈을 벌기(재성) 위해 사용한다. 재성으로만 사용하지 말고 관성으로 흘러가게 해야 한다. 그래야 관계 속에서 나를 성찰하는 힘이 생긴다. 나이를 먹는다고 저절로 깨달아지지 않는다. 식상은 힘든 상황을 뚫는 과정을 통과해야 생기는 창조의 힘이라는 것을 잊지 말자.

절차탁마

before 불통식상에서	after 통식상으로
거침없는 말, 생각보다 앞서는 행동으로 타인 비방을 서슴지 않음.	역지사지하여 말하고 행동하기. 관계에 약한 자기 성향을 인정하고 책임감과 조직 문화(관성) 익히기.
표현하고 창조하고 싶은 욕망이 예술에 대한 막연한 동경으로 드러남. 모방을 잘해서 그럴듯해 보이지만 자기 동력이 부족함.	표현하고 싶은 이유 자문하기. 단순한 이미지 소비나 모방이 아닌 본질적인 세계를 탐구(인성)하기. 관계 맺는 훈련으로 표현의 달인 되기.
하고 싶은 일이 생기면 무조건 저지르지만 끈기가 없고 산만함.	선택과 집중으로 일을 시작하고 끝까지 마무리(재성)하기.

마무리와 성과주의: 재성 탐구

재성(정재+편재)은 일간이 극하는 오행이다. 자신이 극하는 오행이 있다는 말은 비겁, 즉 자기 뜻을 펼칠 현장이 있다는 뜻이다. 재성은 식상의 활동을 집중력 있게 밀고 나갈 때 얻어지는 결과로 마무리하는 힘이다. 팔자에 일할 현장이 있으니 일머리는 타고났다. 그래서일까, 재성이 있는 사람은 능력을 중시하고 일을 잘한다. 그러니 누구든 믿고 맡길 수밖에. 정리하면 재성은 활동의 마무리이자 일복이다.

불통재성은 유능하지만 그걸 전부로 여기면 일 중독이 되거나 과하게 일을 벌여 빚에 허덕일 수 있다. 통재성은 어떤 일을 해도 똑 부러지고 정확하게 마무리한다. 재성인은 재물을 잘 다루므로 금전 유통이나 경영 철학이 요구되는 일을 선호한다.

케이스 스터디 :
능력은 나의 힘
(67년생 남성, 직장인)

癸 수	壬 수	乙 목	丁 화
卯 목	申 금	巳 화	未 토

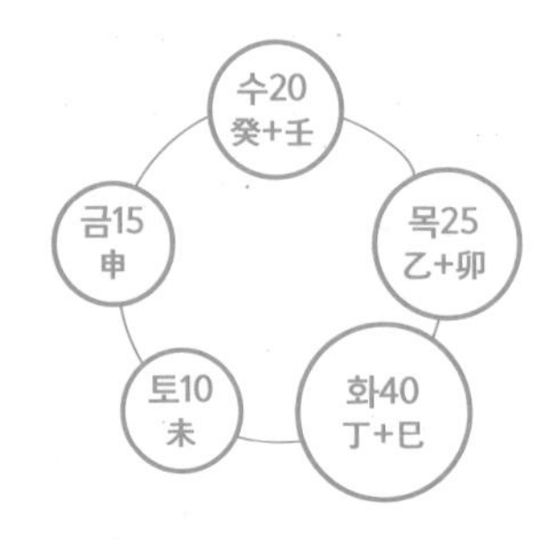

“내 일간은 임수壬水이고 월지는 사화巳火이다. 사주 원국은 오행을 두루 갖추고 있지만 재성 사화巳火와 정화丁火를 두고 있어, 상대적으로 재성이 많은 편(40점)이다. 오행 중 인성인 신금申金이 약해서 문서하고는 연이 없는 것 같다. 회사 동료들이 야간 대학원을 다니며 석사를 취득할 때, 나는 그 시간에 일을 하나 더 배우거나 업무 관련 지식을 쌓는 게 낫지 장식용 학위는 뭐 하러 따나, 돈 버리는 일이라 생각했다.

원국의 재성 때문인지 일복은 많아 대학 입학부터 지금까지 쉼 없이 달려왔다. 대학 때는 학비와 용돈을 벌기 위해 방학뿐 아니라 학기 중 주말과 심지어 군 복무(방위) 중에도 아르바이트를 했고, 졸업하자마자 입사해서 지금까지 늘 일에 쫓기며 살아왔다. 능력도 인정 받아 동기 중에서도 늘 상위 10퍼센트 내 평가를 받으며 30대를 보냈다. 업무를 통해 새로운 경험을 하고, 그에 따른 지식이 축적되고, 그것이 나를 차별화하는 경쟁력인 것 같아 행복했다. 밤늦은 퇴근에 묘한 자부심도 있었다.”

사례자는 재성인의 성향을 잘 보여준다. 재성인은 열심히 일하고 일로 인정받기를 좋아한다. 어디든 써먹는 공부를 선호하며 공부 자체에 만족하지 않는다. 그런 태도는 장점이기도 하나 시작부터 늘 써먹을 일과 아닌 것을 구분하면 스스로 가능성을 차단하게 된다. 한마디로 자신이 쓸모 있는 존재가 되길 바란다. 자칫 잘못하면 자본의 명령을 존재 이유로 여기며, 쓸모에 합당한 인재가 되기 위해 영혼까지도 바친다. 요즘 말로 '영끌' 아닌가. 자본의 쓸모란 성공, 돈, 명예, 인기 등을 일컫는데 한번 꽂히면 자기 존재를 지키기가 어렵다. 건강을 해치거나 돈의 노예가 될 수 있으니 자신이 왜 일을 하는가에 대한 질문이 필요하다.

“ 모든 일을 주도해야 하는 성격이라 나를 힘들게 하는 경향이 있다. 그러다 보니 과장 때까지는 내 업무 방식을 인정받았으나 차장 이후에는 호불호가 갈렸다. 상사들은 선호했지만 후배들의 불만이 있었다. 동료를 잘 활용하지 못한 측면도 있었다. 일에 치여 힘들고 뜻대로 안 되면 참지 못하고, 술과 담배 등 화가 치성한 물질로 스트레스를 풀며 건강을 돌보지 못했다. 입하(월지 재성에 해당하는 여름을 알리는 절기) 더위는 '나'를 나 아닌 것으로 만들 정도로 강력한 더위, 양기의 절정이라 그런지 한번 화가 나거나 흥분하면 뒤돌아보지 않고 밀어붙여 나중에 후회하는 결정을 하기도 했다. 작년부터 이명과 무릎 근육 파열 등 식상과 재성에만 머물며 순환하지 못했던 영향을 받고 있다. 소진된 몸을 어떻게 순환시켜 건강을 회복해야 할지 고민이다. ”

재성은 결과를 얻기 위해 열심히 노력하는 기운이다. 실무자일 때는 개인 성과만 내면 되지만 관리자가 되면 책임 범위가 넓어진다. 전체 팀원들과 호흡 맞추기도 일에서 큰 영역을 차지한다. 사례자의 경우 성과가 좋으니 회사는 선호했겠지만 독주하거나 자신의 능력으로 후배들을 제압했으니 불만이 생길 수밖에 없었다.
사례자는 늘 능력과 성과를 기준으로 조직 생활을 해왔다. 그러니 거기에 못 미치는 후배들을 보면 화가 치밀었을 것이다. 결실과 마무리를 의미하는 재성도 화 기운이라, 쓰면 쓸수록 몸에 있는 물기는 바짝 마른다. 이명은 신장·방광의 물기를 말린 결과로 볼 수 있다. 수기가 원활하게 작용하지 않으니 목을 제대로 살리지 못한다(수생목). 목은 간담과 연결되는데 간담은 근육을 자양하는 장부이다. 근육에 파열이 생긴 것도 화 재성을 지나치게 사용한 결과로 보인다.

“ 나이 어린 유학파 임원과의 갈등으로 15년 동안 다닌 첫 직장을 그만두었다. 조직이 그린 큰 그림이나 이면을 보지 못했다. 실무 경험이 부족했던 임원의 상황을 이해하지 못하고, 내 경험과 지식만을 고집하고 대립하다 회사를 옮겼다. 그 후에도 내 잘난 척은 거침없었다. 그러다 40대 중반에 며칠 밤을 새우며 일하다 문득, 이렇게 살다 죽을 수도 있다는 생각이 들었다. 그때 마침 지금 직장에서 스카우트 제의가 들어와 이제는 살아야겠다는 생각에 현재 직장으로 옮겼다. 그러나 여기는 재성보다는 관성이 지배하는 곳이라 열심히 일할수록 더 부딪쳤다. 결국 작년에 명예퇴직을 권고받았다. 지금 회사가 나에게는 용신인 것 같다. ”

사례자는 일을 잘하기 때문에 그것이 자부심이 되었다. 그런데 경험이 부족한 어린 임원이 자기 발목을 잡는다고 생각하니 견디기 힘들었다. 생각한 대로 성과가 나오지 않자 죽기 살기로 일하다가 체력이 고갈되어 위기감을 느끼고는 직장을 옮겼다. 하지만 그곳은 관성이 지배하는 곳이라 조직에서 유능함을 인정받는 것에만 익숙하지 관계 맺기에는 관심이 없었던 재성인 처지에서는 답답할 것이다.

“ 돌아보면 30대 후반에 내렸던 결정이 아쉽다. 회사가 요구한 바를 좀 더 깊이 들여다봐야 했다. 조직의 이면을 제대로 보지 못하고 내 경험과 지식만을 중시하지 않았나 하는 아쉬움이 든다. 스무 살 난 딸이나 아내에게서 공감 능력이 부족하다는 말을 듣는다. 무엇이 공감 능력인지 처음에는 이해하지 못했다. 생각해 보면 나는 대화할 때 상대방의 얘기를 반만 듣고 혼자 결론을 내린다. 그러곤 무슨 조언을 해주지 하면서 내 방식대로 나만의 세계를 달려가곤 한다. 아마 이것도 빨리 결론 내고 싶어 하는 재성의 영향인가 보다. ”

재성인은 대부분 결론부터 얻으려고 하므로 기다림을 참지 못한다. 결론은 바로 얻어지는 게 아니라 봄여름 그리고 환절기를 거쳐야 얻을 수 있음을 명심해야 한다. 과정을 견디지 못하면 자기만의 빠른 결론으로 아무리 많은 일을 겪어도 배우지 못한다. 한번 넘어진 곳에서 계속 걸려 또 넘어진다. 누드 글쓰기를 하면서도 재성인들은 자기식 결론 내기에 급급해서 놓친 부분을 보는 게 쉽지 않다. 하지만 사례자는 자신을 넘으려는 의지가 강했다. 매시간 자기 사주를 성실하게 분석하더니 결국, 지금까지 재성만 쓰면서 달려왔고 관성에 대한 고려가 없는 패턴을 발견했다.

> “지금까지 반복해온 흐름을 끊고 관성으로 가려면 무엇을 해야 할까? 성과에 집착하여 관계 속에서 이를 인정받으려는 시도를 더는 하지 말아야겠다. 내가 만든 재성의 성과에 집착할수록 관계는 꼬일 것이고 다시 비겁에 기댈 것이다. 아마 아주 힘든 시간이 될 듯하다. 또 쉽게 주장이나 비판을 하지 말아야겠다. 그러기 위해서는 역지사지의 입장에서 상대방이나 조직의 규칙을 바라보는 노력이 필요하다. 인내심으로 상대방의 말을 주의 깊게 경청하여 말하고자 하는 내용과 원하는 것을 정확히 아는 노력이 필요하다.”

마지막 합평 시간이 생각난다. 당시 워크숍에 유독 재성이 없는 학인들이 많았다. 그래서인지 어떤 경우 어떻게 재성이 작용하는지 아무리 설명해도 재성이 없는 학인들에게 잘 전달된다는 느낌이 들지 않았다. 그때 갑자기 조용히 있던 사례자가 자기 경험을 바탕으로 재성이 작용하는 지점을 알려주는 게 아닌가. 원래 재성인은 자기 것 챙기기에 급급해서 잘 나서지 않는다. 그런데 글쓰기 워크숍을 나누고 싶은 마음이 생긴 것이다. 사람들에게 도움이 되고자 하는 뜻에서 내 글을 나누고 싶다! 이것이 바로 관성의 마음이다. 사례자는 이렇게 재성에서 관성으로 가는 첫발을 내디뎠다.

우리는 보통 관계를 고려하면 손해본다고 생각한다. 특히 기업은 이익을 목표로 하므로 재성을 중시한다. 재성만 있으면 모든 게 해결될까? MBC 스페셜 '꿈의 기업-미라이 공업'에 나온 한 일본 기업가는 기존 통념을 뒤엎는다.

잔업·휴일 근무 없음, 전 직원 정규직, 70세 정년 종신 고용, 정리해고 없음, 업무 목표 없음, 연간 140일 휴가 + 개인 휴가, 3년간 육아 휴직 보장, 5년마다 전 직원 해외여행.

미라이 기업의 근무 조건이다. 믿을 수 없지만 실제 근무 환경이다. 사장의 경영 철학이 남다른데, 그의 목표는 사원이 기뻐하는 회사를 만드는 거란다. 일반 회사의 오너는 결과에 따라 성과급을 지급한다. 하지만 미라이 사장은 사원이 원하는 것을 먼저 해준단다(이것이 상대의 마음을 먼저 읽고 배려하는 '관성의 마음'이다). 사장은 말한다.

"사원은 인간이야. 재료가 아니라 인간. 인간이라고 생각하지 않는 회사가 많아. 그래서 원가를 낮추면서 월급을 낮춰. 월급 낮추기는 사원을 인간으로 생각하지 않으니까 하는 거야. 회사가 힘들수록 사원이 기쁘게 일을 해야 발전하는 거야. 왜냐하면 회사는 사원들이 만드는 거니까."

자선 사업가도 아닌데 이렇게 해서 회사 운영이 될까 싶지만 그만의 노하우가 있다. 사장은 그냥 막 퍼주는 게 아니다. 불필요한 지출을 하려고 할 때는 스크루지 저리가라다. 그렇게 모은 돈은 모두 사원 복지 기금으로 사용된다. 이게 바로 재성에서 관성으로 순환하는 본보기다.

이 회사의 특징은 사원이 가장 아이디어를 많이 내는 데 있다. 회사 생산품 98퍼센트가 사원 아이디어로 특허받은 제품을 생산한다. 주인 의식으로 똘똘 뭉친 사원들은 아이디어를 적극적으로 내고(인성 작용) 그것은 회사를 살리는(비겁 작용) 제품으로 순환된다.

기업의 목적은 이윤 창출에 있다고들 한다. 나는 소위 대기업에 10년 동안 다니면서 늘 이익만 강조하는 분위기에 진절머리가 났다. 회사원이라면 대부분 느끼지 않나. 회사의 부속품이라 느낄 때의 그 씁쓸함을.

회사가 재성을 기준 삼는 것은 전체를 보지 못하고 회사와 직원 간의 관계를 간과하기 때문이다. 재성을 사용하면 한시적인 성과를 낼 수는 있지만 지속하기는 어렵다. 미라이 사장은 순환을 아는 사람이다. 영원한 기업은 없다. 다만 얼마나 오래 가는가의 차이만 있을 뿐.

재성인은 세상에서 좋다는 것은 모두 해야 한다고 생각한다. 비타민도 먹고, 헬스도 하고, 건강에 좋은 음식은 다 챙겨 먹어야 한다. '왜 해야 하는가' 라는 질문 없이 맹목적으로 심지어 밤새워 하는 경우도 봤다.

결과와 능력만 중시한다면 배움이나 관계나 표현 등 모든 과정이 수단이 될 수 있다. 자연을 보면 어떤가. 겨울과 봄 여름이 가을을 위한 수단인가? 나에게 주어진 과정을 한 단계씩 밟다 보면 자연스레 열매가 열리는 거지, 열매를 향해 달려가는 게 아니다.

절차탁마

before 불통재성에서	after 통재성으로
과정보다 결과를 중시하므로 종종 편법을 씀.	사계절이 모두 지나야 가을에 결실을 볼 수 있으므로 모든 과정을 찬찬히 밟기.
성과·능력 위주 평가로 일 잘하는 사람과 그렇지 않은 사람을 구분함.	자기식으로 판단하는 기준 버리기. 유능함 외에 관계 맺는 능력(관성), 정보를 수용하는 능력(인성), 표현하는 능력(식상) 등 각기 다르게 타고난 성향을 이해하고 사람을 소중히 여기기.
사물의 이치 탐구보다 자기 계발·승진을 위한 공부나 돈 되는 공부만 함.	일과 목표를 위한 큰 그림을 그려, 일상에서 응용할 수 있는 다양한 분야 공부하기.
관계 맺기를 불편해함.	가족과 연애 상대 외에 마음이 통하는 관계 만들기.

리더십과 지배욕 사이: 관성 탐구

관성은 일간을 극하는 오행이다. 자기를 극하는 오행이란 스스로 바꿀 수 없는 환경에 놓인다는 뜻이다. 그래서 관성은 마음대로 할 수 없는 사람과의 관계나 사회에서의 조직, 법률, 규칙, 관습 등 사회적으로 합의된 규칙 등을 말한다.

관성이란 관계를 맺는 힘으로, 통관성은 조직이나 상대를 고려하면서 관계를 맺어 리더십을 발휘하지만 불통관성은 수직적 관계를 중시해서 자칫 인정 욕망이나 지배욕으로 흐를 수 있다. 관성이 너무 많으면 관계에 대한 욕망이 지나치게 커서 그 부담감 때문에 아예 다가가지 못하는 경우도 있다. 관성인은 관계 속에 있을 때 가장 자기답다고 느끼는데 이런 속성상 회사, 군대, 종교 등 조직 생활을 선호한다.

케이스 스터디 :
인정 욕망으로 사는 여자
(80년생 여성, 공무원 휴직 중)

戊토	丙화	戊토	庚금
戌토	辰토	子수	申금

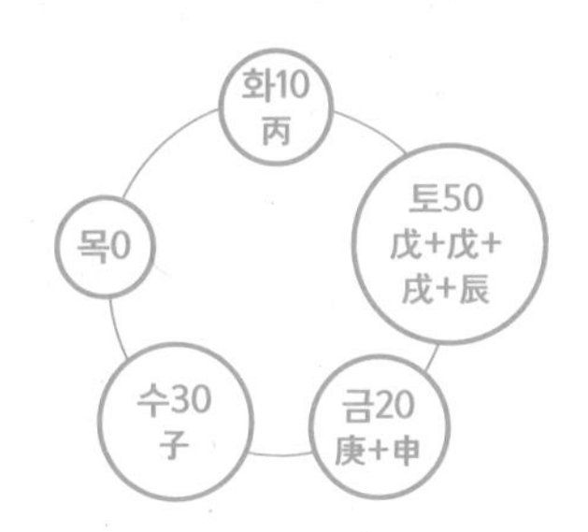

“나는 한겨울에 태어난 병화다. 절기로는 큰 눈이 내린다는 대설에 태어났다. 병화는 흔히 뜨거운 태양, 활활 타오르는 용광로라고 하는데, 나는 내성적이고 낯가림이 심하다고 생각했다. 어린 시절을 돌이켜보면 뭔가 적극적으로 나서고 그것으로 선생님이나 엄마에게 인정받고 싶은 욕망이 항상 있었다. 병화의 적극성이 나에게 정관으로 작용하는 자수를 만나 이런 욕망을 만들지 않았을까. 대학에 들어가서는 학생회 선배들을 따라다니면서 모든 행사에 참여하고 나서서 인사하다 운동권으로 빠져 집회 현장에서 신문팔이도 하고 무대 올라가서 춤도 추고 연설도 하면서 병화의 기운을 썼다.”

이 사례자는 비겁 없이 일간 하나만 달랑 있다. 지지는 ‘신(재성) 자(관성) 진(식상)’이 합을 해서 수(관성)가 되었다. 관성은 일간을 극하는 기운이자 관계에서 인정받고 싶은 욕망이다. 어린 시절 선생님이나 엄마에게 적극적으로 존재감을 드러낸 일이나 학생회 활동 모두, 인정받고 싶은 관성의 욕망이 발현된 것이다.

> "단과대 학생회장 선거에 출마해서 당선되었지만 그냥 인정받고 싶어서 나간 터라 결국 그해 학생회를 완전히 말아먹었다. (…) 지금도 회사에서 적극적으로 활동하다가도 책임지지 못할 것 같으면 잠수 타는 습관이 있다. 대학이나 직장에서도 아무도 내게 관심이 없을 텐데 나는 사람들의 눈치를 지나치게 보면서 거절하지 못한다."

강한 관성으로 인해 조직에서 활동하길 좋아하지만 자기중심 없이 오직 인정 욕망으로 움직인다. 학생회장에 당선됐지만 비전이 있어야 설득도 하고 싸우기도 할 텐데 감당할 수 없으니 사라지고. 그런 상황까지 간 데는 식상의 지르는 성향도 한몫했다. 하지만 비겁이 없으니 자기 주도적인 힘이 약하다. 자기 동력이 약하니 조금만 지지를 받지 못한다 싶으면 덜컥 겁이 난다. 게다가 일간을 생해주는 인성도 없다. 나를 도와주는 사람을 찾거나 사람들의 말을 수용하면 일간이 힘을 받을 텐데 인성이 없으니 남의 이야기를 잘 듣지 않는다. 남의 얘기를 수용해야 다른 시선이 생기는데 그렇게 하지 않으니 자기식으로 상황을 구성하고 인정 욕망이 충족되지 않으면 사라져버린다. 인정받거나 잠수 타거나! 점점 틈이 벌어지고 결국 사례자가 선택한 방법은?

“900만 원짜리 굿을 하고, 다시 고향 집으로 내려왔다. 또 750만 원짜리 굿을 했다. 매일 무당과 통화하며 어떻게 행동하고 누구를 조심하라는 지침을 받으며 지냈다. 문제가 생기기 전에 미리 막고 엄마가 아프지 않으려면 굿을 해야 한다는 말을 듣고, 마이너스 대출을 받아 600만 원짜리 굿을 또 했다. 돌이켜 보면 대학 입학 때부터 지금까지 기댈 곳을 찾아 헤맨 시간이었다. (…) 이제껏 나는 알 수 없는 불안함에 뭔가를 막 저지르고 살았다. 그 결과를 수습할 수 없을 때는 도망치는 패턴의 반복. 일이 왜 그 지경이 됐는지 성찰하지 못했다. 막연히 돈 많고 좋은 집 가진 사람들과 회사에서 승승장구하는 사람들이 부러웠다. 소위 잘나가는 이들이 어떻게 그 자리까지 가게 됐는지는 관찰한 적도 없으면서, 승진되거나 내가 원하는 업무를 하지 못했을 때 ‘그 사람들보다 내가 더 잘하는 것 같은데…’ 하며 분노했다.”

사례자는 오로지 관성 지키기에만 매달렸다. 자신이 집착하는 욕망만 보일 때 인간은 신비한 힘에 매달린다. 사기는 당하는 게 아니라 과욕이 사기를 부르는 것이다. 사례자는 무당에게 자신의 삶을 몽땅 맡겨 버린 시간을 살면서도 뭐가 문제인지 알지 못했다. 다행히 인생을 분석하는 글을 쓰면서 자신이 얼마나 인정 욕망의 화신이었는지를 깨달았다.

“내 용신은 인성과 비겁이다. 인성은 자아 성찰이고 비겁은 중심 잡기라고 한다. 사주명리를 공부하기 전에는 내가 한 일을 돌아보기보다 나를 비난하고 질책했다. 글쓰기를 하면서 생각을 정리하느라 정말 힘이 들었다. 자기중심도 없고 성찰이 안 되니 계속 휘청일 수밖에. (…) 조 모임에서 학인들이 지적해 준 내 모습을 차분히 생각해 보았다. 나를 관찰하자 내 몸을 느낄 수 있었다. 어디가 아픈지 언제 어깨에 힘이 들어가는지…. 잘 듣기 위해 메모하면서 듣는 연습을 해야겠다. 들어도 상대방의 입장을 모르겠으면 물어보자.(일할 땐 능력 없는 사람으로 비칠까 봐 이해가 안 돼도 질문하지 않았다.) ”

사례자는 자신을 관찰하면서 남의 말을 경청하지 않는(무인성) 자신을 발견했다. 이어 몸을 관찰하기 시작했다. 비로소 나를 챙기는 비겁 기운을 쓴 것이다.
시작이 반이다. 이제 관성 탈출을 위한 훈련이 시작되었다. 비대한 관성이 다이어트를 해서 남은 관성의 힘을 인성에게 넘겨주면 인성은 다시 일간에게 넘겨주어 자기중심이 튼튼해진다. 사례자의 용신은 인성과 비겁이지만 급선무는 인성이다. 용신 사용은 첫 단추를 끼우는 것과 같다. 인성을 제대로 꿰는 순간 삶은 새롭게 시작된다. 그다음은 차례대로 여미기만 하면 되니까. 그래도 금방 좌절하기 쉽다. 그렇다고 절망할 필요 없다. 한방에 되려는 마음도 과욕이다. 이제 삶의 지도를 얻었으니 넘어지고 엎어지면서 될 때까지 하겠다는 마음을 곧추세우자. 용신을 쓰는 학인들이 모두 도반(비겁)이 되었으니 무엇이 두렵겠는가.
인간은 누구나 관계를 갈망한다. 사람은 사람을 필요로 하기 때문이다. 관성을 생하는 것은 재성이다. 돈이 생기면 관계에 대한 욕망이 생긴다. 하지만 관계 맺는 법을 모르면 쌓아온 물질을 바탕으로 지배하고 싶어진다. 지배하려는 마음은 비틀린 욕망을 타인에게 투사하여 불균형한 관계를 만든다. 지배욕을 리더십으로 승화하려면 불편과 시련을 통해 성찰하는 인성을 써야 한다. 그래야 존재의 무게 중심을 잡을 수 있다. 사람들과 허심탄회하게 이야기하면서(식상으로 관성 극하기) 관성의 기운을 조절하기 바란다.

절차탁마

before 불통관성에서	after 통관성으로
인정 욕망이 커서 관계에서 오는 갈등을 무조건 견딤.	성찰(인성)로 자기중심을 잡아 인정 욕망을 리더십으로 전환하기. 인정받기 위해 억압해온 내면을 인지하며 의사 표현 훈련하기.
위계에 민감하므로 만만하게 보이면 무시당한다고 생각함.	몸에 힘을 빼고 충분히 소통(식상)하여 자연스러운 카리스마로 리더십 발휘하기.
조직에서 밀려나지 않기 위해 전전긍긍함.	조직에 집착하지 말고 인성·식상·비겁 기운 고르게 쓰기.
상대방에게 무조건 맞추느라 정작 하고 싶은 말은 못함.	거부당하는 상황을 두려워하지 말고 소통하기. 유연한 사고방식으로 일하고 관계 맺기.

수용력과 의존력 사이 인성 탐구

인성(정인+편인)은 일간을 생해주는 오행이다. 자기를 생하는 오행이란 '나'를 낳는 존재로 어머니 또는 성장을 돕는 기운이다. 인성은 비겁을 정신적으로도 생하므로 공부와 학문을 의미한다. 이런 특성 탓에 인성이 있으면 어머니의 돌봄을 충분히 받는다고 보아 안정된 정서로 보기도 한다. **불통인성**은 수용력이 지나쳐 의존적인 사람이 될 우려가 있고 과한 사려심으로 생각의 감옥에 갇히기 쉽다. **통인성**은 잘 배우고 경청하고 자기 성찰을 잘하는 힘이 있다. 인성인은 수용력이 좋으므로 종교, 철학, 전문직 등 배우고 연구하는 일을 선호한다. 물질적인 결과물을 내는 게 식상과 재성이라면 인성은 관계를 통해(관성) 자신을 성찰하고 받아들이는, 안으로 채우는 기운이다.

케이스 스터디 :
생각 속에 사는 여자
(83년생 여성, 직장인)

庚 금	辛 금	癸 수	壬 수
寅 목	亥 수	丑 토	戌 토

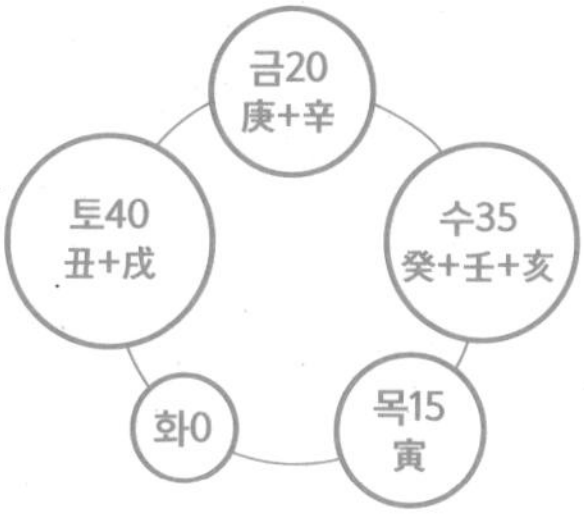

금20 庚+辛
수35 癸+壬+亥
목15 寅
화0
토40 丑+戌

"일간이 신금인 나는 애초에 예민하게 태어났다. 사춘기 시절, 정리를 잘했다. 책상 위에 먼지 앉는 일이 없었다. 부모님이 외출이라도 하면 냉장고 위와 전등갓까지 닦아 놓았다. 지금 생각하면 어린애가 청소하면 얼마나 꼼꼼하게 했을까 싶지만 결벽증이 있었다. 누가 내 물건을 조금만 건드려도 금방 알아챘다. 서랍 속에 있는 어떤 물건의 각도가 조금만 틀어져도 누가 건드렸냐며 소리를 질렀다."

사례자는 신금의 기질을 그대로 보여준다. 금은 물질화하는 힘이다. 자기식의 계획과 방법이 체계적으로 정리되어 있어서 그대로 안 되면 화가 난다. 금들은 대체로 일을 잘하는 편인데 그중에서도 신금의 완벽함은 따라잡을 이가 없다. 자신의 완벽함을 기준으로 하면 자신은 물론이고 주변 사람도 매우 피곤해진다. 이 사례자는 월지가 인성(축토)이라 신금의 수렴력에 겨울의 수용력(인성)까지 더해지니 더욱 날카로운 신금이 되었다. 월지의 축토는 겨울의 토라 수렴력이 강하다. 즉, 비판력이 강한 신금이 차가운 축토 인성을 사용하여 생각을 흘려보내지 못하고 꽁꽁 얼려버릴 수 있다.

> “축토는 나에게 현재를 견디는 힘이자 모든 것을 빨아들이는 블랙홀, 생각보다 안락한 감옥이다. 나는 인성으로 나만의 세계를 즐긴다. 반복적인 일, 단순한 업무, 돌파구 없이 무언가를 견뎌야 하는 상황, 심지어는 회사에서 결정권 없이 결정을 기다리는 시간이 무척 힘들었다. 그런데 축토라니! 사주에 화(관성)가 없어서인지 더 그렇다. 녹지 않고 꽁꽁 언 땅은 너무나 답답하다. 나는 몸이 차고 혈액 순환도 잘 안 되고 생리통도 심하다. 안으로 파고드는 성격이라 뭔가 돌파구가 필요하다. 시원시원하게 답이 나오는 상황이 좋다.”

축토는 꽁꽁 언 땅으로 지구력이 좋고 성찰력이 강하지만 곧잘 자기만의 생각에 빠져든다. 차가운 축토가 소통하려면 관성이 필요(화생토)하지만 아쉽게도 관성 자리가 비었다. 관성이 없으니 관계 속에서 상대방의 입장에서 배려하며 상황을 해결하는 힘이 약하다. 관성 없이 인성을 사용하면 상대에게 생긴 불만을 자기식으로 해석해서 망상으로 흐른다. 사내 의사 결정을 기다리는 시간이 힘든 것도 같은 맥락이다. 회사의 상황을 이해하는 게 관성인데, 다른 입장이나 관계의 흐름을 파악할 생각은 않고 자기 생각(인성)대로 되지 않으니(식상) 답답한 것이다.

몸이 차가운 이유는 차가운 축토(인성)와 수(식상)를 강하게 사용해서다. 몸을 순환하려면 따듯한 화(관성)를 적극적으로 사용해야 한다. 화가 관성이니 적극적으로 관계를 맺기 위한 노력도 필요하다. 특히 신금은 강한 수렴력으로 인해 한번 삐지면 좀처럼 마음을 풀지 않는다. 게다가 축토로 자기 생각을 더욱 견고하게 하면 망상은 더욱 커진다. '블랙홀에 빨려든다'는 표현이 망상의 깊이를 잘 보여준다. 망상이 커질수록 몸은 차가워지고 어혈과 담음이 뭉쳐서 생리통은 점점 심해진다. 순환을 하려면 화 관성을 사용해야 한다.

“중1 때 단짝에게서 '너가 뭘 알겠니' 하는 말을 자주 들었다. 정확한 판단이다. 나는 주변에 관심이 없고 뭐가 어떻게 돌아가는지를 몰랐다. 일 년이 지나면 같은 반이었던 친구들 얼굴도 기억을 못 했다. 지금도 장소는 기억해도 사람은 기억나지 않는다. 사람도 무척 가려서 마음이 안 맞고 불편하다 싶으면 서서히 멀어졌다. 전화 통화도 용건 없이는 하지 않았고, 친구도 내가 먼저 다가가서 사귀어본 일이 없다.

나는 타인에게 관심이 없고 관계에 취약하다. 특히 윗사람 말은 무시하기 일쑤였고 선생님을 좋아하는 아이들을 이해할 수 없었다. 내 눈에는 다 위선자로 느껴졌다. 사회에 나와서도 조직에서 내 맘대로 하고 싶어 하는 욕망 때문에 내적 갈등이 컸다. 기본적으로 상하·수직적 관계에 대한 이해가 없고, 존경할 건덕지도 없는데 위에 서고 싶은 사람을 대하면 티는 안 내도 일단 무시하는 마음이 생겼다. 내 팔자에 관이 없는 데다 상관이 두 개나 있는 탓이라고 변명해본다. ”

관성이 없는 전형적인 관계 패턴이다. 대체로 타인에게 무관심하니 상대방이 처한 상황은 보이지 않는다. 관계에 대한 선분이 지워진 상태에서 사람들을 보면 특히 관성인이 이해되지 않는다. 모든 행동이 아부하는 것으로 보인다. 자기가 좋다고 여기는 사람도 인성과 식상의 시선에 한정되므로 편협한 평가를 하기 쉽다. 사람과 적극적으로 관계를 맺지 않으면서 자신의 좁은 시선으로 사람을 판단하니 망상은 계속 커질 수밖에.

“ 가끔 팀장이 나를 두고 '알아서 쑥쑥 큰다'는 말을 할 때 화딱지가 났다. 딱히 챙겨주지도 않고 관심도 없으면서… 이런 생각이 들었다. 정말 인성의 늪에 빠진 것 같다. 만약 지금 회사에서 누군가 나를 두둔했다면 그 사람에게 의존해서 회사를 욕하면서 시간을 보냈을 것이다. 처음엔 나에게 애정을 주지 않는 그들이 미웠지만 이제 엄마 곁을 떠나 타인과 만나야 할 시간이 필요하다고 생각한다. ”

팀장의 “알아서 쑥쑥 큰다”는 말은 통상적인 칭찬으로 들린다. 하지만 사례자는 그 말을 듣고 화가 난다고 했다. 상대방 처지에서 생각할 줄 모르니 어떤 말을 들어도 부정적으로 해석하는 경향이 있다. 부정적인 싹이 인성으로 인해 망상의 나무로 자란 건 아닐까? 팀장이 자신을 챙겨주지 않는다고 말하지만 자신은 팀장을 챙기고 있는지도 점검해야 한다.

“나는 토 인성으로 인해 내 식대로 받아들인다. 관성이 없는 내 방식은 망상임을 알았다. 외부와 부딪힐 때 올라오는 감정을 조절하지 못하니 정면 대결하지 않고 망상으로 가버린다. 생각이든 감정이든 지지고 볶아야만 비로소 ‘나’ 중심적 사고에서 ‘너’라는 타자를 인식하는 것으로 넘어갈 것 같다. 사람들과 공존하는 법을 몸으로 익히고 싶다. 그 속에서 부대끼고 몸으로 겪는 훈련을 하려고 한다. 그래야 치우친 감정에서 벗어나 타인을 제대로 만나게 될 것 같다.”

사례자는 성실하게 글을 써 왔다. 신금답게! 하지만 차가운 인성이 안 그래도 단단한 신금을 얼어붙게 하니 신금 성향은 좀처럼 깨지지 않았다. 그러다 한 주 한 주 글을 나누고 토론하면서 마음을 열었고 자신이 반복하는 패턴을 보면서 문제를 알아차렸다. 마지막에 용신에 관한 글에서 인성의 진면목이 드러났다. 인성은 망상의 바다에서 헤엄칠 때는 불통이지만 통할 때는 자신을 성찰하는 기운이다.
마음을 내자 사례자는 자신이 놓친 부분을 세세하게 들여다보았다. 관계의 중요성을 알아차린 것이다. 관성은 상대를 이해하는 것에서 시작된다. ‘나는 너고 너는 나’라는 말이 있듯이 공감 능력이 생기면 사람이 좋아진다. 다르다고 무조건 배척하지 않고 관계를 맺기 위해 나를 기꺼이 구부린다. 숙이는 건 자존심 상하는 일이 아니라 상대가 되는 일인 걸 깨달았기 때문이다.

인성인은 이상 따로 현실 따로 생각하기 쉽다. 지금 내가 두 발로 서 있는 곳이 전부이다. 비루한 이곳에 있는 지질한 그 사람이 최선의 조건이다. 인성인은 그 조건을 받아들이지 못해 자기만의 유토피아를 그린다. 자신이 원하는 시공간과 사람이 어딘가 있을 거라는 생각은 망상이다. 사람과 공간을 바꾸어 봤자 똑같은 패턴을 반복할 뿐. 지금 마주치는 것들과 공존하는 훈련을 해야 한다. 이제 망상의 늪에서 웅크리지 말고 현실로 뛰어들어 배워야 한다.

절차탁마

before 불통인성에서	after 통인성으로
겉으론 순종적인 모범생이지만 내면엔 독립하고 싶은 욕망이 큼.	인정 욕망과 의존하고 싶은 마음에서 벗어나기.
인간관계에서 상처받을 걱정 때문에 현장을 미리 피함.	처음부터 편한 관계가 없음을 깨닫고 불편한 과정을 있는 그대로 수용하기.
순발력과 재치가 부족해 즉흥적인 말장난이나 말싸움에 쉽게 당황함.	행동보다 생각하는 기운이 강하므로 자신을 식상과 비교하지 않기.
새로운 시도를 하지 않음. 위험 요소를 줄이기 위해 생각만 하고 시도를 못 함.	실패를 두려워하지 말고 현장에서 적극적으로 활동하고 관계 맺기.

머물지 말아야 하는데 머무는 것은 속에 욕심을 숨긴 것이고,
당연히 결단해야 하는데 결단하지 않는 것은
속에 사사로운 마음을 숨긴 것이다.
생각의 기세가 넓고 멀다면 얻음이 만 배가 될 것이고
뜻의 역량이 확고하고 깊다면 이익이 만 배가 될 것이다.
남에게 기대서 요행을 바라는 것은 안으로 방탕한 마음을 품은 것이고,
당연히 해야 할 일에 태만한 것은 안으로 안일한 마음을 품은 것이다.
몸이 당연히 행해야 할 일에 앞장서면 세상이 도울 것이고,
요행을 바라는 마음을 끊으면 사방에서 도울 것이다.

『낭송 동의수세보원』,「공부란 무엇인가」, 36쪽

2

자기 욕망을 탐색하는 누드 글쓰기

자, 이제 마지막에 도달했다. 1부 '자기 삶의 연구자 되기'에서는 자기를 알기 위한 새로운 언어를 배웠다. 2부 1장에서는 1부에서 배운 운명의 언어가 실제 삶에서 작동하는 현장과 만났다. 이제 각자 자기 삶을 연구할 시간이다. 사주명리 이론을 꿰뚫고 있어도 자기 삶과 만나지 못하면 말짱꽝이다.

1부에서 나의 이야기와 2부 학인들의 예에서 보았듯이 대부분 자신을 잘 모른다. 그런 상태에서 세상과 만나봤자 결핍만 쌓인다. 이렇게 살면 타고난 생명 에너지는 완전히 방전된다. 사용도 하기 전에 배터리 방전이라니! 맙소사! 생각해 보면 억울할 것도 없다. 그 또한 자신이 선택한 삶이다.

과거 배고팠던 시절에는 주린 배를 채우기 위해 살아야 했다. 지금은 아니다. 일자리만 해도 스타트업이 대세다. 직장에 소속되지 않고, 사무실 없이 세계 어디서나 자유롭게 이동하며 일하는 이들이 늘고 있다. 그들은 자기가 좋아하는 일을 한다.

이제 물질적 이익을 얻기 위한 직업이나 노동이 아니라, 세상에 필요한 활동을 위해 고민해야 한다. 일 따로 삶 따로인 시대는 지났다. 때 지난 정규직 타령은 자신을 굶주린 자로 만드는, 과거로 퇴행하는 짓에 불과하다. 충분히 배가 부른데 굶주린 자의 삶을 사는 건 시절을 거스르는 일일 뿐 아니라 몸이 더는 허락하지 않는다. 실상을 들여다보면 정규직이 잘 살 것 같지만 더 많이 아프다.

스펙만 해도 삶을 위한 조건이 아니다. 계절은 바뀐 지 오랜데 지나간 계절이 만든 소유와 집착의 산물이다. 다행히 아무것도 내세울 게 없다면 다른 삶을 위한 최상의 조건을 갖춘 셈이다. 지금 있는 자리에서 새로운 씨앗을 심으면서 순환하는 삶을 시작하면 된다. 부자와 가난한 자, 금수저와 흙수저의 이분법이야말로 반생명적이자 구시대적 발상이다.

사람은 타고난 자체로 완전하다. 다만 기준이 바깥에 있어서 자신의 잠재력과 만나지 못했을 뿐이다. 초기 경전 『숫타니파타』에 "살아 있는 모든 것은 다 행복하라. 편안하라. 안락하라."라는 말이 있다. 이것이 우리의 과제이다. 지금까지 자기 삶을 연구한 이유도 이 임무를 수행하기 위해서이다.

이제까지 배운 내용으로 운명의 지도를 그려야 한다. 자기 사주를 안다고 삶이 곧바로 바뀌지 않는다. 우선 지금까지 외부에 맞춰 살아온 자기 삶의 실상을 파악해야 한다. 이를테면, 자기가 타고난 운명의 리듬이 자신을 상실한 채 타인의 기준으로 오작동한 상황을 알아채야 한다. 그래야 자기 삶의 지도를 제대로 그릴 수 있다.

지도를 그렸다고 끝이 아니다. 우린 살아있는 생물체이므로 계속 사람들과 관계를 맺으면서 살아간다. 지금까지 '나'를 연구해서 그린 지도를 내비게이션 삼아 매일매일 자기를 관찰해야 한다. 육친의 흐름에 부합하는 삶인지를 점검하는 관찰 일기를 권한다. 일상에서 순환의 흐름이 어떻게 적용되는지 지속적으로 관찰하면 자기다운 삶을 살게 되고, 하고 싶은 일을 반드시 만난다.

원하는 일은 하늘에서 뚝 떨어지지 않는다. 순환하는 삶을 향해 마음을 내는 게 우선이다. 조급한 마음이 든다면 천간과 지지의 원리를 기억하시라. 갑자기 이루어지는 것은 없다. 대단한 결과가 나온들 그 다음에는 또 다시 시작해야 한다.

우리에게는 성과가 아닌 삶이 있을 뿐이다. 과정을 즐기는 기술을 익혀야 한다. 그러니 밑도 끝도 없는 자기 계발이나 영어 공부나 취업에 몸부림치지 말고 일상에 집중해 보라. 반드시 자기만의 삶이 열린다.

본보기로 운명의 지도를 그린 이들을 소개하니 참조하길 바란다. 20대부터 50대까지, 모범 답안은 없으니 각자 개성대로 운명의 지도를 그렸다. 이렇게 일곱 명을 한데 모아놓고 보니 10년 동안의 내 활동과 겹쳐진다. 공부를 하지 않았다면 도저히 만날 수 없는 인연이다. 나이에서 직업까지 모두 제각각이다.

한 가지 공통점은, 공부를 잘하든 못하든 정규직이든 백수든 각자 자기 자리에서 잘 살기 위해 삶을 연구하는 친구들이다. 앎에 머물지 않고 직접 실천하는 그들이 마냥 부러운가?

그들도 삶의 어느 길목에선 장애물에 넘어지기도 하고 반복되는 실수 앞에서 좌절도 했다. 다만 문제와 해결할 힘이 모두 자기 안에 있음을 자각하고, 다른 삶을 향해 한 걸음 한 걸음 내디뎠다. 자기 자신으로 살기 위해 애쓰는 이들에게 비로소 세상은 길을 내준다. 이제 결핍에 찌든 삶에서 탈출해서 주체적인 방향을 위한 지도를 그려보시길. 인터넷망처럼 연결된 친구들과 당신 안의 자연이 도울 것이다.

서울 **이소민**

20대 후반 대학 병원 연구원. 5년 전 직장 생활을 1년 하고도 '노답 인생'이 계속되자 워킹홀리데이를 가겠다고 상담하러 왔다. 난 무작정 지르지 말고 왜 가고 싶은지 공부하면서 생각하고, 학자금 대출 빚부터 갚으라고 조언했다. 바로 원주 집에서 짐 싸들고 온다기에 얼떨결에 허락했다. 이후 꼬박 3년을 같이 살았는데 정말 독(?)하게 생활하면서 공부, 일, 연애 3종 세트를 얻었다.

서울 **한성준**

20대 백수. 대학 때 우연히 고미숙 선생 강의를 듣고 학교와 연구실에 양다리를 걸쳤다. 어디에도 마음을 주지 못하고 헤매다 졸업 후 구직에 집중했다. 취업 준비를 하다가 취업 통지서보다 사망 진단서가 먼저 발급될 것 같아, 방전된 에너지를 채우기 위해 연구실로 갈아탔다. 현재 명리 튜터와 연구실 내 서점 매니저 일을 하면서 자기다운 삶을 살기 위해 공부하고 있다.

의왕 **박윤미**

40대 주부. 직장 생활을 하다가 주부로 쭉 살았다. 꿈에 그리던 로또에 당첨되었으나 3년 만에 10억 넘는 돈을 탕진했을 뿐 아니라 빚까지 졌다. 후회와 자책으로 자신을 들들 볶다가 암을 발견한 후 살기 위해 공부 중이다. 자신의 몸을 돌보지 않던 그녀가 지금은 몸이 원하는 삶을 최우선으로 삼는다. 연구실 양생 세미나 반장과 명리 튜터를 하면서 아픔으로 찾아온 자신의 변화를 학인들과 나누고 있다.

뉴욕 **차은실**

30대 문화 기획자. 뉴욕의 홍보 회사에서 다양한 문화, 예술, 패션을 넘나드는 일을 한다. 그녀는 아무도 생각하지 못한, 불가능해 보이는 기획을 하고 기어이 실행해낸다. 그녀의 능력은 타고난 삼형살에 있다. 어제는 서울 오늘은 뉴욕을 거침없이 오가는 능력 덕분에 그녀가 멀리 있다고 생각해본 적이 없다.

아바나 **김해완**

20대 중반 중졸 백수. 나이는 20대지만 10대에 연구실에 와서 좌충우돌 공중전까지 겪은 원로이다. 연구실 생활을 하면서 신뢰를 얻어 연구실 뉴욕 거점 매니저로 활약하다가 올해 새로운 실험을 위해 쿠바로 떠났다. 말이 쉽지 서울-뉴욕-쿠바로 연결하는 선분 긋기는 쉬운 일이 아니다. 그런데도 미지의 세계에서 자립을 통해 삶의 지혜를 터득하는 중이다. 그 덕분에 우리의 글로벌 네트워크는 점점 확장되고 풍요로워지고 있다.

군포 **이시영**

50대 초반 워킹맘 공무원. 새로운 것을 갈망하는 자유로운 영혼이다. 투덜이로 살다가 공부와 만나면서 새로운 인생을 시작했다. 연구실에서 각종 인문학 공부를 섭렵하더니 책과 사람을 연결하는 사서, 사람과 사람을 연결하는 사서가 되어 도서관에서 펼치는 새로운 대중 인문학 실험에 푹 빠져있다.

뉴욕 **김형태**

30대 직장인. 미국 변호사였으나 지금은 뉴욕에 있는 한국 회사에서 법무 일이 아닌 기획 업무를 한다. 어릴 때 이민 가서 한 번도 한국에 나온 적이 없는데 연구실과 인연이 된 후 한국 출장이 잡혔단다. (우연인 듯도 하지만 우린 필연이라고 믿고 있다.) 한국을 방문해서는 연구실을 가장 먼저 찾았다. 그때 연구실에서 그를 처음 만났다. 그는 자신 안의 블랙홀을 느끼는 남다른 감응력의 소유자이다.

시선의 전환, 빛 갚기 프로젝트

이소민(1990년 1월 12일 해亥시)

편재	일간	비견	식신
辛금	丁화	丁화	己토
亥수	丑토	丑토	巳화
정관	식신	식신	겁재

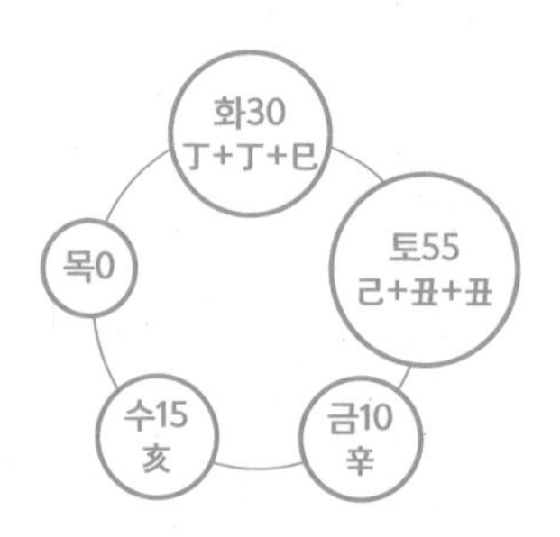

5년 전 출근길에 문득, 이대로 죽으면 억울하겠다는 생각이 들었다. 아직 별로 해본 것도 없는데 이렇게 출퇴근만 하다가 죽는 인생이라니! 당장 회사를 그만두고 하고 싶은 일을 해보기로 했다. 그런데 문제는 그게 뭔지 모르겠다는 거였다. 잠시 다른 길을 가더라도 그동안 먹고 사는 문제도 해결해야 했다.

회사 생활을 하면서도 어떤 직업이 나에게 맞는 건지 틈날 때마다 생각했지만 길은 보이지 않았다. 대학교 4학년 때도 비슷한 고민을 한 적이 있었다. 취직은 해야 하는데 내가 좋아하는 일이 뭔지 모르겠고 아무 데나 서류를 넣을 수도 없었다.

회사에 다니면서도 상황은 바뀌지 않았다. 그러다 우연히 감이당에서 사주명리 강좌를 들었다. 생년월일시로 나를 보여주는 내용이 신기했다. 막막한 형편에 한 줄기 빛처럼 느껴졌다. 사주팔자는 내가 누구인지, 무엇 때문에 삶이 막히는 건지, 막힌 삶을 뚫으려면 어떻게 해야 하는지를 보여주었다. 이제 내가 배운 운명의 지도를 들고 길을 떠나고 싶다. 헤매던 삶을 청산하기 위해 난 누드 글쓰기를 한다.

정화丁火, 친절의 양면성

나는 축축丑丑한 땅의 정화丁火다. 고미숙 선생의 『나의 운명 사용설명서』에 따르면 정화는 열 개의 천간 중에 '타인에 대한 봉사와 배려의 기술이 뛰어나다고' 한다.

정화가 남을 잘 돕는다고 해석하는 이유는 다른 천간보다 따듯하고 실용적인 열기를 전하는 불이기 때문이다. 똑같은 화라도 양의 성질인 병화는 커다란 태양처럼 전체를 환하게 밝히지만, 음의 성질인 정화는 섬세하고 따뜻하게 주변을 비춘다.

추운 겨울밤에 태어난 나는 누구보다 주변을 밝히고 싶었나 보다. 월간 일간에 정화가 나란히 있어 주변이 더욱 넓게 보였다. 감정을 섬세하게 읽고 관심을 단박에 파악하니 사람들과 금방 친해졌다. 누군가 도움이 필요한 상황이 포착되면 몸이 먼저 움직였다.

사주명리를 공부하고 나서 내가 친절한 정화인 것에 자부심(?)까지 느꼈다. 그런데 그 자부심은 감이당에서 공동생활을 하면서 바로 깨졌다. 처음 장금 선생 집에 얹혀 살다가 공부하는 친구 몇 명이서 공동 주거를 했다. 얼마 지나지 않아 같이 살던 언니는 내가 너무 친절한 '척' 해서 놀랐다고 했다. 그때는 몰랐다. 습관적으로 행동하는 '친절함' 속에 숨은 욕망이 있음을.

나의 친절은 소소하게 이루어졌다. 예를 들면 컵을 씻을 때 언니들 컵을 함께 씻거나 이불을 갤 때도 내 것을 개면서 같이 갠다든지 청소할 때도 매번 도왔다. 여기서 끝나면 좋으련만 내가 한 만큼 돌아오지 않으면 은근한 배신감을 느꼈다.

점점 감정이 쌓이고 관계가 틀어졌다. 나의 친절함은 이제 친절함이 아니었다. 상대의 환심을 사서 인정받고 싶은 욕망이었다. 생각해 보면 상대방은 나의 친절함을 원하지도 않았는데, 혼자 표현하고는 알아 주지 않는다며 번뇌를 만들었다. 아마 상대도 조건 없이 한 행동이 아니라는 사실을 눈치챘나 보다.
정화를 제대로 빛나게 하려면 친절함을 가장한 인정 욕망을 버려야 했다. 그래서 행동하기 전에 생각한다. '지금 내가 기뻐서 하는 일인가? 상대방의 보상 없이도 혹 나쁜 반응이 와도 나는 같은 행동을 할 것인가?' 라는 질문을 한다. 그러자 과한 배려는 하지 않게 되었다.
마음에서 우러난 친절은 베풀고 잊어버리기. 그러자 관대히 대할 때면 생기던 잡념들이 싹 사라졌다. 훈련을 통해 난 청정한 정화로 거듭나고 있다.

산만한 식상 생활

나는 식상 세 개, 그중에서도 월지와 일지가 모두 식상이다. 식상이 많으면 표현력이 풍부하다더니 그런 편이고, 집에 가만히 있기보다는 밖에서 활동하는 걸 좋아한다. 식상이 겨울의 축토라 크게 티를 안 내면서도 다양하게 활동했다.
처음 회사에 입사해서 여유가 생기자 우쿨렐레를 배웠는데 곧잘 했다. 우쿨렐레와의 인연은 기타로 이어졌다. 우쿨렐레를 통해 사람을 만나고, 기타를 배우러 다니는 홍대 지역 분위기가 좋았다. 하지만 그것도 지겨워지자 뜨개질로 베이킹으로 바꾸었다. 아무것도 안 하면 헛헛해서 계속 종목만 갈아탔다.
식상은 일에서도 여지없이 작동했다. 회사 일이 지겨워졌다. 주변 동료들은 더 좋은 직장을 구하기 위해 대학원에 진학하거나 이직을 고민했다. 하지만 난 남들과는 다른 길을 가고 싶었다.

고민 끝에 한 결정은 워킹홀리데이. 이유는 딱 하나, '외국에서 살고 싶다!'였다. 워킹홀리데이를 결정한 일이 운명처럼 느껴졌다. 기타를 배우던 터라 아일랜드 펍에서 일하는 낭만적인 꿈을 꾸었다.
마음의 여유가 생기자 회사 일이 한결 가벼웠고 문득 생각만 하던 감이당 강좌가 생각났다. 공부를 병행하다가 워킹홀리데이를 가면 될 것 같았다.
그런데 공부를 하면서 마음이 흔들렸다. 워킹홀리데이보다는 감이당 일 년 프로그램을 하고 싶은 욕심이 생겼다. 고민하다가 장금 선생에게 상담을 청했다. 워킹홀리데이를 가고 싶다고 말하자 선생은 물었다.
"지금 네 나잇대 청년들이 너랑 비슷한 생각을 해. 돈 좀 있으면 어학연수나 유학, 돈이 없으면 워킹홀리데이 가려고 하지. 어딜 간다고 달라지는 게 아니야. 지금 있는 자리에서 네가 변하는 게 더 중요해."
헉! 운명이라고 여겼던 결정이 누구나 하는 거라니 충격이었다. 다시 보니 주변에도 어학연수, 워킹홀리데이, 유학을 다녀온 친구들이 제법 되었다. 갔다 왔을 뿐 뾰족한 수는 없었다. 장금 선생은 또 물었다.
"그런데 왜 가려고 하지?"
"@_@"
생각해 보니 내겐 늘 '한다'만 있었지 '왜 하는가'는 없었다. 그냥 해외에 나가면 견문도 넓히고 좋지 않을까 정도. 이제껏 인생에서 갈림길 앞에 설 때마다 즉흥적인 선택을 했다는 게 놀라웠다.
내 욕망이 특별하지 않다는 걸 깨닫고는 또 놀랐다. 일단 멈추고 생각하는 시간이 필요하다는 결론을 내렸다. 결국, 난 워킹홀리데이를 포기하고 감이당 대중지성 1학년 과정에 들어가 공부에 집중하기로 했다.

함께 사는 법을 배우다

나는 친구들과 맛있는 음식을 먹거나 즐거운 여행을 하는, 딱 그만큼의 관계만 맺었다. 회사에서 불편한 일이 생기면 최대한 피했다. 그러곤 상대방의 눈치를 보거나 확대 해석을 했다. 예컨대 표정이 좋지 않으면 나 때문에 기분이 안 좋은가? 내가 뭘 잘못했나? 그때 그 행동 때문인가? 라고.

나름대로 배려한다고 생각했는데 원하는 반응이 없으면 억울했다. 연지의 사巳와 시지의 해亥가 충冲하니, 관계에서 문제가 생기면 비겁이 중심을 잡지 못하고 흔들린다.

공부를 결심하고는 집이 원주라 감이당에서 실험하는 '더부살이 프로젝트'에 합류했다. 한 달에 20만 원만 내면 숙식이 해결되니 선택의 여지가 없었다. 더부살이 프로젝트는 '함께 사는 것을 공부로 삼자'가 신조였다. 함께 사는 게 공부라니, 그래 한번 제대로 배워보자고 결심했다.

하지만 단체 생활은 쉬운 일이 아니었다. 한두 달 지나니 서로 불만이 쌓였다. 그러자 한 달에 한 번씩 회의하면서 불편한 부분을 털어놓기로 했다. 솔직히 말해도 될까 하는 자기 검열이 발동했지만 기왕 하는 김에 다 쏟아 놓았다. 방에서 자는데 거실에 있는 사람들의 목소리가 너무 크게 들린다거나 어떤 말투가 불편하다거나 등등.

말을 하니 속이 시원했다. 그런데 얘기를 나누다 보니 나만 불편한 게 아니었다. 다른 사람도 쿵쿵거리는 발소리나 새벽에 씻는 습관을 불편하게 여길 줄은 정말 몰랐다. 내 불편만 생각했지 상대 입장에서 내 행동이 어떻게 보일 거라는 생각은 하지 못했다. 그때 이후로 다른 사람이 되어 나를 보는 훈련을 하고 있다. 살금살금 걷는 법을 익히고 이른 새벽에 씻는 습관을 바꾸었다.

예전에 친한 친구와 관계를 끊은 적이 있는데, 서로의 진심을 들어보지도 않고 끝낸 게 아쉽다. 당시엔 자존심이 허락하지 않았는데 지나고 보니 나만의 생각일 수도 있겠다 싶었다. 함께 살아보니 관계가 깊어지면 갈등이 발생하고 어떻게든 해결해나가야 한다. 그렇지 않으면 자신만의 망상에 갇힌 채 관계를 끝낼 수밖에 없다.

이제 난 불편하면 솔직하게 물어보고, 상대방의 이야기를 최대한 경청하려고 노력한다. 예전처럼 불편해지면 쉽게 관계를 단절하는 일은 하지 않는다. 망상과 기대 없이 담백한 관계를 맺다 보니, 한 사람과도 다양한 관계가 열리고 새로운 사람들과 조율해나가는 과정도 두렵지 않다.

더부살이 프로젝트는 관계를 통해(관성), 나를 성찰하는(인성) 단계를 거쳐 새로운 나(비겁)로 태어나게 한 수행 공간이었다. 내 사주는 식상이 강해서 시작은 즉흥적으로 잘하지만 다른 사람의 처지에서 생각하는 힘은 부족했다.

나를 제어하는 관계 속으로 들어가자 내 식상은 날뛸 수가 없었다. 마음대로 하다간 바로 '아웃'이기 때문이다. 함께 사는 삶은 내가 바뀌기 위한 '통과 의례'인 셈이다.

생각을 바꿔야 일상이 바뀐다

감이당 공부는 느닷없이 찾아왔다. 공부 복을 뜻하는 인성이 나에겐 하나도 없다. 겨우 찾는다면 해수 밑에 있는 지장간 갑목甲木 뿐. 반면 식상이 강한 탓에 평소에도 앉아있기보다는 밖에서 활동하는 것을 좋아했다.

집에 진득하게 있어야 책이라도 펴볼 텐데 몸이 근질거리니 책이나 공부와는 거리가 멀었다. 그런 내가 공부를 하겠다고 독립을 하다니! 지금 생각해도 어쩌다 그런 결정을 했는지 신기하다.

감이당으로 공부하러 간다고 했을 때 주변에서 걱정하는 사람이 많았다. 공부하는 동안 경력이 단절되어 나중에 취직할 때 불리하지 않을지, 자격증도 주지 않는 공부를 왜 한다는 건지 의아해했다. 나도 모르겠다. 대운을 펼쳐보니 기묘己卯 대운에 들어선 지 5년이 지나고 묘, 편인으로 바뀔 무렵 본격적인 공부를 시작했다.

공동 주거를 하기 전 장금 선생 집에 잠시 머물 때였다. 이런저런 이야기를 하던 중 학자금 빚 2천여만 원을 털어놓았다. 선생은 그동안 직장 생활을 했는데 왜 돈을 갚지 않았냐고 물었다.

사실 그땐 금액이 현실로 다가오지 않았다. 너무 큰돈이라 갚을 엄두를 내지 못했고 '시간이 지나면 갚아지겠지'란 안일한 생각으로 제빵과 우쿨렐레를 배우고 맛집 탐방을 하는 등 당장 하고 싶은 취미 활동을 즐겼다.

장금 선생은 '먼저 빚을 갚아야 한다'며 돈을 벌라고 했다. 공부하러 왔는데 다시 취직하라니 당황스러웠지만, 어쨌든 공부와 일을 병행했다. 그러다 보니 자연스럽게 계획을 세우고 가계부를 쓰게 되었다. 회사에는 하루도 빠짐없이 도시락을 싸다녔다. 월급 140만 원으로 80만 원씩 학자금 대출을 갚아나갔다.

공부와 학자금 빚 갚기를 우선순위로 놓자 짬이 나면 취미 대신 학인들과 산에 다녔다. 삶이 바뀌려면 몸이 바뀌어야 한다는 장금 선생의 조언을 무조건 따랐다. 몸이 건강해지니 같은 상황을 다르게 보는 시선이 생겼다. 학자금 빚은 2년 6개월 만에 전부 상환했다. 빚을 갚는 동안 내 삶은 아주 단순해졌다. 과거 산만한 생활과는 비교할 수 없을 만큼.

내 사주에는 천간의 정화와 신금, 비겁과 재성이 충冲을 한다. 그간 빚을 갚아야 한다는 걱정만 했고 몸은 식상에 맡겨 산만한 삶을 살았다. 마무리하는 재성의 힘이 약하다 보니 더더욱 식상에서 멈추었던 것. 빚 갚기 프로젝트는 산만한 식상 기운을 모아 재성의 기운으로 흐르게 했다.

빚을 갚고 나니 학비를 내주지 못한 아버지를 원망했던 마음이 보였다. 사실 성인인데 부모님이 학비를 대줘야 한다고 기대한 게 이상하지 않나. 빚을 갚으면서 물리적인 빚도 줄었지만 빚에 덧씌워진 마음마저 해방되었다.

학자금 빚 갚기 프로젝트는 물질적·감정적인 빚으로부터 자유로워지는 과정이었다. 그러니 공부와 일을 병행한 과정 자체가 나에겐 공부였다. 육친 인성은 일간을 생하여 다른 존재로 만드는 기운이다.

지금 가장 피하고 싶은 일부터 하겠다. 이렇게 생각을 바꾸고 나를 다른 삶으로 이끌었다. 1년 하기로 한 공부는 어느새 5년째 접어들었다. 누구에게나 공부를 권하고 싶다. 공부란 꼭 책을 보는 것만을 의미하지 않는다. 지금 내 삶을 바꿀 수 있는 거라면 모든 게 공부다. 나의 빚 갚기 프로젝트처럼!

망상의 늪에서 탈출하기

한성준(1989년 2월 10일 사巳시)

식신	일간	정관	편인
癸 수	辛 금	丙 화	己 토
巳 화	丑 토	寅 목	巳 화
정관	편인	정재	정관

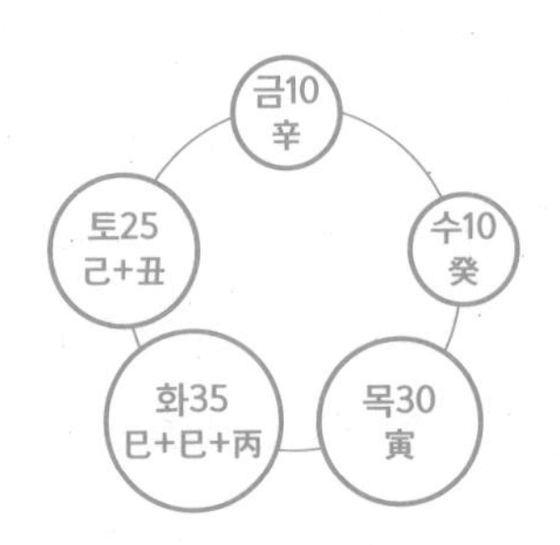

"난 해적왕이 될 거야!"

만화를 좋아한다면 누구나 알만한 〈원피스〉에 나오는 유명한 대사다. 주인공 루피는 위험과 역경에 부딪힐 때마다 저 대사를 외치며 극복해 나간다. 〈원피스〉뿐만 아니라 요즘 인기 있는 만화들은 대부분 주인공이 최고가 되겠다는 꿈을 꾸며 그것을 이루어가는 과정을 그린다. 만화뿐만 아니라 현실에서도 별 차이는 없다. 특히 요즘 유행하는 자기계발서는 하나같이 '꿈을 꾸어라', '꿈은 이루어진다'고 이야기한다. 나 역시 한때 만화책에 나오는 이야기나 자기 계발 서적에서 말하는 것처럼 꿈에 푹 빠져 살았다.

한동안 꿈을 향해 질주했고 사는 데 힘이 됐다. 하지만 언젠가부터 꿈은 나를 너무 힘들게 했고, 지금은 겨우 꿈에서 빠져나왔다. 나의 운명을 분석하면서 만난 꿈 이야기를 풀어놓을까 한다.

꿈을 꾸고 남은 건 목 디스크

나는 대학 1학년을 마치고 입대하면서 어떻게 하면 군대에서 의미 있는 시간을 보낼지 고민했다. 그러던 차에 훈련병 시절, 한 교육에서 "책 100권만 읽고 여기서 나가면 완전히 다른 사람이 될 수 있다"는 강사의 말이 내 귀에 쏙 들어왔다.

대단한 사람들이 쓴 책을 읽고 그들의 지식을 얻으면 나도 그런 사람처럼 성공할 것 같았다. 도대체 어떻게 변신할까? 생각만 해도 짜릿해 열심히 책을 읽었다. 훈련병 때는 책이 없어서 종교 시간에 나누어준 성경과 불경을 읽었을 정도다. 부대에 들어가서는 거의 매일 잠을 쫓으며 자기계발서부터 고전까지 가리지 않고 읽었다. 100권 읽기 목표를 세우자 놀고 싶은 나를 채찍질하며 달려가야 했다.

그러던 어느 날 목 디스크 진단을 받았다. 책을 읽느라 오래 앉아 있으니 목에 이상이 생겨 전역 후 한동안 한의원에 다니며 침을 맞았다. 책 읽기에서 얻은 건 목 디스크뿐만이 아니었다. 바로 '꿈'. 군대에서 읽은 자기계발서들은 하나같이 꿈이 있어야 사람은 행복할 수 있다고 말했다. 나도 그 말에 공감했다. 꿈이 있으면 어떤 현실도 극복하며 더 멋진 내가 될 것 같았다. 과정이 힘들고 고통스러운 만큼 목표를 이루면 행복과 성공이 보장될 것만 같았다.

그래서 나는 '교육부 장관'이라는 큰 꿈을 꾸었다. 교육부 장관이 되어 아이들이 꿈꿀 수 있는 교육 제도를 만들고 싶었다. 결심하고 나니 정말 미래의 교육부 장관이 될 사람처럼 여겨졌고 이미 위대한 사람이 된 것 같았다.

내 사주에는 인성과 관성이 많다. 책을 읽으면 대단한 존재가 된다거나, 교육부 장관이 되어 아이들에게 꿈을 주고 싶었던 바람은 인성이 작용한 결과였다. 여기에 관성까지 합세하니 명예 지향적인 꿈을 꾸게 된 것이다. 게다가 약한 식상에 월지가 재성이라 중간 과정을 생략하고 결과를 향해 돌진한다. 월지 재성은 인목이라 호랑이 기운이다. 목표를 설정하자 호랑이가 먹이를 향해 달려가듯 맹렬하게 돌진했다. 그러나 해도 해도 끝이 없었다.

꿈과 희망에 푹 빠져 있을 때 청천벽력 같은 소식을 들었다. 어머니가 폐암 말기 진단과 함께 시한부 삶을 선고받았다. 휴가 나왔을 때 몸이 안 좋아 보여 걱정은 했지만 그렇게 큰 병일 줄은 상상도 못했다. 하늘이 무너지는 줄 알았다. 하지만 나는 꿈만 있으면 모든 상황을 버티고 극복할 거라 생각했다. 그러자 점점 그 꿈에 집착하기 시작했다.

목표를 위해서는 좋은 성적이 필요했다. 그러나 현실은 아픈 어머니를 돌보면서 아버지 가게도 봐야 하는 상황이라 공부할 시간이 충분치 않았다. 이틀에 하루만 잤다. 졸음이 오면 세수를 수십 번 하고 커피를 마셔가며 참았다. 그렇게 한 달을 넘기자 점차 몸과 마음이 지쳐갔다. 머릿속이 부정적인 생각들로 복잡했다. '나도 다른 친구들처럼 즐겁게 학교생활도 하고, 맘껏 공부하고 싶은데 왜 나만 불행한 거지? 이 불행이 끝나긴 할까?' 꿈에 집착하면 할수록 점점 절망으로 빠져들었다.

정답을 찾느라 아무것도 못하는 '한고구마'

꿈을 향해 전력 질주하느라 헉헉거릴 때 우연히 고미숙 선생의 강의를 들었다. 강의에서 "지금을 살지 못하게 하는 꿈과 희망은 없어야 한다"는 말에 충격을 받았다. 여태까지 꿈과 희망 없는 삶은 불행하다고 여겼는데 둘 다 없어져야 한다니?

내 믿음과 정반대되는 말에 처음에는 반감이 들었다. 그럼 어떻게 살라는 거지? 그런데 내 삶을 돌아보니 그 말이 맞았다. 어느새 꿈과 희망은 내 삶을 행복하게 만드는 게 아니라 현재 내 삶을 부정하고 절망하게 만들었다. 꿈을 꾸는 나에게 힘든 현실은 참아야 할 시간이었다. 내 시선은 늘 저 멀리에 있었다. 비루한 현실은 보고 싶지 않았다.

하지만 아픈 어머니를 외면하긴 힘들었다. 내 꿈은 원대했기에 어머니의 아픔조차 무거운 짐으로 다가왔다. 꿈을 이루는 데 방해물로 생각한 것이다. 이런 나와 마주하자 꿈은 현실을 살지 못하게 한다는 고미숙 선생의 말이 퍼뜩 떠올랐다. 도대체 꿈이 무엇이길래 아픈 어머니를 장애물로 여기게 한단 말인가.

난 어머니로 인해 꿈을 내려놓을 수 있었다. 그러자 지금 내 옆에 어머니가 있어서 얼마나 감사한지, 순간순간이 소중했다. 다행히 늦게나마 편안한 마음으로 어머니를 보살피며 임종을 지켰다.

그때 고미숙 선생의 말 한 마디가 출구가 되었기에 학기 중임에도 덜컥 감이당 대중지성 프로그램에 등록했다. 감이당 공부도 탐이 났고 대학도 포기하지 못했다. 하지만 인문학 공부를 하면서 먹고산다는 확신이 없으니 취직을 해야겠고, 취직하려면 취업 준비에 매진해야 했다.

어느새 왜 하는지도 모른 채 두 마리 토끼를 쫓고 있었다. 꿈을 향해 달릴 때처럼 또 몸을 혹사했다. 조급하고 불안하고, 이상과 현실 사이에서 이리저리 휩쓸리던 과거의 나로 다시 돌아왔다.

결국 취업을 선택했다. 솔직히 친구들처럼 연애도 하고 싶고 돈도 벌고 싶은 마음이 강했다. 취직하기로 마음먹었으면 구직 활동에 열을 올려야 하는데 그저 생각만 했다. 취업한다면 하기 싫은 일을 하면서 평생 살아가야 하나? 그래도 가족들의 기대와, 가정을 이루기 위해서는 번듯한 직업이 있어야 하지 않을까? 이런저런 생각만 하느라 아무것도 못했다. 그런 내 모습을 보던 친구가 별명을 붙여주었다. 고구마 먹다 목 막힌 것처럼 답답하다며 '한고구마'라고.

꿈꿀 때는 너무 높은 이상을 설정해서 달려가더니 거품이 꺼지자 행동은 안 하면서 완벽한 무엇이 나타날 때까지 계속 시뮬레이션만 했다. 식상이 없으니 어떤 시도도 하지 못하고 나의 인성은 순환하지 않은 채 망상의 늪에서 허우적거렸다.

일단 스펙부터 쌓자는 결론을 내렸다. 전공인 수학으로는 취직이 어렵다고 판단하고 부전공으로 컴퓨터 공학을 선택했다. 여러 프로그래밍 언어와 기술을 한꺼번에 배우다 보니 과제도 넘쳐났다. 프로그래밍 과제를 하려면 몇 시간씩 컴퓨터에 집중해야 했고 오타 하나만 나도 오류가 발생해 그걸 잡아내느라 자주 밤을 새워야 했다.

그러다 군대에서 얻은 목 디스크가 심해졌고, 몸은 점점 더 안 좋아졌다. 해야 할 일은 컴퓨터뿐만이 아니었다. 토익이나 자기소개서 등을 준비해야 했고 그렇다고 취직자리가 보장된 것도 아니니 스트레스가 장난 아니었다. 마침 주변 도서관에 강의차 온 고미숙 선생이 눈을 크게 뜨고 말했다. "어디 아프니? 몸에 물기가 하나도 없네. 무슨 좀비 같다야."

말 그대로 난 마른 장작이 되어 시들어가고 있었다. 갑자기 꿈을 멈추었을 때가 생각났다. 꿈이 없으면 죽을 것 같아 앞만 보고 달렸는데, 꿈이 없어도 내 삶은 괜찮지 않았던가. 별로 하고 싶지 않고 될지 안 될지도 모르는데 몸을 망가뜨리며 힘들게 취업준비를 해야 할까?

더는 몸 상하며 미래를 위해 살고 싶지 않았다. 아니, 몸이 미래를 위해 달려주지 않았다. 지금 내 몸이 할 수 있고 하고 싶은 것을 하자는 결론을 내렸다. 여전히 하고 싶은 게 뭔지 몰랐지만 알아차린 것은, 내 몸을 혹사시키지 않고 내 몸을 건강하게 하는 일(비겁)을 하자!

내 몸 돌보기와 일상을 잘 살기

한때 큰 목표를 세우고 그것만을 향해 달렸다. 공부도 취업도 포기하고 싶지 않아 무작정 달리거나 정확한 답을 찾기 위해 생각의 바다를 헤맸다. 인성이라는 망상의 늪에 빠져 허우적대느라 현실에서 넘어지고 엎어지는 과정(식상)을 밟지 못한 것이다. 생각(인성)을 하면 바로 결과(재성)로 이어져야 한다고 믿었고, 반드시 명예(관성)를 얻는 일이어야 했다. 거기에는 내가 없었다. 몸은 엉망진창이 되었고 비겁이 없는 나는, 어느샌가 나를 소외시키고 있었다.

목표를 향해 돌진하는 습관을 내려놓고 몸을 돌보기로 하고는 우선 운동을 시작했다. 생각만 하느라 몸을 쓰지 않았는데 막상 움직이니 망상이 쌓일 틈이 없었다. 매일 규칙적으로 밥을 먹고 산책과 요가를 꾸준히 한 지 1년이 넘었다. 예전에는 피곤해서 해야 할 일들을 곧잘 미루었는데 몸에 힘이 생기자 누가 시키지 않아도 일을 즐겁게 자발적으로 하게 되었다. 몸 우선주의로 비겁의 기운을 연마하는 중이다. 이렇게 몸이 건강해진 데는 연구실에서 하는 글쓰기가 여러모로 도움이 되었다.

비겁과 식상이 약하고 관성과 인성이 강한 나는 남의 시선을 필요 이상으로 신경 쓰고 스스로 망상으로 숨는 경향이 있다. 그런 나에게 글쓰기란 자의식과의 싸움이다. 글을 쓰면서 글쓰기에 집중하는 게 아니라 남들이 어떻게 생각할까, 하는 샛길에 빠져 쓰고 지우기를 반복한다. 그러다 내 이야기만 쏙 빼고 책에 있는 내용이나 남에게 들은 말을 가져다 쓰고는 대충 마무리한다. 자기 주도적인 기운인 비겁은 쓰지 않고 책이나 남의 말에 의존하는 인성을 쓰는 습관적인 글쓰기. 여기서 벗어나 내가 주도하는 글쓰기 훈련을 하면서 일상 경험이나 마음을 관찰하고 공부와 만나는 지점을 글로 표현하려고 한다.

청년 시절 누구나 그렇듯 나도 '어떻게 살아야 하는가'에 대한 고민이 있다. 한때는 꿈을 꾸어야 행복하게 살 수 있다고 믿었고 남들처럼 직장을 다녀야 한다고 생각했다.
지금은 감이당에서 다른 삶을 살고 있지만, 이 삶은 미래가 보장되지 않고 가족들이나 친구들에게 인정받기도 어렵다. 그렇다고 꿈을 꾸면 미래가 보장되나? 가족들에게 인정받는다 해도 내가 힘든데 그게 무슨 의미가 있나 싶다.
사실 지금도 딱히 편하지는 않다. 여전히 머릿속에 남은 기억의 잔상이 나를 흔들고 있다. 하지만 조금씩 과거 기억이 아닌 지금 내 앞에 새로운 길이 열리고 있다. 돈이 많아야 해외 친구들이 생길 줄 알았는데 공부를 하니 국내는 물론이고 해외까지 친구들이 줄줄이 연결된다. 그 덕에 여기저기 여행도 많이 다녔다. 돈이 없으면 연애도 못할 줄 알았는데 여자 친구를 만나 든든한 도반이 되어 함께 공부하며 돈도 벌고 있다.
원대한 꿈을 버리니 사실 생활하는 데 큰돈이 들지 않는다. 나는 지금 연구실 강원도 거점인 함백에서 낮에는 주민들과 세미나를 하고 저녁에는 아이들을 가르치는 활동을 한다. 돈을 받지만 배우는 게 더 많아서 도리어 돈을 내야 할 지경이다. 또 감이당에 있는 작은 서점 매니저를 하고 있다. 연구실에서 서점을 관리한다는 건 단순히 책을 사고파는 문제가 아니다. 연구실 프로그램과 사람과 책을 이어주는 일이라 그 자체가 배움이다. 프로그램 조교 활동을 하면서 공부도 하고 돈도 벌면서 충만한 하루를 살고 있다.
꿈을 버린 대신 나만의 인생을 산다.

돈에 죽고 아파서 살다

박윤미(1973년 음력 10월 3일 묘卯시)

편관	일간	정관	편관
癸수	丁화	壬수	癸수
卯목	酉금	戌토	丑토
편인	편재	상관	식신

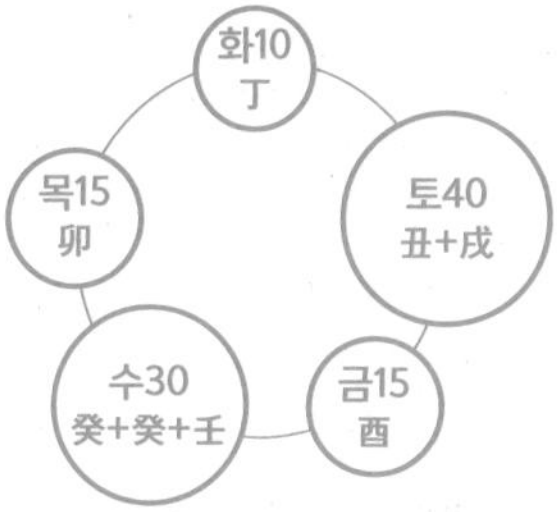

화10 丁
토40 丑+戌
금15 酉
수30 癸+癸+壬
목15 卯

흔히 사람들이 사주볼 때 궁금해하는 점은 자기 팔자에 재물 복(재성)이 있는지 여부일 것이다. 사주명리 수업에서도 제일 많이 받는 질문이다. 재성은 재물이라는 의미도 있지만 성과물, 결과, 아버지 그리고 남자에게는 여자를 의미한다.

재성 기운이 센 사람들은 차근차근 단계를 밟기보다는 한번에 결과를 내고 싶은 욕심이 크다. 과정보다는 결과를 중요하게 여기니 속도도 빠르다. 이렇게 되면 찬찬히 앞뒤를 생각하지 못해 사고를 치게 되고 평생을 사건과 사고를 수습하느라 바쁘다고 한다. 그래서일까, 재성의 또 다른 의미는 평생 짊어지고 갈 짐이라고도 한다.

이렇게 글을 시작하는 이유는 내가 일간이 약하고 재성이 강한 사주이기 때문이다. 그래서인지 나는 돈을 끌고 다닌 게 아니라 항상 돈에 끌려 다녔다. 매번 돈이 없어 인생이 안 풀린다고 생각했고 돈만 있으면 모든 문제가 해결된다고 믿었다. 하지만 막상 큰돈이 들어오는 행운(?)을 맞자 인생은 뒤엉켜버렸다.

과시욕, 빚지는 습관을 만들다

우선 결혼 이야기로 시작하겠다. 2000년, 막 직장 생활을 시작한 남편과 7년 연애 끝에 결혼했다. 회사 생활 8년차였던 나는 내가 잘 버는데 무슨 걱정이냐며 결혼도 무리하게 빚을 얻어 했다. 결혼 후 직장 생활을 계속했지만 좀처럼 돈은 모이질 않았다. 적지 않은 월급에도 빚과 카드 대금을 막느라 허덕였다. 그러다 결혼 3년 만에 아이가 덜컥 생겼고, 만삭의 몸으로 회사를 다녔다. 3개월 육아 휴직 후에는 회사 사정으로 복직하지 못했다.

퇴직하고 나니 넓고 깨끗한 집에서 아이를 키우고 싶은 욕심이 들어 대출을 받아 신축 빌라를 샀다. 그런데 남편 회사 일이 생각처럼 풀리지 않아 생활비를 카드로 돌려 막으며 지냈다. 이런 생활이 한계에 다다르자 신용카드와 마이너스 대출, 사채, 주택융자대출까지 1억이 넘는 빚을 지게 되었다. 더는 돌려 막기도 힘든 상황이라 남편이 모두 정리하고 언니 집에 가라고 제안할 정도로 출구가 없었다.

그러던 중 2004년 가을, 막막한 심정에 매주 로또를 사던 남편이 1등에 당첨되었다. 총 금액 16억 4천만 원. 불로소득세를 내고 빚을 갚고, 같은 빌라에 살던 친구에게 5천만 원을 주고, 불우이웃돕기 성금을 내고 나니 10억이 남았다. 그동안은 돈이 없어서 제대로 못 살았지만 이제는 돈이 있으니 완벽하게 새로운 인생을 시작할 것만 같았다. 그야말로 인생 역전.

막상 돈이 손에 들어오자 미친 듯이 썼다. 장난감과 책을 사고 또 샀다. 백화점에서 아이 옷도 한번에 백만 원 넘게 샀고, 돌잔치 비용으로 2천만 원, 제주도 여행에서는 5성급 호텔 숙박비로 천만 원, 유명한 한정식 집에서 한 끼 식사비로 백만 원이 넘는 돈을 썼다. 그뿐 아니다. 주변 사람들에 비싼 선물을 하고 이름난 맛집을 순례했다. 이러다 보니 카드 대금이 한 달에 천만 원 넘게 나오기도 했다.

앞서 언급했던 당첨금 중 5천만 원을 준 친구 이야기를 해볼까. 같은 빌라에 살면서 친해진 그는 서로 어려운 속내를 나누며 로또에 당첨되면 1억을 선물로 주자고 농담 삼아 약속한 사이였다. 당첨되자 약속을 지키려고 은행에 동행했다. 그런데 친구에게 1억을 주려고 하자 은행 측에서 말렸다. 로또 1등 최고액에 비해 당첨 금액이 크지 않다며 5천만 원이 적당하다는 제안을 받아들여 친구에게 5천만 원을 주었다.

나름 의리를 지켰다고 생각해 우리 사이가 더욱 돈독해질 거라 여겼는데 친구는 내 형편이 어려워지자 몰래 이사를 가서 연락을 끊었다. 아마 돈을 돌려 달라고 할까 봐 피한 것 같다. 생각해 보니 그 친구에게 준 돈은 의리가 아닌 과시욕이었다. 그렇게 난 돈을 주고 친구를 잃었다.

거금이 생기자 돈을 물 쓰듯 하며 세상에서 좋다는 건 다 갖고 싶었다. 이름을 날릴 수 있다는 특별한 도장을 가족 한 사람당 천만 원씩 4천만 원에 만들었고, 조상에게 굿을 하면 일이 잘된다는 말에 천만 원 들여 굿도 여러 번 했다.

아무리 10억이 큰돈이지만 이렇게 펑펑 써대니 불안했으나 소비를 멈추지 않으면서 돈은 계속 불어나기를 원했다. 내 욕망이 탐욕이라는 생각은 전혀 하지 못했다. 오히려 욕망을 채워준다는 말에 귀가 솔깃했다. 보다 못한 남편은 이렇게 쓰다간 얼마 못 가 예전보다 상황이 더 심각해질 거라 경고했지만 들리지 않았다. 유세 부린다고 생각했다. 사업한다고 돈만 날리고 돈벌이도 못하면서 잔소리만 한다며, 너나 똑바로 하라고 더 큰소리를 질렀다. 돈이 많으면 행복할 줄 알았는데 싸움이 더 잦아져 서로 원망하는 마음만 쌓였다.

재성이 강한 나에게 돈은 나 자신이었다. 게다가 관성도 강해서 인정 욕망까지 더해지니 돈 쓰면서 '나 이런 사람이야'라고 내보이고 싶은 과시욕이 솟구쳤다. 이런 마음은 끝을 볼 때까지 멈추지 않았다. 사실 로또가 되기 전에도 형편은 생각하지 않고 과시하느라 무리하게 빚을 지며 살았다.

돈은 얼마든지 벌 수 있다는 자만심(불통재성의 태도)에 빠져 겁 없이 빚을 얻었고 막상 생각대로 되지 않으면 어떻게든 되겠지 하며 현실을 외면했다. 돈이 많으나 없으나 돈을 대하는 습관은 하나도 달라지지 않았다. 그래서 큰돈이 생겼지만 안정은커녕 허세만 커졌고 삶은 롤러코스터를 타고 있었다.

한 방에 해결하고 싶다

폼생폼사 인생은 6년 만에 끝났다. 게다가 집을 담보로 또다시 빚이 생겼다. 정신 차리고 보니 10억은 아무리 열심히 일해도 만지기 힘든 돈이었다. 자책과 후회가 물밀 듯 밀려왔지만 누구도 원망할 수 없었다. 당첨되기 전보다 훨씬 절망적이었다.

이런 상황에서도 큰아이를 교육비가 비싼 대안 학교에 보내기로 결정했다. 평소 아이 발음이 부정확해 일반 학교에 가면 분명 왕따를 당할 거라 생각했다. 우리는 학교가 있는 동네로 이사를 했다. 다행히 살고 있던 빌라 시세가 올라 주택담보대출금을 갚고 2천만 원이 남았다. 천만 원은 월세보증금으로 사용하고 천만 원은 다시 한 번 대박을 꿈꾸며 주식 투자를 했다.

그러나 2009년 세계 금융시장이 바닥을 치면서 주식은 뜻대로 되지 않았다. 이 정도 바닥을 치면 정신 차려야 했는데 로또 당첨이라는 행운처럼 대박이 또 터지길 기대하며 돈까지 빌려 주식 투자를 한 거다. 다시 카드 돌려막는 생활이 시작되었고 2년 뒤 개인워크아웃을 신청했다. 은행권과 카드사는 9년 상환으로 정리할 수 있었지만 개인적으로 빌린 2천만 원은 원금을 갚기는커녕 3부라는 높은 이자를 내느라 숨이 턱턱 막혔다.
워크아웃을 신청하면서 남편과 나는 일을 시작했다. 남편은 난생처음 막노동을, 나는 대안 학교에서 영양 교사로 일했지만 둘이 버는 돈보다 나가는 돈이 더 많았다. 아이들 학비에 높은 이자며 월세, 워크아웃 상환금과 생활비.
돈에 쪼들릴수록 사라진 10억에 대한 미련과 자책으로 하루도 편한 날이 없었다. 어떻게 살아야 할지 헤매던 중 대안 학교에서 학부모 교육으로 책을 읽다가 고미숙 선생의 『호모쿵푸스』를 접했다. 그때 처음 인문학이라는 공부를 알게 되었다.
2011년 가을에 시작해 한 해 동안 감이당에 다녔다. 이런저런 공부를 하다 보니 장기 프로그램을 하고 싶었다. 그런데 학비가 문제였다. 퇴직금을 미리 정산해 100만 원을 만들고 60만 원은 분할로 내겠다고 장금 선생에게 부탁했다. 그때 선생은 꼭 장기 프로그램을 해야 하느냐며 "지금은 무엇보다 빨리 빚을 갚는 게 급선무야."라고 했다. 그 말이 어찌나 서운하게 들리던지, 어쨌거나 고집대로 장기 프로그램을 시작했다. 하지만 나는 일 년 안에 돈을 갚지 못했고 그 상태에서 다음 해 장기 프로그램을 또 욕심냈다.
그러자 이번에는 고미숙 선생이 말렸다. 난 공부를 하면서도 재성의 기운을 쓰고 있었다. 단과보다는 장기 프로그램이 더 좋아 보였고, 그것을 하면 인생이 한 방에 바뀔 줄 알았다. 공부도 돈과 마찬가지로 양으로 계산하고 있었다. 인성이 아닌 재성 기운을 쓴 것이다.

병, 욕망을 멈추고 생각하게 만든 스승

공부를 하면서도 손가락 사이로 모래가 빠져나가듯 사라진 10억을 잊지 못해 우울했다. 그 우울함은 돈이 많고 학벌 좋은 학인들을 향한 적개심으로 나타났다. 어느 날 같이 공부하는 학인에게 "저 사람 많이 배우고 돈 좀 있다고 저러는 거 아냐?"라고 말하자, "너만큼 돈 가져본 사람이 어딨냐"는 반문이 돌아왔다. 순간 망치로 머리를 얻어맞은 기분이었다. 지금 돈이 없다는 생각만 했지 10억이라는 돈을 가진 기억은 깡그리 잊고 있었다.

이렇게 원망과 자책을 오가던 중, 2013년 유방암 진단을 받았다. 언제부터인가 왼쪽 가슴에 멍울이 잡히기에 처음엔 단순한 기름덩어리로 생각했다. 그런데 시간이 지날수록 혹처럼 밖으로 튀어나왔다. 누구보다 건강만은 자신했기 때문에 처음 조직 검사 결과를 들을 때도 오진이 아닐까 생각했다. 상황을 쉬이 받아들이지 못했다. '왜 나에게만 이런 일이…' '뭘 그렇게 잘못했다고…' '재수 없는 놈은 뒤로 넘어져도 코가 깨진다고 하더니…'라며 한탄했다. 지금까지 한 짓은 생각하지 않고 나를 세상에서 가장 불쌍한 사람으로 만들었다.

생각해 보니 공부하는 현장에 있었던 게 얼마나 다행인지 모르겠다. 난 병이 나면 사람들이 나를 붙들고 위로해줄 줄 알았다. 하지만 도반들은 위로 대신 지금 내가 해야 할 일을 알려주었다. 덕분에 죽음 앞에서 망설였던 일들을 구체적으로 정리할 수 있었다.

아이들을 일반 학교로 전학시키고, 사채도 사정을 이야기해서 원금을 3년 뒤 갚기로 했다. 장금 선생은 빚 상환 내역과 수입·지출을 정리하라는 미션을 내렸다. 마이너스인 생활인데 정리한다고 달라질 게 있을까 싶어 의구심이 들었지만 일단 따랐다.
막상 하나하나 정리하다 보니 그동안 얼마나 대책 없이 돈을 썼는지 보였다. 한 달 지출 규모가 정확하게 보이자 과감히 지출을 줄이고 빚 갚기 계획을 세웠다. 그러자 막연한 불안감이 사라지고 매일매일 불필요한 것을 줄이는 일에 노력을 기울였다.
항암 치료를 받으면서 치료 방법을 고민했다. 물론 의사의 도움도 받지만 스스로 몸과 병을 살피고 싶었다. 먼저 밀가루와 인스턴트식품, 육식을 피하고 채식 위주의 식생활과 소식을 위주로 한 식이요법을 결심했다. 워낙 먹는 것을 좋아해 공복 상태가 뭔지도 몰랐던 나로서는 힘든 결정이었다.
당시 연구실에서 『홍루몽』을 읽고 남경으로 여행을 갔다. 일정 중에 동양의 베니스라고 불리는 소주를 갔는데 길에서 파는 닭발이 먹음직스러워 보였다. 순간 참지 못하고 그만 닭발을 사서 먹다가 고미숙 선생에게 딱 걸렸다. 그는 식이요법을 철저히 한다더니 닭발을 먹는다며 죽고 싶냐고 호통을 쳤다. 처음엔 닭발 하나에 좀 너무한다 싶어 섭섭했는데, 생각해 보니 정작 남보다 내가 내 몸에 무심하다는 것을 깨닫게 되었다. 비겁이 약해서인가?
비겁은 나와 같은 오행으로 나를 지키는 힘인데 내 몸이 어떻게 되든 말든 욕망을 채우기에 급급해서 살았으니 말이다. 여전히 식욕은 제어하기 쉽지 않다. 하지만 이제 자책보다는 마음을 하나하나 관찰하는 것을 공부로 삼고 있다.
과연, 병이 아니었다면 폭주하는 욕망을 멈추고 나를 관찰할 수 있었을까? 습관을 버리고 다른 사람의 말을 듣기나 했을까. 병은 내 몸을 챙기게 하고(비겁), 다른 사람의 말에 귀를 기울이게(인성) 해주었다.
삶에서 순환이 안 되면 거기서 끝이 아니었다. 나의 탐욕은 결국 병으로 결실을 맺었다. 병은 욕망을 멈추게 한 구원자였고 생애 최고의 선물이 되었다. 이제 식이요법으로 몸도 많이 가벼워졌고 어느 때보다 마음도 편안하다. 항상 기를 쓰고 욕심껏 뭔가를 하려고 달리며 살았다. 하지만 이제는 조금만 피곤해도 몸을 살살 다루며 챙기게 된다.
처음부터 몸을 챙겼으면 좋았으련만…. 하지만 병이 아니었으면 알았겠는가. 잘 살기 위해 폭주하듯 달려왔는데 제 몸 하나 돌보지 못한 삶이었다는 걸!
가끔 아프지 않았으면 좋겠다는 생각을 말하면 도반들은 "아프지 않았으면 뭘 했을 것 같아, 아마 과시욕에 또 마구 달렸을 걸?" 이렇게 말한다. 맞다. 아프고 아프지 않고는 중요하지 않다. '지금, 여기'에서 어떻게 사는지가 중요하다. 병이 났으면 그것을 받아들이고 살 길을 찾으면 된다. 유독 예민해질 때가 있는데 잘 관찰해보면 빨리 낫고 싶다는 생각이 원인이다. 그럴 때면 내가 병을 만들었으니 그 시간만큼 겪는다고 생각하면 마음이 한결 가벼워진다.
병 덕분에 공부 주제도 얻었다. 현대인들이 앓는 병에 관한 세미나를 하면서 병과 삶을 탐구하고 있다. 돈(재성)과 인정 욕망(관성)이 우선인 삶이 아니라 몸이(비겁) 우선인 삶을 위해 공부한다.

종횡무진 내 운명

차은실(1980년 5월 17일 자子시)

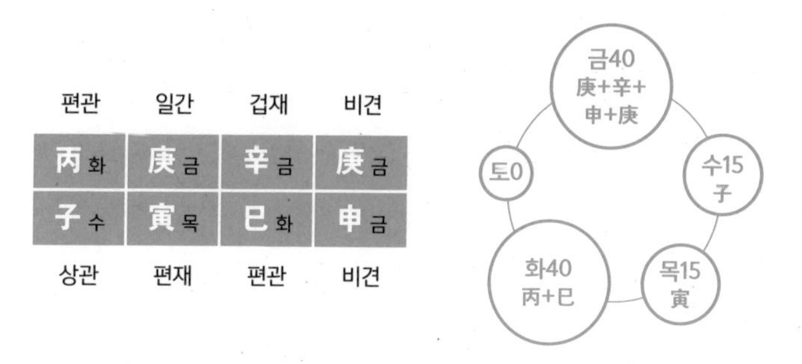

64	54	44	34	24	14	4
편재	정재	편관	정관	편인	정인	비견
갑술	을해	병자	정축	무인	기묘	경진
편인	식신	상관	정인	편재	정재	편인

내 일간은 '경금'이고 일지에 '인목' 재성을 깔고 있다. 천간 경금과 지지 인목은 우거진 숲속 바위산 위에 앉은 호랑이를 상징한다. 포스 짱! 멋있게 살고 싶지만 사실은 소심하다. 고집도 세지만 주변 눈치도 많이 본다. 이상과 현실의 괴리 속에서 매 순간 관심과 흥미가 바뀌는 인목 호랑이는 편재이자 타고난 역마살로 인해 가만히 있지 못하고 항상 새로운 것을 찾아 돌아다닌다.

비겁과다 경금인 나는 혼자보다 친구들과 어울리고 말하기를 좋아한다. 아마도 타고난 비겁의 운으로 사람들과 함께하는 것을 즐기고 과다한 비겁의 기운은 말하기를 통해 관리하는 듯하다. 사주팔자 중 무려 네 글자가 금으로 타고났기에 선천적으로 고집이 세지만 다행히 천간 병화와 지지 사화의 기운으로 유연함을 유지하며 살아가고 있다.
편안한 사람들과 함께하는 기분 좋은 수다는 나에게 큰 기쁨이다. 뉴욕에서 감이당을 만나 '동의보감' '사주명리학' '인문의역학'… 새로운 공부를 시작하고 깨달은 점은 그동안 내가 나에 대해 잘 몰랐다는 것이다. 말하기 좋아하지만 내 이야기 꺼내는 데는 서툴고, 사람에게 관심이 많아 심리학과 상담학을 공부했지만 사실 사람을 끊임없이 의심하고 있었다.
과학적 분석을 통해 사람의 운명 역시 정의할 수 있다고 믿은 적이 있었다. 전문가들이 오랜 기간 임상 경험을 통해 개발한 심리테스트와 MBTI나 에니어그램으로 나 자신은 물론 가족과 친구 등 주변 인물을 분석하고 그에 맞춰 환경과 직업, 취미 등을 결정한다고 생각했다.
무식하면 용감하다고 했던가? 사람마다 각자 타고난 천성과 기질이 있고 환경도 다 다른데 고작 몇 가지 유형으로 편집하여 내 마음대로 평가하고 정의하며 살아왔다. 각자 타고난 '인생의 흐름, 운명의 지도'가 있다는 사실을 몰랐다. 단지 큰길 몇 개만 생각하며 앞만 보고 가야 잘 사는 길이라고 믿었기에, 중간에 다른 길을 찾거나 되돌아가면 실패한 인생이라고 생각하며 살았다.

제1대운: 1983~1992(비견/편인)

평생 경쟁자의 등장과 네 번의 전학

어디서부터 시작해야 할까? 먼저 나, 나의 운명을 이야기하기 위해 지금까지 살아온 기억과 바꿀 수 없는 사실부터 확인하는 시간을 가졌다. 1980년 5월 17일 엄마 뱃속을 나와 처음 내 힘으로 숨을 쉬었던 '운명 바코드'가 새겨진 그날부터 내가 기억하는 모습을 정리했다.
내 인생 첫 대운의 시작은 1983년이다. 그리고 처음으로 기억하는 날은 여동생이 태어나던 날이다. 친구와 형제를 뜻하는 '비견' 대운이 시작되며 동생이 태어났고 첫째였던 나는 그렇게 나만의 엄마를 뺏기며 평생의 경쟁자 동생을 만났다.
그 후 1987년 초등학생이 되던 해 부모님이 사업을 시작하면서 난 입학과 동시에 1년 동안 전학을 세 번 했고 4학년 때 마지막 전학을 했다. 전학을 통해 매번 다양하고 새로운 친구들을 만났고 다행히 빠른 적응력으로 큰 문제 없이 지냈다. 생각해 보니 당시 '편인' 대운의 작용으로 서류를 들고 전학을 다니면서 '비견'이라 할 많은 친구를 만났다.

제2대운: 1993~2002(정인/정재)

중·고등학교+대학교, LA+홍콩+시드니+중국+필리핀+유럽+뉴욕

어린 시절 나는 감정을 표현하는 아이가 아니었다. 또래보다 사춘기가 빨리 온 탓에 세상이 유치해 보였고 좋은 것도 싫은 것도 딱히 없었다. 당시 몰입했던 취미는 동네 비디오 가게에서 하루 한 편 홍콩 영화를 빌려 보는 것이었다. 로맨스 영화보다 『영웅본색』·『지존무상』 등의 액션 영화를 좋아했던 것을 보니, 아마도 타고난 '금'과 '화'의 기운이 그런 식으로 표현된 게 아닌가 싶다.
나는 앞만 보고 미래를 설계하며 살아온 사람이다. 그러나 가끔 고등학교 시절을 떠올리면 행복하다. 안정적인 돌봄과 발전이라고 할 수 있는 '정인'과 '정재'의 대운이 시작되던 1993년과 2002년 사이엔 전학도 안 다니고 원하는 환경(학교)에서 좋은 친구와 선생님을 만났다.
지금 내 성격이 발현된 계기는 고등학교 1학년 LA 어학연수 때였다.

기묘 대운에서 묘목 정재가 작용했다. 묘목은 목의 정점으로 새로운 시작을 여는 글자인데 아직 학생 신분이니 일 대신 적극적인 활동력으로 드러났다. 큰 기대 없이 떠난 여행 겸 연수에서 나는 누구보다 잘 웃고 활발한 아이로 변신했다. 갑자기 하고 싶은 일들이 많아졌고 힘이 넘쳤다. 원국에 역마살(인·사·신)이 있는데, 묘목 정재가 운에서 들어오니 전학을 다니면서 까칠하게 지내던 내가 긍정적인 기운으로 바뀐 것이다. 이후 홍콩·시드니·중국·일본·유럽 연수와 여행할 기회가 꾸준히 왔다. 그리고 한국이 아닌 다른 나라에서의 삶을 구체적으로 꿈꾸게 되었다.

당시 나는 집보다 학교가 편했고 가족보다 친구, 선생님이 좋았다. 공부로 일등하는 모범생은 아니었지만 학교 학생회와 신문사 등에서 활동하며 친구와 선생님에게 관심과 보살핌을 받으며 장학금으로 학교에 다녔다. 아마도 정인(공부)과 정재(장학금) 대운이 작용하여 학생이지만 경제적으로 문제없이 경력도 쌓으며 다양한 일을 할 수 있지 않았나 싶다.

제3대운: 2003~2012(편인/편재)

첫 직장, 끊임없는 프로젝트와 이직, NY 여행과 연수 후 이민

정인/정재의 안정적이고 편안했던 10년이 지나고 2003년부터 정반대운인 편인/편재 대운이 시작되며 내 인생에는 동시다발적으로 많은 길이 열렸다. 물론 모두 원하고 선택한 일이지만 돌이켜보니 참 정신없이 바빴다.

2003년 나는 대학 졸업 전 첫 직장을 찾았다. 친구들보다 빠른 취직과 승진으로 우쭐했던 기억도 있다. 하지만 생각해 보니 취직을 남들보다 먼저 한 이유는 항상 두세 가지 일을 동시에 하던 내가 공부만 하는 일상을 견디기 힘들어 선택한 길이었다. 상사들은 나에게 일을 맡기고 회사를 떠나는 등 혼자 기획, 홍보, 진행 등 멀티플레이어로 일하는 경우가 많았다.

나는 공연 전문 취재 기자와 웹 기획자, 축제와 영화제 홍보 마케팅 등 비슷하지만 조금씩 다른 일과 새로운 일을 찾느라 바빴다. 당시 내가 꿈꾸던 미래는 페스티벌 홍보 전문가였다. 그 준비 단계로 서른 살에 영화제 홍보팀장이 되겠다는 계획을 스물일곱 살에 이뤘다. 빠른 성취 후 뉴욕으로 떠났다. 그동안 숨 가쁘게 열심히, 잘, 빠르게 꿈을 이루었으니 잠시 쉬고 나서 다른 경력(해외 취업, 학위 등)을 쌓겠다는 마음이었다. 애초에 세운 인생 계획보다 3년을 빨리 살았으니 여유가 있다고 생각했다.

2007년 뉴욕에 왔지만 처음 계획이었던 대학원 진학의 목적과 다르게 직장 생활을 시작했고 이후 2012년까지 현실에 적응하기 위해 쉼 없이 앞만 보고 살았다. 당시 하고 싶은 공부보다는 금전적인 도움이 되는 다양한 자격증 시험(편인)을 취득했는데 주말 없이 두세 가지 일을 하며 돈을 벌었지만 번 것보다 나갈 일이 많았다. 역시 '편재' 대운이라 안정적으로 돈을 모으는 것은 힘들었다.

3년이 지나 서른 살, 난 뉴욕에서 하루하루를 걱정하는 외국인 노동자가 되어 있었다. 뉴욕에서 새로 만난 사람들과 일은 그동안의 삶과 너무 달랐으며 늦었다고 착각해서 한 결혼은 깊은 상처와 우울만 남겼다. 그렇게 '이생망'을 외치며 아픈 몸으로 누워있던 나는 건강한 삶에 대해 생각했다. 이제 새로운 일을 찾는 짓은 그만두고 잘하는 일, 원래 하던 일을 다시 시작하기로 마음먹었다.

제4대운: 2013~현재(정관/정인)

이직·출장·공부, 다시 처음으로 돌아옴

실속 없이 바빴던 파란만장한 편인/편재 대운이 지나가고 시작된 정관/정인의 대운이 들어온 2013년, 그해 시작과 동시에 영주권(정인)이 나왔고 직장 생활과 별개로 매거진 뉴욕 특파원과 라디오 방송 패널을 맡게 되었다.

직장에서 연봉이 올라 개인적으로 인연이 있는 미술 재단의 후원을 시작하면서 이사가 되었고 현 직장(정관)으로 이직을 제안받았다. 이직 후 정기 휴가를 보내게 되어 자유로워진 주말에 그동안 하고 싶었던 심리 상담 공부(정인)를 시작했다.

그렇게 대운의 변화와 함께 마이너스의 삶에서 비로소 제로로 진입하는 순간을 맞이했다. 그리고 2016년, 드디어 뉴욕에서 감이당을 만났다. 그렇게 나는 플러스로 가는 인생의 시작점을 찾은 것이다.

앞으로 나의 인생은?

대운에 따라 나를 둘러싼 환경의 변화와 다양한 사건, 인연을 생각해 보는 일은 신기하고 재미있는 공부이자 경험이다. 10년마다 바뀌는 인생의 흐름을 따져보니 신기하게도 대운이 바뀌는 해를 기점으로 다양한 변화가 있었다.

의욕이 상실되고 건강이 나빠질 위험이 있는 '편인' 대운과 사회적 활동이 활발해지면서 바빠지는 '편재'가 동시에 들어온 2003년부터 10년 동안 하는 일은 똑같아도 끊임없이 소속이 바뀌고 한국에서 뉴욕으로 환경이 달라져 새로운 일과 사람들에 적응해야 했다. 신체적 건강과 마음의 의욕이 약해진 상황에서 일이 바빠지니 결국 여러 일이 겹치며 깊은 우울과 함께 급성 종양으로 수술까지 했다.

연월일 지지에 자리 잡은 '인寅사巳신申' 삼형살은 규정에 어긋나는 행동으로 감옥에 갇히는 운명이기도 하지만 반대로 조직 생활을 하며 무엇인가를 바꾸고 조정하고 해결하는 능력이다. 좋은 뜻으로 맞춰보니 나는 조직(학교, 직장)에서 대표나 책임자가 되어 새로운 팀과 업무를 시작하거나 기존의 조직 구성을 재정비하고 개편하는 역할을 맡아야 했다.

적성에도 맞았고 결과도 좋았다. 내 운명 속 삼형살 덕을 본 듯하다. 그런데 남들은 하나 하기도 벅찬 일을 동시다발적으로 하다 보니 일로는 인정받아도 몸은 챙기지 못했다. 삼형살은 수술로도 보는데 당시 찾아온 종양은 나를 챙기지 못한 결과였다.

그러던 중 2013년 보살핌과 공부의 운을 가진 '정인'과 안정적인 소속이라고 할 수 있는 '정관' 대운이 시작되었다. 직장이 바뀌고 주말에 학교를 다니게 된 데다 출장이 많아져 여행을 하며 심리적 안정을 찾았다. 무인성 사주이지만 대운에 인성이 들어와 공부할 마음과 기회가 생겼다.

대운을 중심으로 앞으로 갈 방향을 예상해보니 지금 운이 계속되는 2022년까지 정인/정재 대운에 맞춰 꾸준히 공부하며 건강한 삶을 유지하고 2023년부터 편관/상관 대운이 들어오면 소속이 바뀌어 명예가 상승할 수 있는 '편관', 독자적인 능력이 강화되는 '상관'을 활용해야 할 것이다.

그렇게 타고난 능력을 대운에 맞춰 새로운 조직과 사업으로 발전시키다 2033년 정재/식신 대운을 맞아 생산적인 활동(식신)과 함께 금전적인 안정(정재)까지 이룰 수 있다면 이보다 더 좋을 순 없을 것 같다.

누군가 삶에 영향을 미치는 요소는 생활환경, 지리적 환경(풍수), 사주, 생김새(용모·관상), 자기 수양이 있다고 한다. 지금 나는 최초로 태어난 곳을 떠나 새로운 곳에서 생활하고 있다. 나에게 자기 수양이었던 10년이라는 적응 시간을 보내고 보니 타고난 사주와 생김새는 못 바꾸지만 환경을 바꾸며 생활 습관과 생각도 많이 바뀐 듯하다.

세상 누구에게도 쉬운 인생은 없다. 나 역시 롤러코스터 타듯 오르락내리락 고비가 많았다. 미리 알았으면 좀 쉬웠을까 싶지만 재미는 없었을 것 같다. 모르는 상태로 참고 인내하며 성장하다 좋은 인연과 시절을 만난 행복이 컸다.

또 운명을 탐구하면서 내가 무엇을 욕망하는지 보았다. 특히 삼형살만 하더라도 남들이 못하는 것을 조정하고 만들어내는 능력이지만, 그것에 도취하면 몸이 망가진다는 것도 알게 되었다.

지쳐있던 시기에 공부를 통해 까칠했던 마음이 조금은 부드러워졌다. 힘들었기에 공부를 하고 그러다 좋은 인연을 만나게 되었으니 이것이 바로 고생 끝에 낙이 온 것 아닌가? 내가 가진 내 팔자, 내 운명… 인생 참 재미있다.

얼음판 위에 핀 이야기꽃

김해완(1993년 12월 10일 오午시)

정인	일간	겁재	편인
壬 수	乙 목	甲 목	癸 수
午 화	丑 토	子 수	酉 금
식신	편재	편인	편관

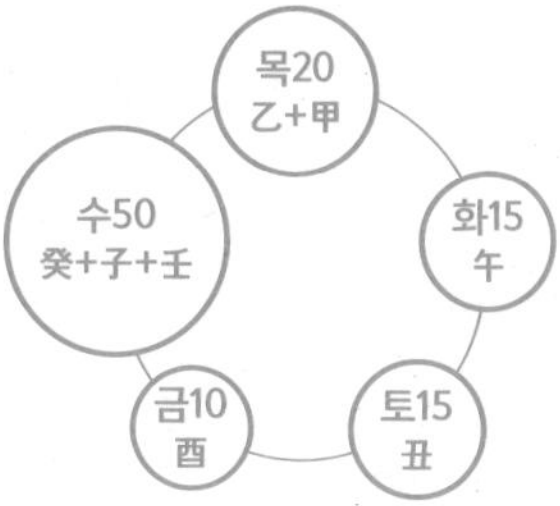

목20 乙+甲
화15 午
토15 丑
금10 酉
수50 癸+子+壬

최근에 위화가 쓴 에세이집을 읽다 어떤 페이지에서 한동안 나아가지 못했다. 인터뷰어가 초기 작품이 유달리 피비린내가 나는 것 같다고 질문하자, 위화는 이렇게 답했다.

아주 오랫동안 나는 한 가지 생각을 고집스럽게 믿어왔다. 한 사람이 성장해온 과정이 그의 일생을 결정한다는 것이다. 이 세상의 가장 기본적인 그림이 바로 이때 그의 가슴 깊은 곳에 새겨져 마치 복사기처럼 한 장 또 한 장 개인의 성장에 계속 복사되는 것이다. 그가 자라 성인이 된 뒤 성공한 사람이 되었건 실패한 사람이 되었건, 위대한 사람이 되었건 평범한 사람이 되었건, 그가 행하는 모든 것들은 이 가장 기본적인 그림을 부분적으로 수정한 데 지나지 않는다. 당연히 그림 전체는 변하지 않는다.

『사람의 목소리는 빛보다 멀리 간다』, 「글쓰기」, 148쪽, 문학동네

위화의 펜에 묻은 피는 그의 학창 시절 내내 진행된 문화 대혁명이 불러온 피였고, 동네 길거리에서 조반파들끼리 치고받고 싸우면서 흘렸

던 피였으며, 외과 의사였던 부모님의 수술복에 매일 묻어있던 환자들의 피였다. 피는 그의 무의식 깊은 곳까지 적셨다. 위화는 20대가 다 지날 때까지 누군가에게 쫓겨 죽임 당하는 꿈을 매일 밤 꿨다고 한다.
이 이야기가 섬뜩한 까닭은 피가 아니라 피의 '반복' 때문이다. 어린 시절에 빨아들인 사건 사고가 존재의 인印이 되어, 인생의 복사기에 철마다 새 종이를 갈아 끼워도 똑같이 인쇄되는 장면을 상상해보라. 우리는 결과에 실망한 나머지 밑그림을 어떻게든 바꿔보려고 지우개로 열심히 지우거나 화려한 물감으로 덕지덕지 덧칠한다. 혹은 이런 밑그림이 형성된 데 가장 지대한 공헌을 한 부모님을 원망한다! 이 장면은 사주명리를 공부하면 할수록 자발적인 '운運'과 정해진 '명命' 사이의 딜레마에서 고민하는 내 모습과 닮았다. 타고난 여덟 글자는 변하지 않는데 운명의 주인은 나라고 한다면 무엇을 해야 하나….

인성의 도움으로 살아남은 을목

물론 내 성장 과정은 위화 이야기에 비하면 아무것도 아니다. 그래서 오히려 깨닫게 되었다. 앞으로도 내 인생의 복사기는 '아무것도 아닌 상태'를 반복해서 찍어내리란 것을. 객관적으로 보면 내 경험은 또래 한국인 누구와도 비교하기 어려울 만큼 독특하다. 그러나 중요한 건 내 내면에서 이 과정을 어떻게 구성하고 있느냐다. 일반 학교에서 대안 학교로, 대안 학교에서 지식인 공동체로, 다시 뉴욕으로 넘어온 숨가쁜 행보의 중심에는 이대로 가만 있다간 무기력에 빠지겠다는 긴박함이 있었다. 옴짝달싹할 수 없다는 느낌은 내가 을목이라는 것, 그리고 수 기운이 넘쳐나는 인성과다라는 점에 기인한다.
을목은 천간 중 제일 유약한 에너지다. 밟히는 대로 밟히고 바람 부는 대로 휘어지는 풀이다. 그래서 을목들은 밟히고 뽑힐 것에 대비하여 늘 유연한 태도를 취하고, 주변에 사람을 모으고 엮는다. 을목의 무의식에 깊숙이 박혀 있는 것은 생生에 대한 집약적 욕망이다.

을목형 인간은 여간해서 오버하지 않는데, 폼 나는 결말과 함께 전사하는 것보다 살아남아서 '그다음'을 기약하는 것이 더 중하다는 것을 알기 때문이다. 사주명리의 이론에 따르면 이런 유약한 을목이 잘 살아가려면 적절한 불과 물, 즉 병화와 계수가 있어야 한다고 말한다.

물은 을목이 무럭무럭 자라도록 길러주고(인성), 불은 을목이 자신을 드러내고 표현하여(식상) 꽃으로 활짝 피어나게 해준다. 그런데 나라는 을목은 여기서 크게 삐끗했다. 수 기운이 전체 에너지의 50퍼센트 이상을 차지하면서 풀이 자라다가 꽁꽁 얼어붙은 형상이 된 것이다. 하나씩 있는 토 기운과 금 기운도 하필 추운 애들이라 별 도움이 안 된다. 시지에 딱 하나 있는 화 기운은 작은 불이라서 상황을 바꾸기에는 힘이 너무 약하다. 그래서 내 사주의 물상은 다음과 같다. 엄동설한 동토에 뿌리내려 덜덜 떨고 있는, 그러나 한낮에 한 줄기 햇빛을 받아 어떻게든 잎을 녹이려는 풀.

이렇게 생하는 기운이 과다하면 무슨 일이 벌어질까? 나는 인성의 본질이 '안전함'이라고 생각한다. 어머니(인성)가 튼튼한 울타리가 되어야 아이는 걱정 없이 성장하고, 공부(인성)가 충분히 쌓여야 이 험난한 세상에서 '멘탈'을 안전히 지킬 수 있다. 자격증(인성)이 있어야 세상이 무시하지 않고 대접해준다. 실제로 내 성장 과정은 평균 이상으로 안전했다. 골골대는 내 몸을 걱정하던 어머니, 조건 없는 사랑을 준 외할머니가 나를 키웠다(외할머니는 식상이 과다인 병화, 어머니도 식상이 발달한 정화다. 어릴 적 나는 그녀들의 빛과 열에 의지해서 살았다). 물질적 부족함도 전쟁의 위협도 없이 자랐고, 공교육이 무너진 한국 사회에서 학생을 진심으로 아껴주는 대안 학교에 갔다. 청년이 N포세대가 된 시대에서도 공동체에 비비고 살았으며, 도덕이 무너진 세상에서도 도덕의 근본을 논하는 철학 책을 실컷 읽었다. 그 덕에 현재 나는 대단한 사람은 아니어도 사람 구실은 하게 되었다.

안전과 감옥, 인성의 두 얼굴

이렇게만 보면 인성이 많으면 많을수록 좋아 보이나 우주에 공짜는 없다. 인성과다로 25년간 살아온 내가 자부할 수 있다. 세상 만물에 음양이 깃들어 있듯이, 모든 행위에는 이기성과 이타성이 동시에 작동한다. 가령 식상이 발달한 사람은 남을 키워주려는 따듯한 마음을 지니고 있다. 그러나 그만큼 상대에게 개입하길 원한다. 끝없이 잔소리하면서 자기 품에서 쉬이 떠나보내지 않는다. 마찬가지로 인성이 발달한 사람은 남이 주는 떡이나 받아먹으며 편하게 사는 것 같지만, 그 와중에도 '그냥' 받는 게 아니다. 받기 싫어도 받아야 하고, 받음으로써 주체성을 포기해야 하고, 결국 상대의 명령을 들어야 한다. 혹은 안전함에 취해서 어디까지가 현실이고 어디까지가 받은 것인지 모르는 무지의 늪에 빠진다. 주제를 모르는 무지의 늪은 아무리 다양한 지식을 습득해도 벗어나기 어렵다(이게 중증이 되면 정유라처럼 "돈 있는 엄마를 둔 것도 실력이에요."라는 말을 수치심 없이 지껄이게 된다). 따라서 나에게 인성이란 나를 키워주면서 동시에 꽁꽁 얼리는 '안전-감옥'이다. 그래서 지금까지 내 행보는 안전-감옥을 탈출하기 위한 시도였다.

인성이 많다고 해서 모두 나 같은 답답함을 느끼진 않는다. 나처럼 어린 나이에 연구실에 와서 오랫동안 엉덩이를 비비고 살았던 애들은 대부분 인성이 많았다. 그들은 나보다 더 편안하게 생활했고, 더 빨리 연구실을 나갔다. 그들에게도 나름 부대낌이 있었을 것이다. 그러나 받을 때는 당연하게 여기다가 갑자기 자기 것을 포기해야 할 때 당혹스러워하는 경험을 그들은 한두 번 겪은 반면, 나는 이 과정을 자주 겪었다.

사회의 상식, 대안 학교의 교육 철학, 연구실의 윤리, 뉴욕의 생활 방식까지 나는 항상 '환대의 논리(안전)'와 '힘의 논리(감옥)'라는 두 얼굴을 동시에 발견했다. 이 세상에 배신하지 않는 안전한 울타리란 원래 없는 것이다. 자꾸만 안팎의 간극을 보려고 했던 까닭은 내 사주팔자에 남의 도움을 순진하게 믿는 정인과 남의 도움을 믿지 않고 속을 간파하려는 편인이 함께 혼잡해 있는 까닭이다. 정편혼잡의 비애!

엎친 데 덮친 격으로, 내 지지는 아주 역동적이다. 사주팔자에는 타협을 모르는 '센 글자(왕지)'들이 잔뜩 포진해서 미친 듯이 합충과 신살을 이루는 까닭에, 인성이 청소기처럼 빨아들인 정보들이 서로 격렬하게 충돌한다. 한 주제를 생각할 때도 주위를 둘러싼 온갖 가능성(그리고 걱정거리)을 모두 검토해야 직성이 풀린다. 편집증적인 집중력(혹은 집중력을 가장한 편집증)을 뜻하는 귀문관살도 두 쌍이나 포진해 있다. 그래서 내 정신은 늘 핑핑 돌아가고 있다. 같이 공부하는 학인 말대로 "하루에만 이 과정을 모두 거치니 속이 편한 날이 없다."

속을 편하게 하는 것! 이것이 내가 성장 과정부터 반복해서 맞닥뜨린 과제다. 과다한 인성은 모든 곳에 장애물을 만들어냈다. 을목 옆에 갑목이 있어서 다행히 비겁을 의미하는 친구는 항상 내 주변에 있었다. 그러나 내 안에 무수히 찬 '네버엔딩 스토리'를 듣고 또 이해해줄 또래 친구는 드물었다.

게다가 내 빈약한 불의 기운 식상으로는 사연을 재치 있게 풀어낼 도리가 없었고, 그래서 늘 나의 이야기는 둑에 물이 넘치는 것처럼 쉼 없이 쏟아져 나왔다. 속이 깊거나 무딘 애들이 아니고서는 나를 이상한 애라고 생각할 수밖에 없었다(그래서 나는 내 옆에 오래 붙어있는 애는 성격이 좋다는 기준을 갖게 되었다).

이런 상태에서 관성이 뜻하는 남자, 조직, 사회적 명예가 눈에 찼을 리가 없다. 성욕이 없는 것도 남자가 없었던 것도 아니었지만, 나에게는 늘 공부가 우선이었다. 내면을 충족하고 혼란을 종식할 길 찾기가 훨씬 더 중요한 문제였다. 길을 찾기 위해서 뭐든지 열심히 했다. 학교 공부든, 동아리 활동이든, 공동체 생활이든.(그래서 친구들은 나를 성공을 좇는 애라고 생각했지만… 결과는…하하)

내 얼음판 위에 피어나는 이야기꽃

여하튼, 이런 상황에서 나는 글을 쓸 수밖에 없었다. 연구실에서 글쓰기를 제대로 배울 수 있어 참으로 다행이었다. 그렇지만 나는 '무엇을' 하느냐보다 '어떻게' 하느냐가 더 중요하다고 생각한다. 글을 쓴다고 해서 무조건 개운하는 것은 아니다. 글을 쓸 때도 나에게 안전한 영역을 재탕하고 싶지 않았다. 지식을 축적해 똑똑한 글을 쓰고 싶지 않았다. 한마디로 나에게는 화 기운이 필요했다. 세상을 향한 공감, 내 느낌을 120퍼센트 드러낼 언어적 표현력, 타인에게 관심을 두는 마음가짐. 이런 무의식적인 욕구가 나를 철학과 문학, 논리와 공감, 거시적 틀과 미시적 욕망 사이의 경계에서 방황하게 했다.

내가 당최 뭘 쓰고 싶은지 알 수 없었으나, 확실한 것은 난 장르와 상관없이 내 세계의 '안전함'을 깨뜨리는 글을 쓰고 싶었다. 그건 지금도 그러하다. 지식과 콘텐츠가 범람하는 세상 속에서 내 차가운 세계를 깨뜨리고 남을 '진심으로' 이해한 만큼 글을 쓰고 싶다. 안전한 울타리 속에 상주하면서 세상을 논하거나 절대로 생각을 바꾸려고 하지 않는 사람을 맞닥뜨리면 나 자신을 돌아보게 된다. 나는 저렇게 하지 말아야지, 하고.

현재 내 대운은 병인이다. 불기둥이 들어왔다. 이 좋은 시기에 뉴욕에 던져져 외국 생활을 삼 년 반 했다. 외국 생활 자체가 식상을 뜻하기도 한다더니, 정말로 이 시간은 내게 식상이란 무엇이고, 화 기운이란 무엇인지 탐구할 기회를 주었다. 공동체에서 물리적으로 떨어져 나오니 심심하고 외로웠다. 그래서 계속 홈파티를 조직하고, 저녁을 차리고, 이야기를 들어주면서 배경도 성격도 관심사도 다른 친구들을 힘겹게 한 영역으로 끌어모았다.

워낙 취향이 다르다 보니 공부를 같이할 수는 없었고, 공부 이야기조차 마음껏 할 수 없었다. 그러나 이 불만족은 중요한 깨달음으로 이어졌다. 식상은 결과를 미리 생각하지 않는 기운이다. 나의 이익을 미리 계산하지 않고, 일단 마음 넉넉하게 소통하고 봐야 한다. 이것이 식상과 재성이 다른 점이다. 지금까지 나는 남들을 위하여 뭔가를 할 때 그들의 '일'을 대신해서 '좋은 결과'를 얻게 도와주는 것으로 생각했다. 그러나 그건 식상이 아니다. 남을 키워주는 기운은 그 사람을 있는 그대로를 받아들여주는 것이다. 서로가 솔직해질 수 있도록, 상대의 추악하고 무지하며 불가해한 모습조차 편견 없이 응시하는 것이다.(그것은 어쩌면 나 자신의 '추악하고 무지하며 불가해한 모습'을 비추는 거울일지도 모른다.)

시간이 흐를수록 나는 친구들의 평범한 이야기 속에서 어떤 문학 작품도 가뿐히 뛰어넘는 '리얼리티'를 느끼게 되었다. 이는 내 친구들이 특별해서가 아니라, 내가 어느새 그들 생활의 일부가 되었기 때문이다.

그때 두 번째 깨달음이 왔다. 타인의 이야기를 사려 깊게 들어주는 것만으로도 '이야기의 공동체'를 만들게 된다는 것.
집에서 모임은 공동체라는 이름을 붙이기에는 아주 느슨한 네트워크였지만, 사실 이름이 무슨 대수일까 싶다. 중요한 건 '공동체적'으로 사는 것이다. 그리고 말이 통하지 않는 이 이국땅에서 더듬더듬 이어붙인 우리들의 대화는 말 그대로 소중한 '공통의 몸(공동체)'이었다.
지금까지 나는 공동체 활동가라는 이름표를 내 정체성의 맨 앞줄에 두었다. 그러나 이제는 그 자리에 작가라는 이름표를 두려고 한다. 그 둘은 사실상 똑같다는 것을 알았으므로.
다시 처음으로 돌아가서, 인터뷰어는 위화에게 어떻게 반복되는 악몽을 끝냈냐고 물었다. 그러자 위화는 꿈에서 자신이 마침내 죽는 것을 보자 악몽도 완전히 끝났다고 했다. 자신이 어떤 상태로 살아왔고 또 살고 있는지 드디어 객관적으로 이해한 것이다.

사실 삶과 글쓰기는 아주 간단할 때가 있다. 어떤 꿈 하나가 어떤 기억 하나를 되돌리고 나면, 그다음에는 모든 것이 변하고 마는 것이다.
『사람의 목소리는 빛보다 멀리 간다』, 「글쓰기」, 157쪽, 문학동네

누드 글쓰기를 통해 나 역시 불편함을 끝낼 기억들을 되살렸다. 그리고 앞으로 무엇을 해야 하는지도 알았다. 작가는 남들 대신에 '꿈'을 꾸는 자다. 다른 이의 이야기를 듣고 사람들의 조각난 기억을 글로 엮어서, 반복되는 나의 악몽과 타인의 악몽이 끝나도록 돕는 것. 그렇다면 내 얼음판 같은 사주 위에도 이야기의 '꽃'이 피리라. 화 기운을 머금은 을목이 꽃이 되는 것처럼.

통념을 바꾸자

이시영(1968년 6월 20일 오午시)

편인	일간	상관	식신
甲 목	丙 화	己 토	戊 토
午 화	戌 토	未 토	申 금
겁재	식신	상관	편재

화25 丙+午
토65 己+戊+未+戌
금10 申
수0
목10 甲

몇 년 전 여러 가지 일로 마음이 괴로워 점집을 찾은 적이 있다. 여자 보살은 말없이 담배를 피우며 뚫어지게 내 얼굴을 들여다보았다. 무엇에 끌린 듯 내가 먼저 입을 열고 그간 고통스러웠던 일들을 모두 토해냈다. 혼자 힘들었던 일들을 말하고 자세한 배경은 물론 부연 설명까지 덧붙여 알려주고 감정이 격해져 엉엉 울기까지 했다.(맞추기도 전에 모두 알려주고 단지 확인하는 질문만 던졌는데도 보살이 전지전능한 신으로 보였다.)

보살은 내게 두루마리 휴지를 주며 자식들은 잘될 거라는 말을 해주었다. 순간 모든 근심 걱정이 사라졌다. 그간의 고통은 아이들만 잘되면 아무것도 아니라는 생각에 기쁜 마음마저 들었다. 복채를 두 배로 내고 큰절까지 올리고 싶어졌다.

다 해결된 듯 환해진 내게 보살은 부부가 좋아지기 위해서는 남쪽으로 이사를 가야 하고 부적을 사용해야 하는데 200만 원 정도면 된다고 했다. 순간 마음이 싸해졌다. 다신 오지 말아야 할 곳이라 생각했다. 돈으로 팔자 바꾸기는 불가능하다. 그 정도쯤은 사주명리를 몰라도 알 수 있다.

어느 날 우연처럼 다가온 필연으로 감이당과 접속했고 왕초보 사주명리학을 배웠다. 배우고 나니 힘들다고 점집을 찾은 일은 나를 버리고 상대에게 나를 판독해 달라고 구걸을 하러 다닌 의미였다는 걸 알게 되었다. 이제 아는 만큼 운명을 해석해보기로 하겠다.

트레이드마크를 만들어준 화火

나는 1968년 6월 20일 한낮 정오에 태어났다. 태양이 정점을 차지하는 한여름 한낮에 태어난 나는 뜨거운 불기운 한가운데 놓여 있었다. 일간 병화에 토 식상이 네 개, 겁재 하나, 편재 하나, 편인 하나이다. 관성은 지장간에 하나 숨어있다. 뜨거운 불기운과 월주 상관이 나를 다치게 한 것 같다.

어머니는 두 살배기에게 젖을 먹이다 왼쪽 눈동자에 파란빛이 나는 것을 발견했다.(나는 별에서 온 거 같다. 그러나 46년이 지나도 시공간을 넘나드는 초능력이 안 보인다.)

이상하게 여겨 동네 병원을 찾으니 큰 병원에 가보라 권해 서울 유명 병원에 나를 데려가셨다. 의사가 오른쪽 눈을 가리고 엄마를 찾아보라고 시켰는데 찾지 못하더란다.

나는 무오년 식신 대운에 망막교종이라는 병을 얻어 절제술을 해야 살 수 있었다. 부모님의 의견은 충돌했다. 아버지는 태어난 목숨 소중히 지켜야 하니 수술해 살리자 하시고, 어머니는 여자아이가 눈을 가리고 다니면 외모 콤플렉스로 평생 불행하게 살 테니 잘 입히고 먹이며 지켜보자고 하셨다.

수술하는 날 밤새 못 주무시고 자는 나를 안고 나가 한참 후에 돌아온 아버지의 눈이 벌겋게 충혈되어있었다는 이야기를 들을 때마다 가슴이 먹먹해진다. 그래서 나는 세 살 이후 지금까지 한쪽 눈을 가리고 산다. 시력도 남아 있지 않을뿐더러 흉한 상처를 가려야 하기 때문이다.

불기운은 화마의 상처만 남겼을까?

나는 천성적으로 명랑하고 당당했다. 초등시절에 발표할 사람을 찾으면 제일 먼저 손을 들고, 즉석에서 쓴 동시로 칭찬을 받았고, 장기자랑 시간엔 음치임에도 아랑곳하지 않고 앞에서 노래 부르기를 주저하지 않았다.

친구 대신 잘못을 뒤집어쓰고 의리를 지켜 전교생 앞에서 착한어린이상을 받았던 기억도 있다. 늘 밝게 지내던 나에게 한쪽 눈이 아프니까 인기 있는 게 아니냐고 부러워하던 바보 같은 아이도 있었다.

중학 시절에도 나를 따르는 아이들이 많았다. 학원도 다니지 않고 과외를 받은 적도 없는데 영어를 잘했다. 경시대회에 나가 우수상도 받고 영어 교과서 전체를 외우기도 했다.

국어 시간에 스스로 주제를 정해 원고지 5매 정도의 글을 써서 발표하는 5분 스피치 시간이 있었다. 아이들은 난색을 보이며 하기 싫어했지만 나는 신이 났다. 한 학기 내내 반 친구들 몫의 글을 써서 뿌렸다. 교묘하게 문체도 바꿔가며 써줘서 발표한 아이들은 제각각 칭찬을 받았다.

고등학교에 들어가 공부에 그다지 신경 쓰지 않고 놀 생각만 해서 성적이 떨어졌다. 교실에 박혀 하는 공부가 줄곧 답답했고 늘 세상 돌아가는 모습이 궁금해 신문 사회면을 즐겨 읽었다.

국어는 공부하지 않아도 점수가 잘 나왔다. 날 눈여겨본 국어 교사가 교지편집위원으로 추천해주었다. 진로는 의사가 되어 나처럼 눈을 가리고 살아야 할 아이들이 없게 해줘야겠다고 생각했지만, 꿈속의 꿈으로 끝나고 오히려 적성을 고려하지 않고 이과를 선택해 힘든 인생 여정이 시작되었다.
한쪽 눈을 가리고 사는 건 그다지 불편하지 않았다. 가끔 나보다 더 못생긴 애들보다 나은 거로 생각하고 잘난 체하기까지 했다. 한쪽 눈을 가리고도 하고 싶은 건 다 했다. 운전면허 딴 지도 20년이 넘는다. 한쪽 눈 가리고 어떻게 운전을 하느냐고 주위에서 놀라지만, 하면 됐다. 남들이 안 될 거 같다면 일단 저지르고 본다.

나의 식상과다 일대기

어딜 가나 먹을 게 널렸고 누구나 먹을 것을 권했다. 할아버지는 무엇이든 팍팍 먹으라 하셨고 잘 먹는 나를 대견해했다. 늦은 밤 방에서 티브이를 보다 이끌리듯 부엌에 가보면 누가 뭘 먹다가 놀라며 나눠 주었다. 내가 없는 사이에 무엇을 먹었다던가, 나만 빼놓고 뭔가 먹었다는 걸 나중에라도 알게 되면 절망감까지 느꼈다. 나의 식신은 신神이다.
대학 시절 전공은 뒷전이었고 학보사에서 살다시피 했다. 등록금 투쟁 시즌에 지지 선언을 해달라는 친구의 청을, 언론은 중재를 지켜야 한다고 거절했다가 집회장에서 삭발하는 친구 모습에 감정이 격해져 달려가 지지 선언을 했다. 그래서 편집장 자리에서 잘렸다. 원칙보다 감정을 중시한 결과다.
직장 생활을 하며 대학원 석사 과정을 마쳤다. 공무원 사회에서는 학력이 높아도 가점을 주거나 인정해주지 않는다. 그저 나의 명예욕, 인정욕구가 발동했던 것 같다. 복지부동으로 시간만 보내는 상급자들이나 동료들이 보이면 참지 못했다. 전임자가 한 기안을 그대로 올리거나 새로울 것 없어 보이는 기획안을 올리는 직원들이 무능해 보였다.

해야 할 일은 미리 하는 것을 좋아했다. 그래서인지 항간에 내가 강성이라는 소문이 돌았다. 그 말을 참을 수 없어 소문의 근원지를 찾아 가만두지 않겠다고 엄포를 놓았다. 나도 모르는 이시영파가 있다고도 했다. 결혼 후 딸 하나, 아들 하나를 두었는데 아이들만 보면 그저 행복했다. 둘 다 천재인 줄 알았다. 한동안 평범한 내가 천재 둘을 어떻게 키워야 하나 걱정을 달고 살았다. 남편이 힘들게 해도 아이들만 잘 자라준다면 얼마든지 상쇄할 수 있을 거라 믿고 살았다. 기존 통념과 법칙을 받아들이지 않고 새로운 것을 추구하고 사회 문제에 비판적이며 의리를 우선시하고 결과보다 과정을 중시한 것, 아이들에게 관심과 애정을 쏟는 것은 나의 식상 기운이다.

관성 제로 인생

관성은 일간을 극하는 자리로, 여성에겐 배우자·직장·승진·사회적 관계 등을 뜻한다. 대학 시절부터 5년 넘게 사귄 애인은 결혼이라는 관문 앞에서 돌연 이별을 고했다. 오래 사귄 탓에 세상이 무너진 듯한 느낌으로 절망감에 사로잡혔다.

남녀 간 사랑의 유효기간이 3년도 안 된다는 진리를 몰랐던 탓에, 결국 내 눈이 나를 이렇게 비참하게 만드는구나 싶어서 일주일 내내 식음을 전폐하고 드러누웠다. 퇴근 후 누워 있는 나를 위해 손수 밥상을 들고 오신 아버지는 눈물을 흘리셨다. 이래저래 나는 아버지를 많이 울렸다.

직장에서 남편을 만났다. 남편은 무조건 결혼하자고 했고, 나는 나로 인해 또 다른 콤플렉스와 트라우마를 안고 살아온 부모님의 위안이 될 수 있겠다 싶어서 결혼했다. 청원 경찰인 남편 직업이 불편했지만 결혼하겠다는 의지가 고마웠다.

남편은 태어나자마자 어머니가 돌아가시고 초등 3학년 때까지 외할머니 밑에서 자랐다. 도시로 나와 재혼한 아버지와 합가하여 새어머니와 살았는데 날마다 전쟁을 치른 전적이 있었다. 서른 즈음에 교통사고를 당해 한 달간 깨어나지 못하고 뇌 수술을 크게 받았다는데 그때 전두엽을 건드려 분노조절 장애 후유증을 남긴 것 같았다.
신랑은 내적 콤플렉스, 나는 외적 콤플렉스가 있으니 서로 보듬고 잘 살아야겠다는 다짐으로 결혼을 했는데 신혼여행 때 남편의 다혈질 성격이 드러났다. 이유 없이 화를 내고 사소한 일에 소리를 질러 꿀처럼 달콤한 신혼 시절은 애초에 없었다. 지킬 박사와 하이드처럼 술을 마시면 낯설고 무섭게 변했다가 술이 깨면 세상에서 가장 불행한 사람처럼 처지를 비관하는 남편이 낯설었다.
날마다 사건이 끊이지 않은 일상에도 나는 끄떡하지 않았다. 기막히는 순간들이었지만 지나면 담담해지고 냉정해졌다. 힘들 때는 스스로 정신과 병원을 찾아 상담을 받았지만 별다른 대안은 없었다.
직장 생활도 마찬가지다. 누구보다 뜨거운 열정으로 일했다며 자부했는데 진급은 늘 뒤처졌고 심지어 팀장도 12년을 꽉 채운 후에야 되었다. 식상 기운이 관성을 극하는데다 심지어 없는 관성을 끊임없이 극하려 들었던 것이다.

내 운명을 드라이브하기

공부공동체에서 공부하면서 혼란하고 불안한 시대에 인문학 공부가 가장 필요하다는 것을 알게 되었다. 그곳에서 특정인의 전유물 같았던 사주명리학을 배워 나의 운명을 그려 보고, 고독하고 외로운 전사 루쉰을 만났으며, 공자·논어·장자·주역 등을 배우며 우리가 고전 속에서 삶의 답을 찾아야 한다는 것을 깨달았기 때문이다. 나는 새로 배운 것을 현장에 적용했다. '고전에서 찾는 삶의 지혜'를 주제로 주역, 사기, 맹자, 논어 등과 루쉰 강좌를 진행했다.
그것은 일종의 실험이었는데 여는 강좌마다 사람들이 넘쳐났다. 도서관에 오지 않던 분들이 도서관에 모여들었고 진지하게 몰입했으며, 강좌를 마치고 나면 고맙다는 말과 칭찬을 했다. 나를 아끼고 지지해주는 팬들까지 생겼다.
감이당 공부를 현장에 펼쳐놓는 실험은 힘들지 않았다. 시민들이 모여 인문학 공부하는 뒷모습만 보고 있어도 전율이 일었다. 공부하며 나의 식상 기운을 사람과 사람이 만나게 하는 인문학의 장으로 만드는 데 사용한 것 같다.
내 사주는 외적인 상처를 주었지만 나는 지금 살아있고, 먹고 사는 데 지장이 없으며, 오히려 넘쳐나는 식상으로 다양한 시도를 하며 살고 있다. 전에 누군가 네가 뭐 부족한 게 있다고 그러느냐고 한 적이 있었다. 순간 깜짝 놀랐다. 난 늘 부족하고 남보다 못하다 생각했는데 타인이 보기엔 많아 보이는구나 싶어 잠시 겸허해졌다.
힘든 일들은 내 삶의 구간을 넘어가는 자극제였다. 정해졌으나 끊임없이 변화하는 운명의 힘을 믿는다. 이제 새로운 나를 찾아 떠나는 길을 걷겠다.

블랙홀에서 화이트홀로

김형태(1986년 1월 21일 유酉시)

비견	일간	편재	비견
乙 목	乙 목	己 토	乙 목
酉 금	丑 토	丑 토	丑 토
편관	편재	편재	편재

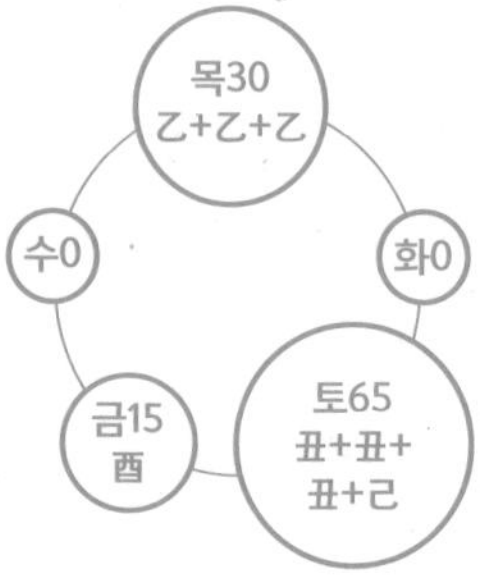

목30 乙+乙+乙
화0
토65 丑+丑+丑+己
금15 酉
수0

우리가 함께 공부했던 명리학과 의역학은 동양의 선조들이 수천 년에 걸쳐 연구한 인간 철학이다. 봄 여름 가을 겨울의 자연 현상과 해, 달, 별의 변화를 관찰하며 알아낸 원리를 인간의 삶에 대입해 개개인에게 주어진 명과 운의 운동성과 특징을 도출해낸 지적이며 현실적인 탐구로서 배워도 배워도 끝이 없다. 하지만 어느 정도만 알아도 자신을 깊이 이해하도록 돕는 학문이다. 내 사주팔자에 있는 글자들을 하나씩 살펴보고, 이들이 내뿜는 운동성이 현실적으로 펼쳐지는 과정에서 파생되는 모습을 이야기로 풀어보고자 한다.

일간의 을목, 내 자아의 근간

내 자리인 일간의 을목은 음의 성향을 지닌 목의 기운이다. 목기는 기본적으로 식물이 땅을 뚫고 강하게 위로 올라가는 물상으로 나타난다. 인생의 시기로 치면 초반으로 어린 시절이며 성격은 인의 기운 즉 어질고 착한 기운이다. 목기는 양적 성향을 보이는 갑목과 음적 성향의 을목으로 나뉘는데 갑목은 큰 나무로써 한 점을 강하게 뚫고 위로 솟구친 형태지만, 을목은 갑목이 뚫어놓은 부분을 타고 올라와 주위로 퍼져나가는 넝쿨이자 꽃과도 같은 물상이다.

갑목은 글자 생김새처럼 곧고 경직되어 있지만, 곡선으로 이루어진 을목은 유연하다. 을목은 현실적인 기운으로 처세술이 뛰어나며 주위 환경에 자신을 잘 맞춘다. 내 사주팔자를 놓고 본다면 연간과 시간에 있는 두 개의 을목들은 비견에 해당하는 친구, 동료, 형제, 혹은 자존심이나 고집을 나타낸다.

천간의 네 글자 중 세 글자가 을목이기 때문에 피상적으로 해석하면 적응력과 처세술이 뛰어나며 친구와 동료가 많고 자존심이 세다고 볼 수 있지만 적확한 해석은 아니다. 천간의 비견은 정신적 번거로움, 일의 지연, 정신적 투쟁성을 나타내기 때문이다.

오행이 시작되는 자리인 목 기운의 비견과다로 인하여 나는 뭔가 시작하려고 할 때마다 정신적인 고통을 느낀다. 누드 글쓰기를 하면서 느낀 스트레스를 어떤 말로 다 할 수 있을까.

특히 장기 프로젝트를 할 때 정신적 번거로움이 크게 나타난다. 학창 시절 학기 말 과제를 안 하고 버티다 며칠 만에 후다닥 써버린 적이 허다했고, 직장 생활 중에는 관리받지 않는 부분을 뭉그적거리다 나중에 곤경에 빠진 적도 여러 번이었다.

또 비견에 해당하는 형제나 친구·동료와 관련된 경우, 일상적인 이야기를 나누다 보면 할 말을 찾지 못하기 일쑤이고 곧잘 진이 빠졌다. 내가 사람을 싫어하나 생각해봤는데 그건 아니다. 함께 일할 때나 내 관심사를 알려줄 때나 그들을 도와줄 때는 몇 시간이고 즐겁게 말이 이어지기 때문이다. 결국, 비견의 관계들이 내 중심을 건드리지 못하고 겉돌아 따분함을 느끼고 심할 경우 진이 빠지는 것이다.

월지의 축토, 내 척박한 현실

천간의 비견과다를 해결하기 위해서는 두 가지 방법이 있는데 첫째는 관으로 극하는 것이다. 함께 일하며 명분에 따라 행동하기. 다행히 나의 시지에 유금이 있어 이건 어느 정도 해결된다.(유금의 세력도 그렇게 세지는 않지만) 둘째는 넘쳐나는 비견의 힘을 식상을 생하는데 쓰는 것인데 간단히 표현하면 '함께 놀고 먹기'다.

그런데 이렇게 생해줘야 할 식상 기운이 나에게 없다. 식상이 되는 화는 밝게 드러내며 발산하는 화려한 기운이고, 화에는 식상의 특성인 먹을 것·활동력·표현력·놀이·말 등이 내포되어 있다.

사주에 식상이 없어도 화가 있는 사람은 어느 정도 식상의 특성이 확보되어 있다고 보기도 한다. 야생풀이나 넝쿨, 꽃과도 같은 을목이 자신을 드러내기 위해서는 좁은 공간을 데우는 가마솥 같은 정화의 열보다는 만물의 온도를 높이고 어둠을 밝히는 태양 같은 병화 기운이 필요하다.

내 사주 여덟 글자는 모두 음적인 동력을 지니고 있다. 특히 지지에 차가운 땅의 기호인 축토 세 개는 내 사주를 차고 습하게 만드는 주범이다. 2011년에 시작된 10년 대운에서 천간에 병화가 들어왔지만, 지지가 태양이 묻히는 땅의 자리인 술토라 위력이 감소한 상태로 들어왔다. 만약 지지에 오화와 함께 병화가 들어왔다면 차가운 나의 사주를 화끈하게 녹였을지도 모르겠다.

대운만으로 원국상의 단점을 완벽히 조절할 수는 없어도 어릴 때 책벌레로 지낸 시절보다는 훨씬 활동적이고 적극적이며 관계 지향적으로 바뀌었다. 그래도 원국상의 사주는 숨길 수 없는 것이, 아무 생각 없이 놀거나 감정을 솔직히 표현하는 덴 아직도 미숙한 편이다. 결국, 사람들과 놀고 먹는 것이나 감정 표현을 못해서 스트레스를 받는다는 건데, 그렇다고 혼자 있을 때 안정을 찾는 것도 아니다.
내 을목이 뿌리내려야 하는 장소인 월지와 일지는 축토로 구성되어 있다. 토는 을목에게 꼭 필요한 오행이다. 나무가 자라기 위해서는 태양이 적절히 빛을 공급해주고 물이 잘 드는 땅이 필요하기 때문이다. 을목은 어느 정도 물을 머금고 있는 습한 목이라서 태양과 땅만으로도 적절히 꽃피울 수 있는데 축토는 참으로 쉽지 않은 땅이다.
축토는 얼어붙은 땅으로 생명이 뿌리내리기에 척박한 환경이며, 축토의 지장간에는 을목을 강력히 극하는 신금이 있어 을목이 마음 편히 쉬지 못한다. 즉 나의 마음은 편히 쉬기 위해 끊임없이 투쟁하며 기반을 확보하지만, 이를 위해선 이를 악물고 두 손에 힘을 꽉 주고 노력해야 한다.
내 사주상 일지·월지·연지에 있는 축토를 좀 더 설명해보자면, 겨울을 구성하는 달인 해월·자월·축월 중 가장 마지막에 위치한 축토는 절기상 대한과 소한으로 가장 추울 때이기도 하다. 다음 해의 시작인 인월 바로 전에 축월이 있다는 것은 축토의 마지막 압축 과정을 거쳐야만 한 살 더 먹을 자격이 생긴다는 뜻이고, 그만큼 최종 통과의례가 힘든 시기라는 뜻이기도 하다. 축토라는 글자의 생김새는 소가 고삐에 매인 모습이다.

내 안의 블랙홀

요즘 들어 부쩍 우주와 세상을 연구하는 과학에 관심이 커졌다. 그중에서도 블랙홀이 상당히 주의를 끄는데, 고백하자면 나는 가끔 내 몸 안에 블랙홀이 있다고 생각한다. 축토는 겨울의 끝으로 해수에서 시작해서 자수를 거쳐 축토로 가면서 응축 과정을 거치는데 그 기운이 마치 블랙홀을 연상시킨다.
내 사주처럼 구역을 이루어 강력하게 구성된 축토는 블랙홀 같은 작용을 하며 주위 기운을 끌어당겨 안에 가둬버린다. 축토의 지장간인 기토/신금/해수의 흐름은 블랙홀 인력의 압축 작용을 연상시킨다. 이러한 현상의 긍정적인 작용은 창고 역할을 하며 안에 대량의 열매를 담아 놓을 수 있지만, 이것들을 꺼내 사용하는 건 보통 어려운 일이 아니다. 상식적으로 블랙홀로 빨려 들어간 것을 꺼내는 게 쉽겠는가?
이 기운은 적당히 사용하면 사물과 사람을 끌어당기는 중력과도 같은 조율의 기운이나 과할 경우에는 정상적인 오행의 스텝을 무시한 채 처음과 끝을 똑같이 당겨버려, 거쳐야 할 시간을 거치지 못하고 불균형한 상태를 만들어버리는 그런 힘은 아닐지.
나는 이런 춥고 어두운 블랙홀 안에 갇혀 무엇이 처음이고 끝인지, 무엇이 과하고 모자랐는지 모른 채 사건과 소리와 이미지의 범람 속에서 갈팡질팡하며 살았던 건 아닐까?
이런 나의 상태를 보여주는 것이 평소 즐겨 쓰는 앱인 에버노트이다. 2011년부터 이 앱을 쓰기 시작해 현재 7천여 개에 달하는 노트를 자세히 보면 가관이다. 그때그때 떠올랐던 상념이나 글을 스크랩해놓았는데 분류도 하지 않은 글 대부분이 서로 연관성이 없는 파편 조각들로, 내 안의 블랙홀을 똑같이 닮아있다. 항상 온전한 글을 쓰길 바랐건만 고작 파편 조각들밖에 못 만들었으니… 참 암담한 일이다.
책을 읽을 때도 문장과 문단을 건너뛰고 넘어가거나 마지막 페이지를 읽고 싶은 충동에 휩싸이곤 한다. 뭘 배울 때도 단계를 밟아가지 못하고 건너뛰어 바로 끝으로 가려 한다. 기타를 배울 때는 초보 시절 바로 핑거스타일 연습하다 망하고, 삶에서는 생활을 내팽개치고 지식만 추구하다 또 망하고… 이렇게 결과를 못 기다리는 태도가 나의 기본적인 '리듬'이다.
의역학적으로 보자면 축토의 수축 작용으로 인해 현실적으로 내 몸의 근육은 상당히 수축해 있으며 이로 인해 잔뜩 힘이 들어가 있다. 이 현상의 부작용으로 만성적 승모근 수축과 이 가는 버릇 등이 있다.

개운을 위하여

십신상 내 축토는 편재에 해당하는데, 통상적으로 남성에게 재성은 아버지·여자·재물·일복 등을 의미한다. 보다 근본적으로 재성은 개인이 사회 공동체의 일원으로 인정받는 데 필요한 것들, 즉 존재의 규모에 해당한다고 생각한다.
아버지를 통해 나의 위치를 부여받고(동양의 농경사회나 서양의 중세시대를 생각해 보라. 부친의 업과 사회계층이 대물림되었다), 여성과의 관계를 통해 남성성을 사용하며 인정받고, 재물을 일구어 사회가 인정하는 소유권을 가지게 된다.
이러한 재성, 특히 비정기적으로 들어오는 기운인 편재가 과다하다는 것은 규모가 매우 크다는 것인데 대부분의 편재과다는 재다신약, 즉 기운을 써야 할 곳은 넘쳐나지만 쓸 수 있는 기운이 모자라는 상황이 된다. 기대하는 범주가 커서 돈을 만만하게 보고 내 맘에 쏙 드는 여자를 원하지만 이를 일구기 위해 쓸 기운이 부족한 것이다.
사회생활을 의미하는 관성(금 기운)과 공부·문서 운인 인성(수 기운)은 지장간에 어느 정도 확보되어 있고 초년운과 중년운에 있기 때문에 내가 스스로 운을 운용할 수 있다. 실제로 서른 살까지 삶에서 가장 중요했던 두 기둥이다. 가장 자신 있는 부분이 교회 공동체 생활과 독서와 공부였다.

관성, 즉 제삼자의 눈을 통해 나를 바라보고 또한 타인의 조언과 명령을 적절히 이용하여 넘치는 비견(자존심, 개인적 친분 관계)을 극하기 쉽지는 않지만 공동체 생활과 회사 생활에서 현재 진행형으로 배우며 찾아가는 중이다. 뉴욕 감이당에서 함께 공부하는 것도 관성을 만들어가는 일이다. 공부·문서 운이 내 욕망의 축을 이루고 있어서인지 함께 공부하기 좋아하고 또 열심히 한다.

그러니 현재 내가 개운할 수 있는 초점은 아예 원국상에 없는 병화와 너무 많은 축토로 쏠린다. 추운 내 사주를 따듯하게 하려고 과다한 비견과 편재 사이를 이어주는 순환 용신으로 병화가 필요하며, 축토 내부의 꽁꽁 묶여있는 기운을 풀 방법을 찾아야 한다(화 속성의 음식을 섭취하는 식이요법과 따듯한 기후에서 거주하는 것은 기본이다).

다행스럽게도 지성이면 감천이라고, 영화 <인터스텔라>에서도 결국 블랙홀의 특이점을 통과해서야 자신을 구원하지 않는가. 축토의 추운 땅을 녹이기 위해 절실히 필요한 병화 대운 기간 중 찾아온 병신년에 블랙홀의 특이점을 통과하고 있다는 기분이 든다.

식상대운이라고 해서 원래 말이 갑자기 많아지거나 먹을 복이 생기는 건 줄 알았는데, 그런 피상적인 차원이 아니라 몸 안의 수많은 원자가 열을 받아 점점 더 빨리 움직이고 서로 격렬히 부딪치며 변화를 만들어내는 것 같다. 올해 본격적으로 시작한 등산 덕에 살맛나는데 알고 보니 용신이라고 한다. 좌충우돌하며 낭비했던 정을 귀하게 여기는 계기도 만들고 있다. 수승화강 즉 '물의 기운을 올리고 화의 기운을 내린다'고 하지 않았는가.

문득 이런 생각이 들었다. 놀고 먹는다는 게 사실 아무 생각 없이 그냥 쉽게 하는 거 아닌가? 식상과 화의 핵심은 바로 '놀이'의 개념에 있다. 놀이란 활동 그 자체로 즐거움을 느끼며, 몰입하는 가운데 자신의 가장 근본적인 부분을 표현하는 것이다. 그렇기에 잘 먹고 즐기려면 어깨에 힘 좀 빼고 현재에 집중해야 한다. 일단 이런 환경이 조성되면 애쓰지 않아도 밝게 보인다.(화는 릴랙스이기도 하다. 발산을 마치고 난 이완 상태다.)

이런 화의 상태를 내 몸으로 온전히 구현할 수 있으면 진정한 의미의 식상생재를 이룰 수 있을 것이다. 식상생재라 함은 먹고 놀고 말하고 활동한 결과가 자연스레 내 규모를 구현해주는 것이다. 한마디로 열정적인 존재감을 발산하는 것이다.

이에 반해 편재과다는 존재감에 대한 내 욕망이 과하다는 뜻인데, 이 욕망이 축토라서 존재감을 겉으로 펼치거나 발산하는 성질이 아니라 극도로 압축된 깨달음 혹은 통찰 같은 형태로 추구한다. 이것은 핵심적인 질문이나 번뇌에 답하려고 모든 역량을 쏟아붓는다는 뜻이다. 신은 존재하는지, 그녀는 나의 인연인지, 올바른 경영이란 무엇인지?

이러한 질문에 답하려고 가능한 모든 에너지를 쏟다 보면 질문 자체에 매몰되어 지나치게 진지해지고 질문 이외의 것들은 전혀 돌보지 못하는 상태에 빠져든다. 즉, 타인과 나 자신의 소소한 일상과 감정 상태 따위는 안중에도 없다 보니 관계는 당연히 어려움을 겪게 된다. 현재에 집중하지 못하고 미래에 얻게 될 통찰을 간절히 바라게 된다. 하지만 미래란 결국 현재의 연속이기에 질문은 질문을 낳고 번뇌는 번뇌를 낳으며, 이렇게 시간이 지나가는 동안 나는 자연스레 밟아나가야 하는 일상의 스텝들을 놓쳐버리고 만다.

이 개미지옥에서 빠져나오기 위해서 결국 과다한 편재는 써야 할 카드가 아닌 버려야 할 카드다. 이렇게 많은 카드를 버리기엔 조금 아깝지만 크게 보면 우주 이치에 맞는 일이다. 블랙홀 안으로 빨려 들어가 특이점을 넘어버린 물질을 다시 꺼내는 것은 물리적으로 불가능하다. 하지만 한 가설에 따르면, 빨려 들어간 물질들은 웜홀을 지나 건너편 다른 우주의 화이트홀로 나오는데 이게 바로 빅뱅이 일어난 구조일 수 있다고 한다.

이렇게 본다면 편재를 포기한다는 것은 얼마나 멋진 일인가. 내가 포기한 만큼의 기운이 다른 세상과 생명을 구성하게 된다니. 나는 상상해본다, 내 기운의 일부가 끝없는 웜홀들의 네트워크를 통해 이 세상 저 세상을 돌아다니며 자유롭게 운행하는 모습을.

이거 참 즐겁다.

옛사람들은 잡념이 없고 욕심이 적어서
정신이 안정되었고,
과도한 일로 몸을 피로하게 하지 않았다.
어떤 음식도 달게 먹고 어떤 옷도 편안하게 입으며
지위가 높건 낮건 서로 부러워하지 않는
소박한 사람들이었다.
그래서 욕망이 눈을 피로하게 하지 못하고
음란한 것들이 마음을 현혹하지 못했다.
어리석은 사람이나 지혜로운 사람이나
현명한 사람이나 모자란 사람이나 할 것 없이
외부 환경에 얽매이지 않고
도리에 맞게 살았다.
때문에 그들은 모두 백 살이 되어도 노쇠하지 않았다.

『낭송 동의보감』, 「내경편」, 87쪽

나오며

고맙습니다 친구들

운명 탐구의 장에 들어온 지 어느덧 17년이 되었다.
해방촌 꼭대기 오래된 건물 한 귀퉁이에서 인문학과 고전을 만났고
인문 의역학에 빠져들었다. 내 인생에 절대적인 인연들을 만난 것도
공부가 준 최고의 선물이다.

삶을 재료로 공부하지 않았다면 소중한 인연을 만날 수 있었을까.
이제 조금 알 것 같다. 소중한 인연은 따로 있는 게 아니라
삶이 인연 그 자체라는 것을.

이 책은 연구실 선생님과 친구들
그리고 함께 공부한 연구실 안팎 학인들은 물론이고
세계 곳곳 나와 연결된 다양한 이들의 기운을 담았다.
부디 세상에서 잘 순환하길 바란다.

부모님과 동생들에게 감사의 마음을 전한다.

다르게 살고 싶다

사주명리로 삶의 지도 그리기

펴낸날 개정판 1쇄 2025년 1월 1일

지은이 박장금
펴낸이 이미경

디자인 류지혜
일러스트 손지은
제작 올인피앤비

펴낸곳 도서출판 슬로비
등록 제2013-000148호
전화 070-4413-3037 팩스0303-3447-3037
메일 slobbiebook@naver.com
www.slobbiebook.com

ISBN 979-11-87135-08-1 (03150)

이 도서의 국립중앙도서관 출판예정도서목록(CIP)은 서지정보유통지원시스템 홈페이지(http://seoji.nl.go.kr)와 국가자료공동목록시스템(http://www.nl.go.kr/kolisnet)에서 이용하실 수 있습니다.(CIP제어번호: CIP2017030825)

• 2017년 출간한 같은 제목의 책을 개정·증보하여 펴냈습니다.